Renate Zimmer

Handbuch der Psychomotorik

Renate Zimmer

Handbuch der Psychomotorik

Theorie und Praxis der psychomotorischen Förderung von Kindern

Herder Freiburg · Basel · Wien

Gedruckt auf umweltfreundlichem,
chlorfrei gebleichtem Papier

Umschlaggestaltung: Joseph Pölzelbauer, Freiburg
Umschlaggraphik: Barbara Theis, Freiburg
Fotos:
Birte Bruns: 28, 66, 141, 174, 185, 227, 244, 246, 247
Lisa Volkamer: 24, 40, 51, 89, 100, 148, 160, 165, 189, 215,
216, 218, 220, 222, 231, 233, 235, 236, 238, 240, 242, 243
Renate Zimmer: 10, 81, 95, 109, 119, 120, 121, 122, 123, 124, 125, 200,
213, 214, 219, 221, 224, 225, 228, 229, 232, 239, 241, 245, 248, 250, 251, 252
Zeichnungen: Kerstin Tieste
Abbildungen: Hans Zimmer

2. Auflage

Satz: Barbara Herrmann, Freiburg
Druck und Bindung: Freiburger Graphische Betriebe 2000
ISBN 3-451-26621-0

Inhalt

Einleitung: Psychomotorik – ein Wundermittel mit Breitbandwirkung?

Es hat sich mittlerweile in unserer Gesellschaft eingebürgert, daß wir für jedes Problem eine spezielle Therapie haben. Eine Therapie bei Sprachschwierigkeiten, gegen Konzentrationsmangel, zur Behebung von Bewegungsauffälligkeiten, für das hyperaktive wie für das gehemmte und ängstliche Kind. Für jedes Abweichen vom Normalverhalten gibt es ein Programm, so wie es für jeden Schmerz das entsprechende Medikament gibt.

Und nun taucht seit einiger Zeit eine Richtung auf, die sich Psychomotorik nennt und die auf einen Schlag alles „heilen“ will, von der motorischen Ungeschicklichkeit über die Sprachstörung bis hin zum Schulversagen.

Psychomotorik – ein Wundermittel mit Breitbandwirkung sozusagen, das in großem Rundumschlag das Kind zum Funktionieren auf allen Ebenen bringen will? Ein Allroundmittel für alle möglichen Probleme, dessen Wirkungsweise sich so vielseitig liest wie der Beipackzettel eines Breitbandantibiotikums? Wie ist die Wirkungsweise einzuschätzen und gibt es nicht auch – wie bei jedem Medikament – Nebenwirkungen?

Mit dem Begriff Psychomotorik werden also ebenso hohe Erwartungen wie widersprüchliche Vorstellungen verbunden. Spezialtherapie oder alltägliches Bewegungsangebot – mit ganz bestimmten Geräten und Materialien, die in den Katalogen von Spiel- und Sportgeräteherstellern meist auf einer Seite zu finden sind?

3 x täglich Pedalofahren, und die Kindheit wird befreit von allen Übeln krankmachender Lebensbedingungen und persönlicher Belastungen?!

Vorliegendes Buch soll zur Klärung beitragen. Die wesentlichen *Grundgedanken der Psychomotorik* werden vorgestellt, ihre Entstehungsgeschichte beschrieben, unterschiedliche *konzeptionelle Ansätze* diskutiert. Im Zentrum des in diesem Buch vertretenen Ansatzes ei-

„Gemacht haben wir nichts, wir haben nur gespielt."

ner kindzentrierten psychomotorischen Entwicklungsförderung steht die Frage nach den *Wirkfaktoren psychomotorischer Förderung.* Daher befaßt sich ein großer Teil des Buches mit den Bedingungen für den Aufbau eines *positiven Selbstkonzeptes.* Darüberhinaus werden jedoch auch praktische Hinweise für eine psychomotorische *Entwicklungsdiagnostik* gegeben und die konkreten *Rahmenbedingungen* psychomotorischer Förderpraxis beschrieben.

Ein Buch über Psychomotorik ohne Praxisbeispiele wäre ein nur unvollständiges Werk. Die hier getroffene Auswahl an praktischen Beispielen erfolgte unter dem Kriterium der tatsächlichen Umsetzbarkeit in der Praxis. Es werden Themen, Spielideen und Spielszenen beschrieben, die *für* Psychomotorik-Gruppen *ge-* bzw. *in* ihnen *er*funden wurden. Zwar wurden die organisatorischen Vorbereitungen von den Erwachsenen, den Leitern der Gruppe getroffen, das Thema, die Spielhandlung wurde aber meistens von den Kindern selbst definiert.

Die hier beschriebenen Spielideen sollen Kindern einerseits die Möglichkeit des individuellen Ausdrucks und der Bearbeitung ihrer Probleme geben, sie sollen das Verhaltens- und Bewegungsrepertoire der Kinder andererseits aber auch erweitern und Änderungsprozesse bei ihnen auslösen. Neben den inhaltlichen und organisatorischen Angaben werden daher auch Hinweise auf die individuelle Bedeutsamkeit, die die Spielthemen für Kinder haben können, gegeben. Dabei soll aber immer noch ausreichend Spielraum für die Übertragung in die eigene Praxis der Leserin und des Lesers enthalten sein.

Ein Handbuch soll nicht nur Nachschlagewerk für theoretische Fragen und praktische Beispiele sein, es soll auch *Informationen* enthalten, die den Austausch von Erfahrungen und Erkenntnissen unterstützen und interessierten Lesern die Kontaktaufnahme mit Fort- und Ausbildungsinstitutionen erleichtern. Daher wurden im Abschlußkapitel Informationen über Psychomotorikvereine und -initiativen zusammengestellt und die Anschriften von Ausbildungsinstitutionen aufgeführt.

Allgemeine Überlegungen zur psychomotorischen Förderung werden in diesem Buch ergänzt durch Erfahrungen und konkrete *Fallbeschreibungen,* wie sie sich in unseren Psychomotorik-Gruppen ereigneten. Um diese beiden Ebenen klar abzugrenzen, wurde

1. ein unterschiedliches Schriftbild gewählt;
2. durch ein Symbol kenntlich gemacht, daß hier die konkrete Berichtsebene beginnt.

Alle Fallbeispiele beruhen auf realen Begebenheiten, allerdings wurden die Namen und die persönlichen Daten, die eine Identifizierung des beschriebenen Kindes ermöglichen würden, geändert.

Wichtige, für die Praxis relevante theoretische Erkenntnisse werden – damit sie nicht so leicht überlesen werden – mit nebenstehendem Symbol versehen.

Und wenn die Theorie einmal überwiegt, wenn viele Fragezeichen entstehen, dann erscheint ein „Gefährte“, dem der Kopf ebenso raucht (d. h. aber nicht, daß diese Stellen einfach überlesen werden könnten!).

Psychomotorik kann sowohl im *pädagogischen* wie im *therapeutischen* Rahmen stattfinden. Mit dem Anspruch auf eine ganzheitliche Förderung liegt sie an der *Schnittstelle von Therapie und Pädagogik.* Je nach Zielgruppe und Problematik kann sie vorbeugen, fördern und heilen. Im Text wird der Begriff „Therapie“ jedoch weitgehend vermieden und statt dessen der Terminus „psychomotorische Förderung“ bevorzugt.

Obwohl sich das Buch auch an TherapeutInnen wendet, ist hier von Pädagogen die Rede, von Erzieherinnen, Betreuern und Gruppenleiterinnen.

Um den Text (und die LeserInnen!) von großen Is und umständlichen Formulierungen wie die Erzieherin/der Erzieher zu verschonen, wird im beliebigen, unsystematischen Wechsel mal die weibliche, mal die männliche Sprachform verwendet. Dies soll verdeutlichen, daß weibliche wie männliche Erzieher, Pädagogen und Pädagoginnen, Therapeutinnen und Therapeuten gleichermaßen angesprochen werden.

Viele Gedanken und Überlegungen, die in diesem Buch vorgestellt und diskutiert werden, sind in der konkreten Arbeit mit Kindern und aus der Reflexion der hier gewonnenen Erkenntnisse entstanden.

Ich danke all denen, die jahrelang die psychomotorische Förderung von Kindern mit mir zusammen geleitet haben, Kollegen, Mitarbeiterinnen und Mitarbeiter, mit denen ich gemeinsam Konzepte entwickelt und erprobt, Problemsituationen durchgesprochen, Lösungswege gesucht habe. Allen voran mein Kollege Meinhart Volkamer, mit dem ich begonnen habe, in Osnabrück Therapiegruppen für Kinder mit Entwicklungs- und Verhaltensauffälligkeiten aufzubauen und der immer ein kritisch-konstruktiver Begleiter meiner Arbeiten war. Stellvertretend für die Mitarbeiterinnen danke ich Cäcilia Hübers, Ursula Licher-Rüschen, Andrea Oehler und Andrea Petzold, die für mich in den Psychomotorikstunden wichtige Stützen und für die Kinder ebenso wichtige Bezugspersonen waren.

Danken möchte ich auch den vielen studentischen Hilfskräften, die die Videokamera bedienten, die hospitierten und protokollierten, als Helfer in den Gruppen fungierten und hier schnell eine gute Beziehung zu den Kindern herstellten.

Und nicht zuletzt waren indirekt auch die Kinder an der Entstehung des Buches beteiligt. Die vielen Erfahrungen, die ich mit ihnen machen konnte, die gelösten und die ungelösten Probleme forderten mich immer wieder aufs Neue heraus, mich mit den möglichen Wirkfaktoren psychomotorischer Förderung zu befassen. Den Kindern und ihren Eltern gilt daher ebenso mein Dank, sie gaben auch die Rückmeldung, daß Psychomotorik ein freudvolles und in vielen Fällen auch erfolgreiches Förderangebot darstellt, das von ihnen selbst zudem als sinnvolle und sinnenreiche Betätigung wahrgenommen wird.

„Na, was habt ihr denn heute gemacht?“ fragte eine Mutter ihr Kind beim Abholen. „Och“, meinte Alexander, „nichts haben wir gemacht, wir haben nur gespielt.“

1 Entwicklungen und Tendenzen in der Psychomotorik

Die Vielfalt der Erscheinungsformen, die sich heute bei der Durchsicht der Fachliteratur oder beim Besuch von Fortbildungsveranstaltungen zur Psychomotorik präsentiert, zeigt, daß es *die* Psychomotorik gar nicht mehr gibt. Es sind höchst unterschiedliche Vorstellungen, die sich aus pädagogischer wie therapeutischer Sicht mit dem Medium Bewegung verbinden. Dabei unterscheiden sich nicht nur die dargebotenen Inhalte, sondern auch die Art der Vermittlungsformen. Vielfach sind es auch rein äußere Merkmale, von denen darauf geschlossen wird, ob ein Bewegungsangebot nun ein psychomotorisches ist oder nicht.

So verfolge ich das Gespräch von zwei Erzieherinnen:

„Psychomotorik, das hat doch was mit diesen Pedalos und den bunten Rollbrettern zu tun." – „Ja, Psychomotorik machen wir auch, wir haben uns erst vor kurzem Rollbretter und ein Schwungtuch angeschafft, damit wir jetzt noch mehr Psychomotorik in unserem Kindergarten anbieten können."

Wenig später erlebe ich in einem meiner Seminare zur Psychomotorik an der Universität, wie zwei Studenten eine Übungseinheit zur psychomotorischen Praxis vorstellen. Mit viel Engagement und schriftlich ausgearbeiteten Unterlagen beschreiben sie den Weg zum Pedalofahren: Vom Leichten zum Schweren, vom Einfachen zum Komplexen, so wie es in den Methodikbüchern zur Vermittlung sportlicher Fertigkeiten nachzulesen ist. Als krönenden Höhepunkt führen sie zum Schluß einen Handstand auf dem Pedalo vor – und in dieser Position schaffen sie es, eine ganze Bahn durch die Halle zu fahren.

Wenn die psychomotorischen Geräte schon keine Garanten sind für das, was Psychomotorik ausmacht – woran soll man sich dann orientieren?

Auch die Begriffe *Psychomotorik, Motopädagogik, Bewegungserziehung* stiften mehr Verwirrung, als daß sie für Klarheit sorgen.

Es lohnt sich, einen Blick in die Geschichte zu werfen, zu sehen, wie die psychomotorische Idee entstand, wie sie erweitert wurde und sich etablierte.

Im ersten Kapitel dieses Buches sollen die *Ursprünge der Psychomotorik* – ihre „Lehrjahre" – beschrieben und der Weg zur Institutionalisierung aufgezeigt werden. Da sich auch die Terminologie ausdifferenzierte und zur Zeit die Begriffe „Motopädagogik" und „Mototherapie" in Konkurrenz zur Psychomotorik stehen, soll hier eine Klärung versucht werden.

Schließlich kann auch eine Erweiterung der Perspektive auf benachbarte Disziplinen, die sich ebenfalls um das psycho-physische Wohlbefinden des Menschen bemühen, von Vorteil sein. Von den *Gesundheitswissenschaften* wird zunehmend die Bedeutung personaler Ressourcen für die Gesundheit des Menschen betont. Da hier durchaus Parallelen zu dem in diesem Buch vorgestellten Ansatz von Psychomotorik zu erkennen sind, werden abschließend salutogenetische Auffassungen von Gesundheit und ihr Bezug zu psychomotorischen Zielvorstellungen diskutiert.

1.1 Entstehungsgeschichte und Weiterentwicklung

Die deutsche Psychomotorik ist eng verknüpft mit E. J. Kiphard, der oft auch als „Gründervater" der Psychomotorik bezeichnet wird. Da in vielen Veröffentlichungen über die Ursprünge der Psychomotorik eine enge Verflechtung von Person und Verfahren deutlich wird, bezeichnete Seewald (1991) die Psychomotorik als „Meisterlehre". Die im folgenden Abschnitt nachgezeichneten ersten Versuche Kiphards, Bewegung in die Therapie behinderter, verhaltensauffälliger und entwicklungsgestörter Kinder einzubringen, will ich daher als „Lehrjahre" der Psychomotorik definieren.

1.1.1 „Lehrjahre" der Psychomotorik

Ursprünge der Psychomotorik

Die Wurzeln der deutschen Psychomotorik lassen sich bis ins Jahr 1955 verfolgen. In einem persönlichen Rückblick über die Entwicklungsgeschichte des Aktionskreises *Psychomotorik* beschreibt Kiphard (1998) die erste Begegnung zwischen ihm als jungem Sportstudenten und dem Kinderpsychiater Hünnekens. In einer Klinik für Kinder- und Jugendpsychiatrie in Gütersloh erkannte er gemeinsam mit Hünnekens die therapeutischen Möglichkeiten einer auch psychisch wirksamen Bewegungstherapie. Er stellte schnell fest, daß die Kinder mit sportlichen Übungen überfordert waren. An die Stelle des Leistungsprinzips setzte er daher das

> *„freie bzw. unmerklich gelenkte Spielgeschehen. Statt des üblichen agonalen Gegeneinanders versuchte ich die Kinder zum fröhlichen Miteinander zu führen*" (Kiphard 1998, 88).

Ausgehend von der Beobachtung, daß sich Gefühle und Affekte und jede Art des psychischen Erlebens bei den Kindern und Jugendlichen nach außen in ihrem Bewegungsverhalten ausdrückten, wurde für die beiden Seiten des Geschehens der Begriff „*Psychomotorik*" gewählt. Die erste Veröffentlichung aus dieser Arbeit trug den Titel „Bewegung heilt. Psychomotorische Übungsbehandlung bei entwicklungsrückständigen Kindern" (Hünnekens/Kiphard 1960).

Ingrid Schäfer, die gemeinsam mit Kiphard in einem Team arbeitete, faßt die inhaltlichen Schwerpunkte zusammen:

> *„Mit dem Ziel, über die Motorik eine leibseelische Harmonisierung und Stabilisierung der Gesamtpersönlichkeit zu bewirken, wurden Übungen zur Sinnesschulung, Körper-, Raumwahrnehmung, Behutsamkeit, Selbstbeherrschung, rhythmisch-musikalischer Schulung und zum Körper-/Bewegungsausdruck spielerisch motivierend in Kindergruppen durchgeführt.*" (Schäfer 1998, 82)

Beeinflußt wurde die praktische Arbeit durch die rhythmisch musikalische Erziehung, vertreten durch Charlotte Pfeffer und Mimi Scheiblauer, durch die Sinneserziehung von Maria Montessori und die Erfahrungen mit dem Orff-Schulwerk. Zum ersten Mal wurde hier auch das Trampolin als ein bewegungs- und koordinationsschulendes Gerät eingesetzt und seine bewegungsdiagnostischen Möglichkeiten genutzt. Forschungsaufträge führten in dieser Zeit zur Entwicklung diagnostischer Verfahren, wie z. B. dem Trampolin-Koordinations-Test (TKT) und dem Körperkoordinations-Test für Kinder (KTK).

Psychomotorische Übungsbehandlung

So entstand in der klinisch-heilpädagogischen Praxis die sogenannte *„psychomotorische Übungsbehandlung"*.

Kiphard beschreibt das Anliegen der Psychomotorik folgendermaßen:

> *„Statt einer Leistungs- und Produktorientiertheit, die häufig an den Bedürfnissen der Kinder vorbeigeht, statt einer Defektorientiertheit, die nur Makel, Störungen und Defizite sieht, setzen wir eine Erlebnis- und Persönlichkeitsorientierung, bei denen sich die Kinder spielerisch, frei und ungezwungen handelnd äußern und entwickeln können."* (Kiphard 1989, 12)

Er definierte die Psychomotorik als „eine ganzheitlich-humanistische, entwicklungs- und kindgemäße Art der Bewegungserziehung".

Damit sollte einer weitgehend funktional-mechanistischen Betrachtungsweise von Motorik ein neues bewegungspädagogisches Leitbild entgegengesetzt werden.

1.1.2 Die Institutionalisierung der Psychomotorik

Veröffentlichungen, Vorträge und Tagungen führten dazu, daß die „psychomotorische Idee" ein immer größeres Interesse bei der Fachwelt auslöste. So entstand 1974 eine interdisziplinäre Interessengemeinschaft, ein „Arbeitskreis spezielle Bewegungspädagogik und psychomotorische Therapie", die zwei Jahre später zur Gründung des „Aktionskreis Psychomotorik e.V." führte (Schäfer 1998). Es handelte sich um einen Zusammenschluß von Pädagogen, Psychologen, Ärzten und Therapeuten, die sich für die Entfaltung und Förderung der kindlichen Psychomotorik als Grundlage einer harmoni-

Aktionskreis Psychomotorik

schen Persönlichkeits- und Sozialentwicklung einsetzten und sich damit verbunden die Information, Beratung, Veranstaltung von Fortbildungen und die Entwicklung beruflicher Ausbildungsgänge zur Aufgabe machten.*

Der Wunsch und die Nachfrage nach *Lehrbarmachung der Psychomotorik* führte dazu, daß von nun an in Kommissionen und Arbeitsgruppen versucht wurde, eine einheitliche Terminologie zu finden, Fortbildungskonzepte zu entwerfen und Curricula für die Einrichtung von Ausbildungsgängen zu erstellen. Auf der Grundlage der Erkenntnisse unterschiedlicher Theorieansätze – u. a. aus der Entwicklungs- und Wahrnehmungspsychologie – wurde das Gebäude der „Motologie" entworfen (siehe Abschnitt 1.1.3). Der Begriff Psychomotorik geriet ab diesem Zeitpunkt in den Hintergrund und wurde zum Teil sogar ersetzt durch den der *Motopädagogik* bzw. der *Mototherapie,* die als praktische Anwendungsfelder der Motologie beschrieben wurden.

Ausbildungs- und Studiengänge

Die Arbeit der Curriculum-Kommissionen mündete darin, daß eine einjährige Zusatzausbildung zum *staatlich geprüften Motopäden* an der Fachschule für Bewegungstherapie-Motopädie in Dortmund und ein Aufbaustudiengang zum *Dipl. Motologen* an der Universität Marburg eingerichtet werden konnten. So gibt es seit 1977 das Berufsbild des Motopäden und seit 1983 das des Diplom-Motologen. Diese Ausbildungs- und Studienmöglichkeiten sind in der Zwischenzeit auf weitere Ausbildungsstätten ausgeweitet worden (vgl. Kapitel 9.3).

Seit der Entstehung der Psychomotorik haben sich ihre Anwendungsgebiete und ihre Lerninhalte erweitert. Aufgrund der in der praktischen Arbeit mit Kindern beobachteten positiven Auswirkungen bewegungsorientierter Fördermaßnahmen wurde sie nicht nur rehabilitativ, sondern auch als *Prävention* eingesetzt.

Einsatzbereiche

Heute findet die Psychomotorik in unterschiedlichen Handlungsfeldern Einsatz: In der Frühförderung und im Kindergarten kann sie z. B. als Grundlage jeglicher Entwicklungsförderung gelten (Fischer 1989, Regel/Wieland 1984, Zimmer 1993, 1994), in der Grundschule und Sonderschule hat sie nicht nur den Sportunterricht ver-

* Aus der Satzung des Vereins.

ändert, sondern wird zunehmend auch fachübergreifend als Arbeitsprinzip verstanden (Eggert 1994, Köckenberger 1997, Olbrich 1989, Zimmer/Cicurs 1993).

In den letzten Jahren wurden sogar Konzeptionen zur Einbeziehung von psychomotorischen Inhalten in die Arbeit mit Erwachsenen (Hölter 1993) und älteren Menschen („Motogeragogik") vorgelegt (Philippi-Eisenburger 1990).

1.1.3 Psychomotorik – Motopädagogik – Mototherapie

Nicht nur Außenstehende, sondern auch „eingeweihte" PsychomotorikerInnen finden sich häufig nicht zurecht in der Vielfalt der Begriffe *„Psychomotorik"*, *„Motopädagogik"* oder *„Motologie"*.

Daher soll im folgenden versucht werden, die Begriffe zu definieren bzw. abzugrenzen und ihre unterschiedlichen Bezugssysteme herauszustellen.

Motologie

Der Terminus *„Motopädagogik"* entstand im Zuge der Professionalisierung der Psychomotorik. Im Zusammenhang mit der Konzeption des Fachgebietes wurde die *„Motologie"* als

> *„Lehre von der Motorik als Grundlage der Handlungs- und Kommunikationsfähigkeit des Menschen, ihrer Entwicklung, ihrer Störungen und deren Behandlung"* (Schilling 1981, 187).

Motopädagogik

Mototherapie

als Oberbegriff eingeführt. Als *Anwendungsbereiche* gelten Motopädagogik und Mototherapie: *Motopädagogik* wird dabei als „ganzheitlich orientiertes Konzept der Erziehung durch Wahrnehmung, Erleben und Bewegen" verstanden, *Mototherapie* wird von Schilling definiert als

> *„bewegungsorientierte Methode zur Behandlung von Auffälligkeiten, Retardierungen und Störungen im psychomotorischen Verhaltens- und Leistungsbereich"* (Schilling 1986, 728).

Der Begriff *„Motopädagogik"* schien zunächst den der Psychomotorik zu ersetzen, heute werden jedoch beide Begriffe gleichrangig, wenn auch nicht immer gleichbedeutend, gebraucht. Man kann sagen, daß

Abb. 1: Aufbau des Fachgebietes Motologie (Schilling 1981, 187)

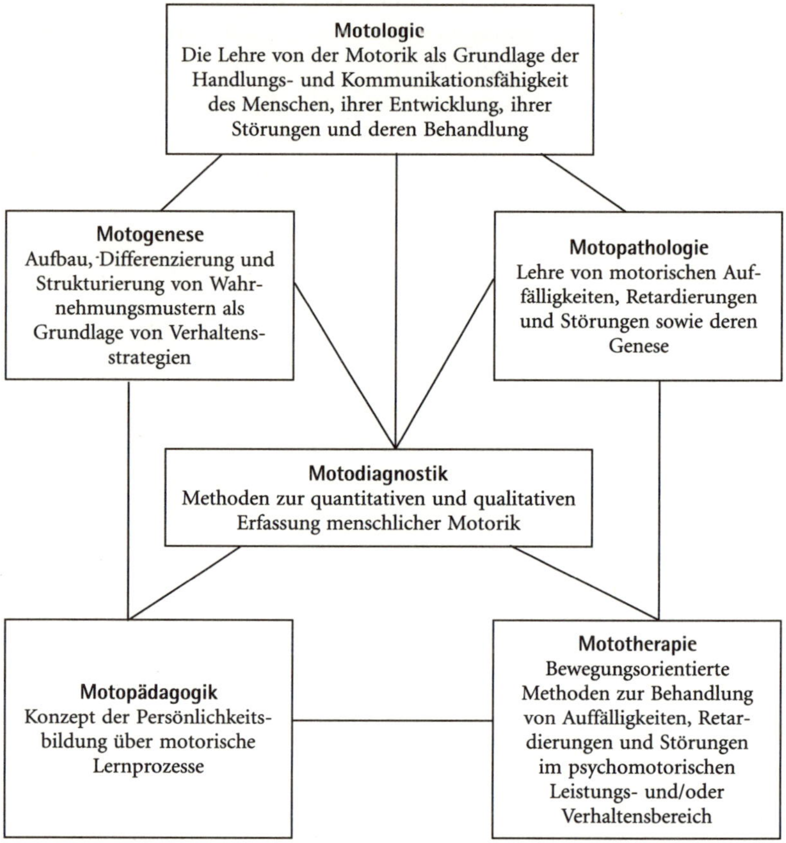

Motopädagogik und Mototherapie im Sinne der Psychomotorik arbeiten. Im Gegensatz zu den Bezeichnungen Motopädagogik und Mototherapie ist der Begriff *Psychomotorik* aber historisch gewachsener, international gebräuchlicher und letztlich inhaltlich klarer definiert. Ihm wird auch in diesem Buch der Vorzug gegeben, da der Terminus „Psyche" ausdrücklich auf den Anteil des Wahrnehmens, Erlebens, Fühlens und Denkens bei Bewegungshandlungen hinweist und die Notwendigkeit, Bewegungshandlungen immer als ganzheitliche Äußerungen des Menschen zu betrachten, deutlich macht.

Nun ist aber auch der Begriff „Psychomotorik“ nicht frei von Mißverständlichkeiten. Mal wird er als Eigenschaftswort („psychomotorisch“) verwendet und verweist auf einen allgemeinen Zusammenhang körperlicher und seelischer Prozesse, mal wird er als Bezeichnung für eine Richtung oder ein Konzept genutzt, die im Gefolge der Kiphardschen Tradition stehen.

Der Begriff *Psychomotorik* ist allerdings nicht neu und auch keineswegs von Kiphard erfunden. Er existierte schon um die Jahrhundertwende und hatte in der Fachliteratur zur Bewegungslehre und Motorikforschung eine von den beiden oben genannten Vorstellungen wiederum verschiedene Bedeutung. Folgende Sichtweisen müssen daher berücksichtigt werden:

Begriffsklärungen

1. Mit *Psychomotorik* bezeichnete man bereits zum Ausgang des letzten Jahrhunderts einen bestimmten Arbeitsbereich experimenteller psychologischer *Wahrnehmungsforschung.* Er findet auch heute noch in der Psychologie Anwendung, wenn die kognitiven Antriebs- und Steuerungskräfte des (motorischen) Verhaltens angesprochen werden (z. B. Rüssel 1976).
2. *Psychomotorik* kann als Einheit körperlich-motorischer und psychisch-geistiger Prozesse verstanden werden. Jeder Mensch ist eine solche psychomotorische Einheit, streng genommen gibt es gar keine Bewegung ohne Beteiligung psychischer oder gefühlsmäßiger Prozesse. Kindliche Entwicklung ist daher auch immer psychomotorische Entwicklung. Psychomotorik ist demnach als eine *spezifische Sicht menschlicher Entwicklung* zu verstehen, nach der Bewegung als wesentliches Ausdrucksmedium des Menschen gesehen wird. An der Bewegungshandlung ist immer die ganze Person des Kindes beteiligt. In jede Handlung gehen also kognitive, motivationale und emotionale Aspekte ein, ebenso werden Kognitionen, Emotionen und Motivation von den Bewegungshandlungen beeinflußt. Die Auffassung der kindlichen Bewegung als Einheit von Erleben, Denken, Fühlen und Handeln legt nahe, daß zwischen diesen Bereichen nicht nur Zusammenhänge, sondern auch Wechselwirkungsprozesse bestehen.

Psychomotorik als Konzept

3. *Psychomotorik* ist aber auch die Bezeichnung für ein *pädagogisch-therapeutisches* Konzept, das die Wechselwirkung psychischer und motorischer Prozesse nutzt. Über Bewegung wird versucht, eine Bezie-

hung zum Kind (bzw. zum Erwachsenen) aufzubauen, seine psychische Befindlichkeit positiv zu beeinflussen und seine Gesamtentwicklung zu unterstützen. Ein solches Konzept basiert auf theoretischen Vorannahmen über die Ganzheitlichkeit des Menschen.

Definition Zusammenfassend kann man sagen, daß der Begriff *„psychomotorisch"* die funktionelle Einheit psychischer und motorischer Vorgänge, die enge Verknüpfung des Körperlich-motorischen mit dem Geistig-seelischen kennzeichnet (vgl. Zimmer/Cicurs 1987).

Psychomotorische Förderung verfolgt damit einerseits das Ziel, über Bewegungserlebnisse zur Stabilisierung der Persönlichkeit beizutragen – also das Vertrauen in die eigenen Fähigkeiten zu stärken –, andererseits soll jedoch auch eine Bearbeitung motorischer Schwächen und Störungen, aber auch der Probleme des Kindes in der Auseinandersetzung mit sich selbst und seiner Umwelt ermöglicht werden.

1.1.4 Ziele und Inhalte der Psychomotorik

Während sich die Medizin und die ihr angegliederten medizinischen Heilhilfsberufe (wie z. B. die Krankengymnastik) in erster Linie auf die Behebung körperlich-muskulärer Störungen konzentrieren und die psychotherapeutischen Verfahren vor allem auf das Seelenleben, die Emotionen und psychischen Befindlichkeiten ausgerichtet sind, wendet sich die Psychomotorik an genau jene Überschneidungsbereiche, in denen die wechselseitige Beeinflussung von *Bewegung, Wahrnehmung, Verhalten und Selbsterleben* deutlich werden.

Unter dem Anspruch einer ganzheitlichen Vorgehensweise steht die Förderung der gesamten Persönlichkeitsentwicklung eines Kindes durch das Medium Bewegung im Vordergrund.

Ziele Ziel psychomotorischer Förderung ist es, die Eigentätigkeit des Kindes zu fördern, es zum selbständigen Handeln anzuregen, durch Erfahrungen in der Gruppe zu einer Erweiterung seiner Handlungskompetenz und Kommunikationsfähigkeit beizutragen.

Sie beinhaltet spezielle Fördermöglichkeiten vor allem in den Bereichen der Wahrnehmung, des Körpererlebens und der Körpererfahrung und des sozialen Lernens, die gerade für bewegungsauffällige Kinder integrierend und fördernd wirken können und ihnen den Zugang zur Bewegung – wieder – erschließen helfen.

Bekannt wurde die Psychomotorik auch durch spezifische, die Wahrnehmung und das Gleichgewicht ansprechende Geräte, wie z. B. Pedalos, Balancierkreisel und Rollbretter, die zunächst zur Förderung entwicklungs- und bewegungsauffälliger Kinder bestimmt waren, dann aber zunehmend auch in die Sport- und Bewegungserziehung Eingang fanden. Aber nicht allein die Verwendung eines Schwungtuches oder das Spiel mit einem Zeitlupenball machen ein Bewegungsangebot schon zur psychomotorischen Erziehung. Zwar haben diese Materialien die Vielfalt der kindlichen Bewegungserlebnisse erheblich bereichert, viel wichtiger als der Einsatz bestimmter Geräte ist jedoch die Art und Weise, wie Kinder sie entdecken und mit ihnen umgehen können, in welchem *Sinnzusammenhang* die Bewegungsangebote für sie stehen, wie sie sich selbst im Umgang mit ihnen erleben.

Inhalte

Zu den *Inhalten der Psychomotorik* zählen

- *Körper-Erfahrungen/Selbst-Erfahrungen,*
  z. B. Wahrnehmung und Erleben des eigenen Körpers, Sinneserfahrungen, Körperbewußtsein, Erfahren der körperlichen Ausdrucksmöglichkeiten;
- *Material-Erfahrungen,*
  z. B. sich mit den räumlichen und dinglichen Gegebenheiten der Umwelt auseinandersetzen, sich den Gesetzmäßigkeiten der Objekte anpassen bzw. sie sich passend machen, erkundendes und experimentelles Lernen über Bewegung;
- *Sozial-Erfahrungen,*
  z. B. mit anderen über Bewegung kommunizieren, Regelspiele mit selbsterstellten bzw. auf die Situation abgestimmten Spielregeln, Miteinander-gegeneinander spielen.

Bewegen und Erleben

Im Vordergrund stehen *erlebnisorientierte Bewegungsangebote*, die dem Kind die Möglichkeit geben, sich selbst als wichtiges Mitglied der Gruppe zu erfahren, die den Aufbau eines positiven Selbstkonzeptes unterstützen und ihm Erfahrungen des Selber-Wirksam-Seins vermitteln.

Der heutige Ansatz der Psychomotorik ist weniger übungszentriert, sondern eher *erlebnisorientiert*. Das Bild des Kindes als eigenständiges, aktives und selbstbestimmtes Wesen, das sich die Welt über Bewegung sinnlich aneignet, prägt die praktische Vorgehensweise in der Psychomotorik.

Psychomotorische Erziehung läßt Raum für individuelle Interessen, weckt die Neugierde, unterstützt das Bedürfnis nach neuen Erfahrungen und berücksichtigt die unterschiedlichen Bedeutungen, die Bewegung für Kinder haben kann.

Erlebnisreiche Bewegungsangebote zur Förderung der *sinnlichen Wahrnehmung* gehören zu den grundlegenden Inhalten psychomotorischer Erziehung. Wahrnehmungsförderung muß allerdings nicht die Form eines Funktionstrainings annehmen, im Sinne psychomotorischer Förderung sollte sie eher in erlebnisreiche Bewegungsangebote oder spannende Spielhandlungen eingebunden werden (vgl. Herm 1997, Keller/Fritz 1995, Zimmer 1995, 1998).

Gerade die „psychomotorischen Geräte" (Rollbretter, Pedalos, Schwungtuch, Physiobälle, Balancierkreisel etc.) fordern die Aktivität der Wahrnehmungssysteme heraus, ermöglichen aber gleichzeitig auch eine individuelle Sinngebung, so daß sie vom Kind gut in komplexe Spielhandlungen einzubinden sind (vgl. Kapitel 4).

1.2 Das Menschenbild in der Psychomotorik

Jedem theoretischen Konzept, aber auch jedem praktischen Handeln liegt ein ganz bestimmtes Bild des Menschen zugrunde. Dabei handelt es sich um *Annahmen über das Wesen des Menschen,* die aus philosophischen oder auch naturwissenschaftlichen Überzeugungen abgeleitet werden.

Oft sind Menschenbilder nur verdeckt vorhanden, trotzdem fließen sie in das praktische Handeln ein und wirken normativ (wertend).

Menschenbilder können unterschiedlich sein und sich sogar gegenseitig ausschließen. So verträgt sich ein Bild des Menschen, bei dem das Kind als von äußeren Reizen bestimmtes Wesen aufgefaßt wird, nicht mit der Vorstellung des Kindes als aktivem, sich selbst steuerndem Wesen.

Orientierung für das praktische Handeln

Menschenbilder haben auch für das praktische Handeln Orientierungsfunktion: Werden Verhaltensauffälligkeiten eines Kindes z. B. als Folge einer Wahrnehmungsstörung betrachtet, so liegt dieser Auffassung ein Menschenbild zugrunde, nach dem das kindliche Verhalten als das Produkt einer intakten Verarbeitung (Integration) von Sinnesreizen verstanden wird. Es liegt auf der Hand, daß in einem solchen Fall auch die praktischen Konsequenzen für eine Fördermaßnahme anders aussehen, als wenn die Verhaltensprobleme des Kindes als Ausdruck einer gestörten Beziehung des Kindes zu seiner sozialen Umwelt oder einer tiefgreifenden Selbstwertproblematik angesehen werden (vgl. Kapitel 2).

1.2.1 Humanistisches Menschenbild

Der in vorliegendem Buch beschriebene psychomotorische Ansatz fühlt sich einem Menschenbild, wie es in der humanistischen Psychologie beschrieben wird, verpflichtet. Die zentralen Grundgedanken dieses Menschenbildes können folgendermaßen zusammengefaßt werden (vgl. Völker 1980, 15 ff.):

- *Autonomie und soziale Interdependenz:*
  Zu Beginn seines Lebens ist jeder Mensch in hohem Maße von seiner Umwelt abhängig, mit wachsender Beherrschung seines Körpers strebt er jedoch nach Unabhängigkeit von äußerer Kontrolle. Er entwickelt ein *aktives Selbst*, das in zunehmendem Maße in die eigene Entwicklung eingreifen und die Verantwortung für das eigene Leben übernehmen kann. Diese Tendenz wird als *Streben nach Autonomie* bezeichnet, d. h., der Mensch strebt danach, sich selbst und die Umwelt zu beherrschen und dadurch unabhängig von äußerer Kontrolle zu werden. Autonomie heißt aber auch, sozialverantwortlich zu handeln.

„*Nur ein Individuum, das für sich selbst verantwortlich ist, kann Verantwortung für die Gemeinschaft übernehmen. Eine Person, die entdeckt hat, daß sie sich selbst verändern kann, wird auch zu notwendigen Veränderungen der Umwelt beitragen.*" (Völker 1980, 17)

Autonomie muß daher immer auch im Zusammenhang mit sozialer Interdependenz gesehen werden: Wir sind eingebunden in eine soziale Gemeinschaft, die Familie, den Freundeskreis etc., und nur im Austausch mit ihr kann sich die autonome Persönlichkeit entwickeln.

- *Selbstverwirklichung:*
  Der Mensch wird als *aktives, lebendiges, unternehmungslustiges Wesen* betrachtet. Er hat das Bedürfnis, seine Umwelt zu erforschen, nach Wissen zu streben und seine schöpferischen Fähigkeiten zu entfalten. Diese Tendenz wird als Selbstverwirklichungsstreben bezeichnet, sie gilt als grundlegende *Antriebskraft*, die sich in ständigem Austausch mit der sozialen Umwelt entfaltet. Nun entwickeln sich die Anlagen und Fähigkeiten eines Menschen nicht automatisch und ganz von selbst, es sind auch Umgebungs-

bedingungen erforderlich, die diesen Prozeß unterstützen und fördern.

- *Ziel- und Sinnorientierung:*
  Der Mensch strebt nicht nur nach Selbsterhaltung und Bedürfnisbefriedigung, sondern nach einem sinnvollen und erfüllten Dasein. Voraussetzung hierfür ist, daß elementare Bedürfnisse nach Sicherheit und Liebe befriedigt sind.
- *Ganzheit:*
  Der Mensch wird als Ganzheit gesehen, psychische, kognitive, emotionale, soziale und somatische Prozesse sind aufeinander bezogen. An jeder Handlung ist immer der ganze Mensch beteiligt; Leib und Seele, Gefühl und Vernunft werden als Einheit betrachtet. Aus humanistischer Sicht ist der Mensch ein handelndes Subjekt, ein biologisches, psychisches und soziales Wesen.

Ein solches Menschenbild verweist implizit auf die besondere Rolle, die *Körper- und Bewegungserfahrungen* für die Entwicklung des Kindes haben:

Der Körper = Mittler von Selbständigkeit

Der Körper ist der Mittler von Selbständigkeit. Das *Streben nach Unabhängigkeit* wird dem Kind über die körperlich-motorischen Erfahrungen bewußt. Die Umwelt beherrschen und über sich selbst verfügen können – hierzu ist Bewegung ein hervorragendes Mittel.

Auch im Hinblick auf das Streben nach *Selbstverwirklichung* nehmen Bewegungssituationen eine wesentliche Rolle ein: Sie enthalten viele Gelegenheiten, in denen sich die schöpferischen Kräfte des Kindes entfalten können, in denen es auf seine Umwelt einwirkt und sie nach seinen Vorstellungen gestalten kann.

Bewegungserfahrungen vermitteln dem Kind die *Erfahrung sinnvollen Handelns*, ohne Zweckbestimmung und ohne auf die möglichen Ergebnisse des Tuns zu achten. Bewegung und Spiel sind Tätigkeiten, die um ihrer selbst willen ausgeführt werden und in sich selbst belohnend wirken.

Schließlich werden Bewegungshandlungen aus der Sicht der Psychomotorik immer auch hinsichtlich ihrer Verflochtenheit mit *emotionalen, kognitiven und sozialen Anteilen* gesehen. Bewegung ist Ausdruck der Gesamtbefindlichkeit des Kindes und darf daher nie alleine unter z. B. biomechanischen Aspekten betrachtet werden. An jeder Bewegungshandlung ist immer der ganze Mensch beteiligt.

Das Kind als aktiver Gestalter seiner Entwicklung

1.2.2 Das Kind als aktiver Gestalter seiner Entwicklung

Beobachtet man ein Kleinkind beim Spielen, dann läßt sich nicht übersehen, wie früh schon bei ihm der Wunsch vorhanden ist, etwas selbst zu tun, sich selbst zu helfen, und damit immer unabhängiger und selbständiger zu werden. Das Kind bemüht sich um Kompetenz, das *Bestreben nach Autonomie und Selbständigkeit* ist offensichtlich ein wesentliches Motiv kindlicher Entwicklung.

Bestreben nach Autonomie und Selbständigkeit

Das Selbständigkeitsstreben des Kindes äußert sich in seiner Aktivität und seinem Bedürfnis nach schöpferischer Gestaltung. Deswegen muß auch dem Stellenwert der *aktiven und kreativen Kräfte*, die der menschlichen Entwicklung innewohnen, ein besonderer Stellenwert beigemessen werden. *Das Kind ist ein schöpferisches Wesen, das sein Selbstwerden aktiv betreibt.*

Erziehung = interaktives Geschehen

Deswegen stellt erzieherisches Handeln auch keine einseitige kausale Einwirkung dar, bei der durch gezielte Maßnahmen ganz bestimmte Wirkungen erreicht werden. Es handelt sich vielmehr um ein interaktives Geschehen, bei dem ein prinzipiell selbstbewußtes, selbsttätiges Subjekt alle erzieherischen Maßnahmen interpretiert, bewertet und verarbeitet und damit auch in der Lage ist, sämtliche erzieherischen Intentionen zu durchkreuzen (Göppel 1997, 12 f.).

Für die psychomotorische Förderung bedeutet dies, daß das Kind sich nur durch seine eigene Aktivität entwickelt und daß nur solche Maßnahmen und Anregungen zu Fortschritten in der Entwicklung führen, die der Motivation und den Handlungsmöglichkeiten des Kindes entsprechen. Das Kind muß also Gelegenheit haben, selbst – wie Kautter (1988) dies ausgedrückt hat – „der Akteur seiner Entwicklung" zu sein.

Eine ganzheitliche Sichtweise hat auch ein spezifisches Verständnis von *Bewegungs- und Verhaltensauffälligkeiten* zur Folge: Wenn Kinder nicht als Träger bestimmter Bewegungsstörungen oder Verhaltensauffälligkeiten gesehen werden, sondern als individuelle Personen mit einer eigenen Lebensgeschichte und spezifischen Bedürfnissen, Hoffnungen und Ängsten, ergeben sich daraus auch ganz konkrete Konsequenzen für eine Förderung.

In der Psychomotorik wird das *Kind als handelndes Subjekt* verstanden, das Verantwortung übernehmen und auch für sich selbst entscheiden kann. Damit wird selbstbestimmtes und eigenverantwortliches Handeln nicht nur Ziel, das irgendwann am Ende einer erfolgreichen Förderung steht, sondern es wird gleichermaßen bereits Methode der Fördermaßnahme. Im Mittelpunkt steht die Frage,

Befähigung zum möglichst selbständigen Handeln

wie der Pädagoge dem Kind helfen kann, damit es sich seinen Möglichkeiten entsprechend mit vorhandenen Problemen besser zurechtfinden, seine Handlungskompetenz erweitern und sie richtig einsetzen kann. An die Stelle einer *Be*-handlung tritt die Befähigung zum möglichst *selbständigen Handeln* und zwar sowohl auf motorischer wie auch auf sozial-emotionaler und kognitiver Ebene.

Durch die Bevorzugung des Mediums Bewegung, die Orientierung an der kindlichen Erlebnisfähigkeit und die Unterstützung der Eigenaktivität des Kindes wird die Fördermaßnahme von ihm selbst eher als selbstgesteuertes Spiel denn als „Behandlung" wahrgenommen.

1.3 Psychomotorik als ganzheitliche Gesundheitsförderung

Bewegungsmangel, Haltungsschäden, Herz-Kreislaufschwächen, Koordinationsprobleme – Kindheit scheint durchsetzt zu sein von Risikofaktoren, die die Entwicklung bedrohen. Oft wird ein Katastrophenszenario gemalt, als Folge der Defizite, denen Kinder heute aufgrund des Medieneinflusses, der Einschränkung ihrer Spiel- und Bewegungsmöglichkeiten und der zunehmenden Technisierung der Alltagswelt ausgesetzt sind. Lange Jahre wurde Gesundheit bei Kindern in erster Linie unter dem Aspekt von *Risikofaktoren* betrachtet. Auch die Psychomotorik wurde häufig in den Dienst der Gesundheitsförderung gestellt, waren doch Kinder mit Wahrnehmungsstörungen, Bewegungsbeeinträchtigungen, hypertone wie hypotone, muskelschwache und koordinationsgestörte, auf den (scheinbar) richtigen Weg zu bringen. Nicht die Lebenssituation der Kinder galt es zu verändern, sondern die Symptome, die als Ausdruck des Scheiterns an den Lebensbedingungen gesehen wurden.

Nun gibt es aber eine Menge Kinder, die unter den gleichen Lebensverhältnissen, mit den gleichen Einschränkungen und ähnlichem ökologischen und sozialem Umfeld keinen Schaden davontragen. Ist es nun eine Frage der Disposition, der erblichen Veranlagung, daß einige Kinder stärker betroffen sind als andere oder gibt es Merkmale, die quasi als

Schutzfaktoren wirken können, die die Kinder stark machen bzw. ihnen Möglichkeiten zur Bewältigung schädigender Einflüsse geben?

1.3.1 Salutogenese – Wie entsteht Gesundheit?

Schutzfaktoren – Risikofaktoren

In den Gesundheitswissenschaften hat sich in den letzten Jahren ein Wandel hinsichtlich des Denkens und Forschens über Gesundheit eingestellt. Die traditionelle Perspektive der Risikofaktoren, die unsere Gesundheit beeinträchtigen, trat zurück hinter die Perspektive der Schutzfaktoren, die uns vor den tagtäglichen Belastungen bewahren bzw. uns befähigen, mit ihnen umzugehen.

An die Stelle der Pathogenese mit der Kernfrage: „Was läßt die Menschen krank werden?“ rückte die Salutogenese in den Vordergrund mit der viel entscheidenderen Frage „Was läßt den Menschen trotz außerordentlicher Belastungen gesund bleiben?“ Angestoßen wurde dieses Umdenken durch den Gesundheitswissenschaftler Antonowski (1993), der in den 60er Jahren entsprechend der medizinischen Tradition nach Faktoren suchte, die dazu beitrugen, daß manche Menschen eher krank werden als andere.

Die Umorientierung des Gesundheitsdenkens im salutogenetischen Sinne führte auch die Weltgesundheitsorganisation (WHO) 1986 dazu, Gesundheit zu definieren als „Zustand des vollkommenen körperlichen, seelischen und sozialen Wohlbefindens“.

Obwohl in dieser Definition nicht berücksichtigt wird, daß Gesundheit kein statischer Zustand ist und daß es ein vollkommenes körperliches, seelisches und soziales Wohlbefinden kaum geben kann, so ist doch die positive Sichtweise hervorzuheben. Gesundheit wird positiv formuliert und nicht negativ durch das Fehlen von Krankheit charakterisiert. Auch die Ausdehnung des Gesundheitsbegriffes von der körperlichen auf seelische und soziale Dimensionen hat zu einer erweiterten Sicht von Gesundheit geführt.

Um die Dynamik des Gesundheitsgeschehens zu berücksichtigen ergänzte Hurrelmann die Definition, indem er Gesundheit auffaßt als

> *„Zustand des objektiven und subjektiven Befindens einer Person, der gegeben ist, wenn diese Person sich in den physischen, psychischen und sozialen Bereichen ihrer Entwicklung im Einklang mit den eigenen Möglichkeiten und Zielvorstellungen und den jeweils gegebenen äußeren Lebensbedingungen befindet".*

Gesundheit wird dabei nicht als ein passiv und statisch erlebter Zustand betrachtet, sondern als ein

> *„aktuelles Ergebnis der jeweils aktiv betriebenen Herstellung und Erhaltung der sozialen, psychischen und körperlichen Aktionsfähigkeit eines Menschen im gesamten Lebenslauf"* (Hurrelmann 1990, 62).

Im Sinne Antonowskys kann es nicht darum gehen, jede Erkrankungserfahrung zu vermeiden und Risiken ganz zu umgehen. Auch der Umgang mit Erkrankungen und Risiken bietet ein Entwicklungspotential, da hier ja *Bewältigungsstrategien* aufgebaut werden können, auf die später immer wieder zurückgegriffen werden kann.

Brodtmann (1997) sieht *Gesundheit als Balanceleistung* an: „Ein Mensch fühlt sich um so gesünder, je besser es ihm gelingt, die ständig mit unterschiedlicher Intensität und Zahl auf ihn einwirkenden ‚Stressoren' auszubalancieren." Nach Antonowsky sind die Fähigkeiten zum Ausbalancieren von Belastungen einerseits davon abhängig, ob wir über ausreichende Widerstandsressourcen verfügen. Dazu gehören u. a. *Strategien zur Streßbewältigung* (z. B. Entspannungstechniken), ein *intaktes Immunsystem* und das *Vorhandensein sozialer Unterstützung.* Andererseits sind sie aber auch davon abhängig, wie stark der *„Kohärenzsinn"* eines Menschen ausgeprägt ist. Mit dem Kohärenzsinn ist die Gewißheit über die Sinnhaftigkeit des eigenen Tuns gemeint, die Überzeugung, daß die Aufgaben, die man zu bewältigen hat, sinnvoll sind und daß es sich lohnt, sich dafür zu engagieren. Diese sieht er als wichtigste Grundlage von Lebenskraft und Lebensmut an. (Vgl. auch Brodtmann 1997, 35)

1.3.2 Risiko- und Schutzfaktoren in der kindlichen Entwicklung

Die bekannteste und meistzitierteste Längsschnittstudie, die sich mit der Wirkung von Risiko- und Schutzfaktoren und der Balance von Verwundbarkeit und Widerstandskraft befaßt, ist die „Kauai-Studie" von Emmy E. Werner (Werner/Smith 1992). Alle 1955 geborenen Kinder der zu Hawai gehörenden Insel Kauai wurden in die Untersuchung einbezogen und über 30 Jahre lang in ihrer Entwicklung begleitet.

Risikokinder

Ein Drittel der Kinder wurde als *Risiko-Kinder* bezeichnet. Sie waren schon früh mindestens vier Risikofaktoren ausgesetzt, wozu die Autorin u. a. Armut, permanente Konflikte der Eltern, Alkoholprobleme oder psychische Krankheit bei einem oder beiden Elternteilen, Geburtskomplikationen oder schwere Erkrankungen des Kindes im ersten Lebensjahr zählte. Eine solche *Häufung von Risikofaktoren* ließe nach Meinung der Forscher mit großer Sicherheit Entwicklungs- und Verhaltensstörungen erwarten.

Untersuchungsergebnisse

Tatsächlich zeigten zwei Drittel dieser „Risikokinder" im Alter von 10 Jahren ausgeprägte Lern- und Verhaltensprobleme, und es kam im Jugendalter zu psychischen Krisen, Delinquenz oder ungewollter Schwangerschaft. Ein Drittel der Risikogruppe wuchs allerdings problemfrei zu kompetenten, selbstbewußten jungen Erwachsenen heran. Weder in der Kindheit noch im Jugendalter zeigten sie auffällige Störungen, sie kamen in der Schule und in ihren sozialen Beziehungen gut zurecht und hatten anspruchsvolle, aber auch realistische Zukunftspläne.

Dieser Gruppe von 72 Kindern – als *„resilient children"* (unverwüstliche Kinder) bezeichnet – galt das weitere Hauptinteresse der Studie. Wodurch unterschieden sich ihre Lebensumstände und ihre Persönlichkeitsmerkmale von denjenigen der Kinder, die einen weniger positiven Entwicklungsverlauf hatten? Es konnten eine Reihe von „Schutzfaktoren" identifiziert werden:

Schutzfaktoren

- Die erste Gruppe von *Schutzfaktoren* betraf das *soziale Umfeld:* Die resilienten, streß-resistenten Kinder verfügten über eine intensive Bindung und vertrauensvolle Beziehung zu mindestens einem Erwachsenen; sofern die Eltern versagten, kümmerten sich Großeltern, Verwandte, Erzieher oder auch ältere Geschwister um sie.

Als sie älter wurden, schienen sie besonders geschickt darin zu sein, sich „Ersatzeltern“ zu suchen, sie waren bei Klassenkameraden beliebt und hatten meist einen großen Freundeskreis.

- Die zweite Gruppe von Schutzfaktoren lag in den *Persönlichkeitsmerkmalen der Kinder.* Sie zeigten schon als Kleinkinder ein hohes Aktivitätsniveau und hatten die Tendenz, Dinge selbst zu tun, Probleme selbst zu lösen. Von den Untersuchern wurden sie als besonders aufgeweckt, fröhlich und selbstbewußt beschrieben. In der mittleren Kindheit fielen die Kinder auf durch ein hohes Maß an Selbständigkeit und die Fähigkeit, sich bei Bedarf gezielt nach Hilfe umzusehen. Den wichtigsten und grundlegendsten Persönlichkeitszug dieser Kinder sieht Werner in einem tiefverwurzelten Gefühl, etwas zu taugen und zu können:

Kompetenzbewußtsein

„Ein Gefühl von Kompetenz und eine Überzeugung, durch das eigene Tun etwas bewirken zu können, scheint das allgemeine Kennzeichen dieser Kinder zu sein.“ (Werner 1990, zit. nach Göppel 1997, 243)

Positives Selbstkonzept

Diese Trends setzen sich im Jugendalter fort. Die Auswertung von Fragebögen ergab, daß die betroffenen Jugendlichen ein positiveres Selbstkonzept, eine größere Leistungsmotivation besaßen und zudem das Vertrauen, dem Schicksal nicht einfach hilflos ausgeliefert zu sein, sondern Einfluß auf die eigenen Geschicke nehmen zu können. Sie schafften es, selbst unter chaotischen Verhältnissen eine gewisse Struktur in ihr Leben zu bringen. Einen positiven Einfluß hatte auch, wenn die Jugendlichen Verantwortung für die Betreuung jüngerer Geschwister oder Aufgaben der Haushaltsführung übernehmen mußten.

Das Fazit einer solchen Studie kann nun nicht heißen, man könne Kinder im Vertrauen auf deren Widerstandskräfte ruhig sich selbst überlassen. Bei den sogenannten „Schutzfaktoren“ handelte es sich auch größtenteils nicht um angeborene Persönlichkeitsdispositionen, sondern um Eigenschaften und Verhaltensmerkmale, die in der frühen Kindheit erworben werden: Neben der emotionalen Bindung zu einer oder mehreren Personen gehört nämlich der Aufbau eines *positiven Selbstwertgefühls, Selbständigkeit* und *aktiver Umgang mit Problemen* zu den Zielen, die durch die Erziehung unterstützt und gestärkt werden können. So kann von Erwachsenen – Eltern, Lehrern, Erziehern – die Selbständigkeit der Kinder gefördert, ihr Kompetenzbewußtsein gestärkt werden.

„Prinzip Hoffnung"

Die Autorin der Studien sieht folglich in der Wiederentdeckung der heilenden Kräfte der Hoffnung *(„Prinzip Hoffnung")* in den individuellen Lebensgeschichten der Kinder und Jugendlichen den vielleicht wertvollsten Ertrag ihrer Forschungsergebnisse.

Hier wird also die gewohnte Frage nach der Genese psychischer Störungen umgedreht und nach dem Phänomen relativer Gesundheit und Stabilität *trotz* erschwerter Entwicklungsbedingungen gefragt.

Es ist schon ein Unterschied, ob in einer klinischen Falldarstellung nachträglich (retrospektiv-zurückblickend) die Entwicklungsgeschichte eines Kindes zur Erklärung für eine daraus folgende psychische Fehlentwicklung herangezogen wird oder ob man vorausschauend aus dem Vorliegen bestimmter Persönlichkeitsmerkmale und Entwicklungsbedingungen die künftige Entwicklung eines Kindes prognostizieren will.

Die Forschungsergebnisse über Risiko- und Schutzfaktoren in der kindlichen Entwicklung machen deutlich, daß Entwicklung nicht nur als Ergebnis des Wechselspiels zwischen Anlage und Umwelt gesehen werden kann, sondern als ein Prozeß, in dem die *produktive Verarbeitung der Realität*, die Eigenständigkeit und die Eigentätigkeit des Kindes eine wichtige Rolle spielt. Zwar müssen die konkreten Umweltbedingungen, unter denen Entwicklung stattfindet, nach wie vor beachtet werden, neuerdings rücken jedoch immer mehr die *Wirkungen, die vom Kind auf seine Umwelt ausgehen*, ins Blickfeld.

Aktivität und Widerstandskraft

Zwei Schlüsselbegriffe kennzeichnen das neue Verständnis von Entwicklung (und Gesundheit): *Aktivität und Widerstandskraft.*

Göppel (1997, 26) betont, daß die innere Kraft, die Selbständigkeit und Kreativität eines Menschen auch damit zu tun haben, inwieweit das, was er in der frühen Entwicklungsphase als Kind selbst wollte, von seinen Bezugspersonen erkannt wurde. Ebenso wichtig sei, ob die Umwelt anregungsreich genug war, so daß es überhaupt etwas zu wählen gab und ob das, was er selbst hervorbrachte, in der Umwelt auf Resonanz und Akzeptanz stieß.

1.3.3 Psychomotorik – Stärkung personaler Ressourcen

Kurz/Tietjens (1998) unterscheiden verschiedene Klassen von *Gesundheitsressourcen*, die durch (Sport und) Bewegung günstig beeinflußt werden können. Dazu gehören

- *körperliche Gesundheitsressourcen* wie z. B. die Leistungsfähigkeit des Herz-Kreislaufsystems oder des Immunsystems und die Widerstandsfähigkeit des passiven Bewegungsapparats,
- *personale Gesundheitsressourcen* wie z. B. ein positives Körper- und Selbstkonzept,
- *soziale Gesundheitsressourcen* wie z. B. Rückhalt und Unterstützung bei Angehörigen und Freunden.

Insbesondere für die körperlichen und personalen Gesundheitsressourcen von Kindern haben Bewegungserfahrungen eine hohe Bedeutung. Brodtmann betont aber auch die *sozialen Ressourcen* und hebt ihren – in der Praxis oft nicht genügend beachteten – Stellenwert hervor:

> *„Angesichts der zentralen Rolle, die die soziale Dimension für Gesundbleiben und Krankwerden spielt, erscheint es mir geradezu unverantwortlich, in Bewegungserziehung und Schulsport nicht ein Höchstmaß an Phantasie aufzuwenden, um immer wieder neue Möglichkeiten zu schaffen, durch die die Kinder zum gemeinsamen Handeln herausgefordert werden und die dadurch zur Entwicklung sozialer Kompetenzen beitragen. Zu diesen Kompetenzen zählen insbesondere Empathie als Fähigkeit, sich in andere einfühlen zu können, Toleranz und Kompromißfähigkeit, Flexibilität im Umgang mit vorgefundenen Regelungen und Gütemaßstäben und Fairneß. Und das in einem Klima des Sich-Bewegens, das die Erfahrung sozialen Anerkannt- und Integriertseins und seelisch entlastender Geselligkeit vermittelt und in dem mit dem Wettkampfgedanken pädagogisch sensibel und phantasievoll umgegangen wird.“* (Brodtmann 1997, 39)

Psychomotorische Förderung zielt insbesondere auf eine *Stärkung der personalen Ressourcen* (nach dem Salutogenese-Modell); zwar ist auch eine Meidung und Minderung von Risikofaktoren (nach dem

Risikofaktoren-Modell) möglich, diese sind jedoch eher Nebeneffekte, die sich im Rahmen einer Bewegungsförderung ergeben.

Zu den personalen Ressourcen gehören insbesondere Einstellungen des Menschen zu sich selbst, so z. B. die Überzeugung, selbst etwas bewirken, verändern zu können und nicht dem eigenen Schicksal hilflos ausgeliefert zu sein.

Hurrelmann (1988) zählt zu den wichtigsten personalen Ressourcen: Ich-Stärke, Kompetenzbewußtsein, positives Selbstbild, psychische Stabilität. Diese Ressourcen dienen als gute Voraussetzungen für eine erfolgreiche Auseinandersetzung mit externen und internen Belastungsfaktoren.

Hier stellt sich die Frage, wie die erwähnten „Schutzfaktoren", ein stabiles Selbstwertgefühl, eine stabile Ich-Identität, die Fähigkeit zu problemlösendem Verhalten im Laufe der Entwicklung aufgebaut werden können, welche Umwelten hierfür besonders förderlich sind und wie man ihre Entwicklung unterstützen kann. Diese Frage steht auch im Zentrum psychomotorischer Förderung. Sie wird in Kapitel 3 im Zusammenhang mit der Bedeutung und der Entwicklung des Selbstkonzeptes weiter behandelt.

2 Konzeptionelle Ansätze in der Psychomotorik

Nicht nur die Einsatzbereiche der Psychomotorik haben sich erweitert, mit der Verbreitung psychomotorischen Gedankengutes differenzierten sich auch unterschiedliche konzeptionelle Ansätze heraus, die sich zwar alle einer ganzheitlichen Förderung von Kindern – meist mit Entwicklungsdefiziten und Verhaltensproblemen – verschreiben, aber doch ganz verschiedenen handlungsleitenden Konzepten folgen.

Im folgenden sollen unterschiedliche *Richtungen der Psychomotorik* vorgestellt und ihre Konsequenzen für die Praxis diskutiert werden.

2.1 Von der „Psychomotorischen Übungsbehandlung" zur ganzheitlichen Entwicklungsförderung

Wie bereits in Kapitel 1 dargestellt, liegt der Ursprung der deutschen Psychomotorik in der von Kiphard begründeten „Psychomotorischen Übungsbehandlung“. Diesem Ansatz fühlen sich die meisten auch heute vorfindbaren psychomotorischen Ansätze verpflichtet, auch wenn der Begriff „Übungsbehandlung“ mit der Zeit ersetzt wurde durch „Psychomotorische Erziehung“, „Motopädagogik“, „Psychomotorische Förderung“.

Das Hauptanliegen der psychomotorischen Förderung wird in der *Unterstützung der Gesamtpersönlichkeitsentwicklung* des Kindes gesehen. Hier geht es in erster Linie um Hilfen zur Entfaltung der individuellen Handlungsmöglichkeiten einerseits und um die Befähigung zur Lösung sozialer Aufgaben andererseits (Kiphard 1980, 73).

Die ersten Veröffentlichungen Kiphards zur Psychomotorischen Übungsbehandlung und zur Motopädagogik erweckten noch den Eindruck einer starken Übungszentriertheit. So benötige das Kind – um erfolgreich handlungsfähig zu sein – Übungsanregungen aus drei großen Bereichen, dem

„Lernbereiche"

- Wahrnehmungsbereich;
- Bewegungsbereich;
- Emotional-sozialen Bereich.

Hierzu bietet Kiphard dann eine Fülle von Übungen an, die dem Lehrenden einen Überblick verschaffen wollen, wie er schwerpunktmäßig arbeiten kann.

> *„So wird er beispielsweise einmal mehr die Wahrnehmungsprozesse, ein andermal die Bewegungskoordination und motorische Handlungsfähigkeit, dann wieder die expressiv-motorische und sozio-motorische Seite betonen. Die Lernbereiche stellen also keine Hierarchie dar. Der Motopädagoge wählt für jede Stunde die Inhalte aus allen drei Lernbereichen, lediglich mit unterschiedlicher Betonung."*
> (Kiphard 1981, 73 f.)

Didaktische Prinzipien

Zwar erwecken die einzelnen Übungen den Eindruck, als würden die Kinder vor allem angeleitet und zu bestimmten Bewegungsaufgaben aufgefordert werden („Wir üben das Prellen des Balles gegen den Boden ... Welcher Ball fliegt am höchsten ... Wer kann den Luftballon mehrmals hochstoßen?" etc.), im Rahmen seiner Hinweise auf die *methodisch-didaktischen Prinzipien* einer psychomotorischen Lehrweise stellt er jedoch Selbsttätigkeit, Kreativität und Selbststeuerung als wesentliche Prinzipien jeder psychomotorischen Förderung heraus. Kiphard wendet sich ausdrücklich gegen ein Funktionstraining, das er als nicht kindgemäß und nicht vereinbar mit der ganzheitlichen Auffassung der psychomotorischen Arbeitsweise hält.

Die Vielfalt der Anregungen Kiphards reichen von Wahrnehmungsübungen über Beispiele zur Haltungserziehung bis hin zu Zirkusaktivitäten, Akrobatik und Clownspielen.

So sind in der Tradition Kiphards und als Weiterentwicklung der „Psychomotorischen Übungsbehandlung" heute eine Reihe von Veröffentlichungen zu finden, die Anregungen für eine vielfältige Bewegungsförderung (insbesondere) von Kindern geben und sich durch spielerische, phantasievolle Beispiele auszeichnen (Beudels u. a. 1994, 1997, Eggert 1994, Mertens 1986, Olbrich 1989, Treess u. a. 1990, Zimmer 1989, Zimmer/Cicurs 1987).

In Bewegung kommunizieren

2.2 Wahrnehmung und Bewegung als Grundlage der Handlungsfähigkeit

Adaptation = Anpassung

Parallel zu der stärker intuitiven Förderpraxis von Kiphards entwikkelte sich eine Richtung der Psychomotorik, deren Ausgangspunkt in der Annahme lag, daß vielseitige *Bewegungs- und Wahrnehmungsmuster* eine wichtige Grundlage menschlicher Handlungsfähigkeit darstellen. Ausgehend von Regelkreismodellen, nach denen Wahrnehmen und Sichbewegen in Zusammenhang mit den Umweltbedingungen als eine sich selbstregulierende biologische Einheit verstanden werden, beschreibt Schilling (1975) *Bewegungsentwicklung als Adaptationsprozeß* des menschlichen Organismus an die Bedingungen der Umwelt. Entwicklungsfortschritte werden durch Reifungsvorgänge, Lernprozesse und exogene Einflüsse bestimmt.

> „*Ziel des Organismus ist eine totale Ortsungebundenheit (räumliche Unabhängigkeit) und eine optimale Nutzung und Beherrschung der Umweltbedingungen. Der Verlauf des Adaptationsprozesses richtet sich in hohem Maße nach den Anforderungen der Umwelt. Bewegungsentwicklung braucht ein hohes Maß an differenzierten Bewegungsreizen, die bei der bisherigen Kleinkinderziehung nicht genügend Beachtung fanden.*“ (Schilling 1975, 23)

Das Ziel jeder Bewegungsadaptation sieht Schilling darin,

Lernen–Üben

> „*durch ständiges Wiederholen der Bewegungen (Lernen – Üben) die Anpassungen an die Umweltbedingungen zunehmend zu verbessern. Auf diesem Weg kommt es zu der Ausbildung von Fertigkeiten*“ (Schilling 1975, 23).

Verhaltensprobleme als Folge von Bewegungsstörungen

Schilling weist darauf hin, daß die Beschäftigung mit bewegungsbehinderten Kindern, insbesondere die Folgezustände nach frühkindlichen Hirnschäden, zu der Einsicht führten, daß die Wahrnehmungs- und Bewegungsentwicklung in den Vordergrund jeder Persönlichkeitsentwicklung zu stellen sei. *Verhaltensprobleme* werden demnach auch als *Folge von Bewegungsstörungen*, als mangelnde Anpassungsfähigkeit des Kindes an die Anforderungen der Umwelt interpretiert.

> *„Empirische Untersuchungen zeigten deutlich, daß diese Kinder unzureichend über Bewegungserfahrungen verfügten, daß sie infolge dieser Unzulänglichkeiten aufgrund bestehender Forderungen der sozialen Umwelt vielfältige Kompensationsmechanismen entwickeln und dadurch verhaltensauffällig werden oder doch zumindest Schwierigkeiten mit sich selbst und ihrer sozialen Umwelt zeigen."* (Schilling 1986, 59)

Durch *anregungsreiche, strukturierte Bewegungsangebote* soll das Kind nach diesen Überlegungen zur Eigenaktivität angeregt werden. Ansatzpunkte sind weniger die Schwächen des Kindes, sondern seine Stärken und besonderen Interessen. Durch differenzierte Bewegungsangebote wird versucht, dem Kind *Erfolgserlebnisse* zu vermitteln. Es kann also da beginnen, wo es sich selbst noch als handlungsfähig erlebt. Beeinträchtigungen der Persönlichkeitsentwicklung werden hier jedoch vorwiegend als sekundäre Folge einer primären Bewegungsstörung angesehen und über die Verbesserung im funktionell motorisch-physiologischen Bereich eine tiefergehende Förderung – auch auf psychischer Ebene – erwartet.

Schillings Definition der Motopädagogik als „das Konzept der Persönlichkeitsbildung über motorische Lernprozesse" (1981, 187) verkürzt psychomotorische Entwicklungsförderung allerdings auf das gezielte Aufbauen von Bewegungsmustern, der Mensch wird als Anpassungsorganismus auf innere und äußere Reize gesehen – das widerspricht eigentlich dem ganzheitlichen Anspruch, den die Psychomotorik erhebt.

Seewald (1997, 5) bezeichnet den Ansatz Schillings als „*lern- und kompetenzorientierten* Ansatz" und vermißt in ihm die Berücksichtigung *subjektiv-sinnorientierter Dimensionen.*

Allerdings muß bedacht werden, daß durch die Arbeiten Schillings zur Diagnose und Therapie motorischer Störungen bei Kindern die empirische Forschung in der Psychomotorik angeregt wurde und die weitreichende Bedeutung von Bewegungsstörungen für die Persönlichkeitsentwicklung des Kindes ins Bewußtsein der Mediziner und Pädagogen rückte.

2.3 Die sensorische Integrationsbehandlung

Nicht weit von den oben genannten Vorstellungen entfernt liegt der Ansatz der sensorischen *Integrationsbehandlung*. Auch hier geht es um die Voraussetzungen menschlicher Handlungsfähigkeit und um die Gefahren, die durch eine Beeinträchtigung der Wahrnehmungsleistungen für die Gesamtentwicklung des Kindes entstehen.

Neurophysiologische Überlegungen über die Funktionsweise des Zentralnervensystems und die Bedeutung sinnlicher Wahrnehmung bei der Auseinandersetzung mit der Umwelt führen zu einer Theorie über die *Entstehung und Behandlung von Lernstörungen und Verhaltensauffälligkeiten*, bei der die Beziehung zwischen motorischen und sensorischen Systemen eine wichtige Rolle spielt.

Integrationsstörungen

J. Ayres, eine der Hauptvertreterinnen der sensorischen Integrationstherapie, sieht Verhaltensauffälligkeiten, Lernstörungen und Entwicklungsprobleme in erster Linie als Folge „einer unzulänglichen und unregelmäßigen *Verarbeitung von Sinneseindrücken im Gehirn*" (Ayres 1984, 83). Es ist das Verdienst von Jean Ayres, auf die besondere Bedeutung der körpernahen Sinne, des *vestibulären Systems* (Schwerkraft, Gleichgewicht, Bewegung), des *propriozeptiven Systems* (Muskeln und Gelenke) und des *taktilen Systems* (Tastsinn) für die Entwicklung des Kindes hingewiesen zu haben. Diese Sinnessysteme bezeichnet sie als die drei „Grundsinne". Insbesondere den Gleichgewichtssinn stellt sie als das „alles vereinende Bezugssystem" heraus:

Die Grundsinne

> *„Er formt die Grundbeziehungen, die ein Mensch zur Schwerkraft und seiner physischen Umwelt hat. Alle anderen Empfindungen werden unter Bezug auf diese grundlegende vestibuläre Information verarbeitet."* (Ayres 1984, 52)

Es liegen jedoch auch Gefahren darin, jedes Verhalten des Kindes als eine Funktion seiner Sinnesintegration zu betrachten. Das familiäre Umfeld, sozio-kulturelle Voraussetzungen und individuelle Erfahrungen und Erlebnisse des Kindes werden außer acht gelassen.

Zwar wird auch in diesem Ansatz die spielerische Handlung des Kindes betont, und Ayres macht auch ausdrücklich darauf aufmerksam, daß das Kind Gelegenheit haben muß, seine Handlungen selbst zu bestimmen:

> *„Am intensivsten kommt eine Integration von Sinneseindrücken zustande, wenn das Kind von sich aus einen bestimmten Reiz wünscht und eine Tätigkeit einleitet, durch die es die gewünschten Empfindungen erhalten kann.“* (Ayres 1984, 196)

Anpassungsreaktionen

Trotzdem liegt die Vermutung nahe, daß die spielerischen Betätigungen des Kindes in erster Linie unter dem Aspekt der *Anpassungsreaktionen* und der Reifung von Gehirnfunktionen gesehen werden. Das *Kind wird als re-agierendes Wesen* betrachtet, die Handlungen des Kindes erhalten ihren Sinn nicht aus der Bedeutung, die das Kind selbst ihnen beimißt, sondern durch die aus ihnen resultierenden Verarbeitungsprozesse im Gehirn.

> *„Die sensorische Integration als Funktionsprinzip des Gehirns ist der Prozeß des Ordnens, Sortierens und Verarbeitens sinnlicher Eindrücke, damit das Verhalten eines Menschen sinnvoll und für ihn bedeutsam werden kann.“* (Kesper/Hottinger 1992, 42)

Es stellt sich die Frage, ob die sensorische Integrationstherapie überhaupt den psychomotorischen Verfahren zugerechnet werden kann, da sie ihren Ursprung in einer ganz anderen – eher *medizinisch-naturwissenschaftlichen Richtung* – hat. Psychische Befindlichkeiten wie Motiviertheit, Selbstwertgefühl und Selbstvertrauen werden vor allem als Folge einer gelungenen sensorischen Integration, Sprachstörungen, Ängstlichkeit als Folge der gestörten sensorischen Integration betrachtet.

Die Bedeutung der Wahrnehmung ist allerdings auch in der Psychomotorik stärker in den Vordergrund praktischer Förderung gerückt, Kinder mit Wahrnehmungsstörungen gelten als wichtige Zielgruppe. Ebenso gibt es unter den Ergotherapeuten, die sich eigentlich als *die* Vertreter der sensorischen Integrationstherapie verstehen, Fachleute, die ihre Arbeitsweise durchaus im Sinne einer eher ganzheitlichen, psychomotorischen Förderung interpretieren.

2.4 Kindzentrierte psychomotorische Entwicklungsförderung

Von dieser letztgenannten Annahme unterscheidet sich ein eher *kindzentriertes Vorgehen* psychomotorischer Förderung, das Parallelen zur nicht-direktiven Spieltherapie (Axline 1980) bzw. der Persönlichkeitstheorie Rogers (1973) aufweist und zunächst als „*Kindzentrierte Mototherapie*" bezeichnet wurde (Volkamer/Zimmer 1986). Bewegung und Spiel werden als wichtige Medien betrachtet, mit Hilfe derer Zugang zu den betroffenen Kindern gesucht wird und durch die die Kinder zu einer positiven Einschätzung ihrer Person gelangen sollen. Psychomotorische Förderung wird hier im Sinne einer *Hilfe zur Selbsthilfe* gesehen. Es geht weniger um eine Verbesserung motorischer Funktionen und den Abbau von Bewegungsbeeinträchtigungen, sondern um eine *Veränderung der Selbstwahrnehmung* des betroffenen Kindes. Durch eine Stärkung des *Selbstwertgefühls* soll es in die Lage versetzt werden, selbst an der Bearbeitung seiner Schwächen mitzuarbeiten oder – da viele Beeinträchtigungen nicht völlig zu beheben sind – angemessener damit umzugehen. Der Erwachsene begleitet das Kind auf diesem Weg, zeigt ihm seine Wertschätzung und kommentiert seine Handlungen so, daß die Verstärkung nicht von Lob oder Bewertung, sondern von der Sache ausgeht. *Körper- und Bewegungserfahrungen* stellen aus dieser Richtung der Psychomotorik für das Kind nicht nur wesentliche Medien der Aneignung der Wirklichkeit dar, sie werden auch als *Grundlage seiner Identitätsentwicklung* angesehen. Eine wichtige Aufgabe psychomotorischer Förderung besteht dementsprechend darin, zum *Aufbau eines positiven Selbstkonzeptes* beizutragen (Zimmer 1993, 24). Dabei wird insbesondere dem Interaktionsgeschehen zwischen dem Kind und dem Pädagogen Beachtung geschenkt.

Veränderung der Selbstwahrnehmung

Dieser Ansatz liegt dem im vorliegenden Buch beschriebenen Konzept psychomotorischer Entwicklungsförderung zugrunde. Er wurde weiterentwickelt, indem die Prozesse der Selbstkonzeptbildung näher aufgearbeitet und die Wirkfaktoren hinsichtlich einer Veränderung der Selbstwahrnehmung über Körper- und Bewegungserfahrungen analysiert wurden (vgl. Kapitel 3 und 4).

2.5 „Verstehende" Psychomotorik

Bewegung als Bedeutungsphänomene

Eine weitere Richtung der Psychomotorik stellt die Bedeutung des kindlichen Bewegungsverhaltens in den Vordergrund. Bewegung wird hier als *„Bedeutungsphänomen"* aufgefaßt; das Kind drückt sich über Bewegung aus, es teilt sich in symbolisierten Handlungen mit (Hammer 1992, Seewald 1992). In diesem *„verstehenden Zugang zur Psychomotorik"* wird die Bewegungsgeschichte als Teil der Lebensgeschichte des Kindes gesehen. Indem der Pädagoge und Therapeut den dem Spiel und den Bewegungsäußerungen des Kindes innewohnenden Sinn zu verstehen versucht, gewinnt er auch einen Einblick in die Lebensgeschichte des Kindes. In den Szenen und Rollen, die das Kind darstellt, verarbeitet es Erlebnisse, in den symbolischen Ausdrucksmöglichkeiten wird ein entscheidender Heilfaktor gesehen (Seewald 1992, 192). In der psychomotorischen Praxis sind demnach auch weniger die Geräte und die durch sie ausgelösten motorischen und sensorischen Erfahrungen wichtig, sondern vielmehr die durch die Spielsituation mobilisierte *Phantasietätigkeit* des Kindes. Seewald versucht den Sinn der Phantasietätigkeit in den psychomotorischen Fördersituationen analytisch zu erschließen und die expliziten und *impliziten Sinnstrukturen* in den kindlichen Handlungen zu untersuchen. Die meisten kindlichen Bewegungsaktivitäten finden im Rahmen von Geschichten und Bildern oder Inszenierungen statt:

> *„Ganz offensichtlich macht es den Kindern mehr Spaß, eine Geschichte zu spielen, als trocken etwas zu üben. Das, was sie tun, wird von ihnen selbst (mit)bestimmt und hat folglich etwas mit ihnen zu tun."* (Seewald 1992, 209)

Seewald geht daher davon aus, daß es vorwiegend die *eigenen Lebensthemen* sind, die Kinder darstellen. Als *Motive* für solche Inszenierungen können z. B. unterschieden werden (vgl. Seewald 1992, 209):

Motive für Inszenierungen

- das *Nachholen* bzw. *Aufarbeiten von Erfahrungen,* die sie in der frühen Kindheit nicht oder nicht lange genug gemacht haben (so kann z. B. das sanfte Geschaukeltwerden Stimmungen früher Geborgenheit reaktivieren);

– mögliche *Rollen und Bilder* von sich selbst werden entworfen und ausprobiert;
– *Hoffnungen, Wünsche und Ängste* können im Spiel – häufig mit Rollentausch – dargestellt werden;
– die durch die Medien auf sie einstürmenden *Bilder* werden auf den eigenen Erlebnishorizont übertragen. Indem Kinder sie *nachspielen*, werden aus den aus zweiter Hand vermittelten Erfahrungen solche aus erster Hand.

Der Vorteil dieses Ansatzes liegt in der unmittelbaren Berücksichtigung der *individuellen Bedeutung kindlicher Handlungen.* Sie werden auf ihren Sinn hinterfragt, auch störendes Verhalten kann demnach durchaus seinen Sinn haben, und es wäre demnach auch falsch, Störungen so weit wie möglich durch methodische Tricks (alle Kinder müssen so weit wie möglich immer beschäftigt sein ...) aus einer Psychomotorikstunde herauszuholen. Das – scheinbar – störende Verhalten des Kindes wird als ein *Weg gesehen, seinen Problemen Ausdruck zu verleihen,* als eine Botschaft des Kindes an seine Umwelt. Gelingt es dem Erwachsenen, diese Botschaft und damit auch das Kind in seinem Lebens- und Verhaltenszusammenhang zu verstehen, kann er Wege finden, die Schwierigkeiten gemeinsam mit ihm aufzuarbeiten.

Störendes Verhalten = ein Weg, um seinen Problemen Ausdruck zu geben

Gefahren

Ein Nachteil muß in der Gefahr einer *Überinterpretation* der kindlichen Handlungen gesehen werden. Nicht jede aggressive Handlung hat ihren Ursprung in der frühen Kindheit und in der Beziehung zu Eltern oder Geschwistern, sie kann auch ausgelöst werden durch ein aktuell in der Psychomotorikstunde erlebtes Ereignis (z. B. Provokation durch ein anderes Kind). Sie kann eventuell auch Ausdruck einer organisch oder sensorisch bedingten Störung sein, wenn das Kind z. B. die eigenen Bewegungen nicht kontrollieren, Kraftimpulse nicht steuern kann, wenn es dadurch ständig bei anderen aneckt und diese es zurückweisen.

2.6 Systemisch-konstruktivistischer Ansatz

In der Psychotherapie und Pädagogik ist in den letzten Jahren eine Sichtweise entstanden, die zum einen aus Teilen der *Systemtheorie*, zum anderen aus dem *Konstruktivismus* besteht (Balgo 1999). Ausgangspunkt dieses – erst seit kurzem auch auf die Psychomotorik übertragenen – Ansatzes ist die Überlegung, daß es so etwas wie eine objektive Wirklichkeit nicht gibt. Jeder Mensch schafft sich seine Wirklichkeit selbst (deshalb der Begriff „Konstruktivismus"). So ist auch der Begriff „Bewegungsstörung" aus dieser Sicht kein Begriff für eine in der Realität existierende Störung, sondern sie ist eine von einem *Beobachter* getroffene Unterscheidung. Zwischen dem Beobachter und dem Beobachteten gibt es also eine Wechselwirkung. (Das systemische Denken richtet die Aufmerksamkeit gerade auf die Zusammenhänge, Beziehungen, Vernetzungen und Wechselwirkungen). D. h., wir müssen immer beobachten, *wie* wir beobachten, wir müssen wahrnehmen, *wie* wir wahrnehmen, denn nur so können wir erkennen, daß wir es nicht mit objektiven, unabhängig von uns bestehenden Tatsachen zu tun haben, sondern mit unseren eigenen Konstrukten.

Die Vertreter des systemisch-konstruktivistischen Ansatzes (Klaes/Walthes, Balgo) drehen die Perspektive des Erwachsenen auf eine Bewegungsstörung um, indem sie nicht die Bewegung als gestört sehen, sondern vielmehr das Verstehen der Bewegungen.

Klaes/Walthes (1995, 247 ff.) bezeichnen Fachleute als „professionell Störungssensible", die Störungen schaffen, indem sie sie diagnostizieren. Sie sind also mit an der Entstehung dessen beteiligt, was sie eigentlich beheben wollen. Vor diesem Hintergrund ergibt sich auch ein neues Therapieverständnis: Nur wenn das Kind sich selber gestört fühlt und die Störung abbauen will, ist eine Therapie sinnvoll (Klaes/Walthes 1995).

Eine solche Sichtweise hat natürlich auch praktische Konsequenzen für die Gestaltung der psychomotorischen Praxis:

> *„Eine sich an systemisch-konstruktivistischen Haltungen orientierende psychomotorische Praxis versteht sich als ein bewegungsdialogischer, kommunikativer Prozeß zwischen autonomen, voneinander*

unabhängigen, gleichberechtigten Menschen (Kind/Helfer). Hierbei stellt der Therapeut seine Erfahrungen, sein Können und sein Wissen zur Verfügung, um in einer partnerschaftlichen, dialogischen Ko-operation das Kind beim Auffinden und Ausprobieren von Alternativen zu unterstützen." (Balgo 1998, 247)

Der systemisch-konstruktivistische Ansatz versteht sich selbst allerdings nicht als eigenständige Methode neben den anderen, oben dargestellten Ansätzen, Modellen und Konzepten (Balgo 1998, 64). Unter systemischen Gesichtspunkten lassen sich diese durchaus integrieren, so daß die für die jeweilige Problemstellung sinnvollen und erfolgversprechenden Vorgehensweisen ausgewählt werden können.

2.7 Konsequenzen für die Praxis der Psychomotorik

Eine solche idealtypische Gegenüberstellung verschiedener konzeptioneller Ansätze der Psychomotorik läßt erkennen, daß es hier nicht um ein *entweder/oder* gehen kann. Keine der angegebenen Perspektiven hat Ausschließlichkeitscharakter, zum Teil blenden sie jeweils wichtige Aspekte aus, zum Teil sind Überschneidungen erkennbar, und in der Praxis können sie sich sogar gegenseitig ergänzen.

Die unterschiedlichen Positionen setzen allerdings verschiedene *Akzente*, die insbesondere die Sichtweise der Entstehung und der Bedeutung von Bewegungsauffälligkeiten, -störungen und Verhaltensproblemen betreffen.

Der Praktiker wird sich zwar kaum an einer einzelnen Sichtweise allein orientieren, aber die Kenntnis der jeweiligen Ansätze macht vielleicht die eigene, wenn auch nur implizit vorhandene theoretische Grundlage deutlich. So sollte es auch möglich sein, seine eigene Praxis daraufhin zu überdenken, welchen Stellenwert hier Problemverhaltensweisen von Kindern haben, ob die Erzieherin, die Pädagogin, die Therapeutin mit ihnen umgehen kann, um sie als *individuelle Äußerung des Kindes* zu akzeptieren und mit ihm gemeinsam nach *Lösungsmöglichkeiten* zu suchen. Eine solche offene Haltung und Einstellung gegenüber den Handlungen und Äußerungen des Kindes ermöglicht einerseits das Aufbrechen eingefahrener Denkmuster und Beurteilungsschemata zum Zweck eines besseren Verständnis des Kindes. Andererseits eröffnet sie die Chance einer Variation der eigenen Verhaltensweisen im Hinblick auf die spezifischen Erfordernisse des Kindes.

3 Selbstkonzept und Identität – Schlüsselbegriffe psychomotorischer Förderung

Ob ein Kind Vertrauen in die eigenen Fähigkeiten hat oder ob es diese nur gering einschätzt, ob es aktiv auf andere zugeht oder sich eher abwartend verhält, ob es bei Schwierigkeiten schnell aufgibt oder sich durch sie geradezu herausgefordert fühlt – all das ist abhängig von dem Bild, das das Kind von sich selber hat.

Selbstbild

In diesem *Selbstbild* spiegeln sich die Erfahrungen wider, die es in der Auseinandersetzung mit seiner sozialen und materialen Umwelt gewonnen hat, ebenso aber auch die Erwartungen, die von der Umwelt an das Kind herangetragen worden sind.

So entwickelt jeder Mensch im Laufe seiner Biographie ein System von Annahmen über seine Person, er gibt sich quasi eine Antwort auf die Frage: „Wer bin ich?“

Die eigenen Kräfte und Stärken entdecken

Einen wichtigen Stellenwert nehmen in diesem Zusammenhang die über den Körper und die Bewegung gemachten Erfahrungen eines Kindes ein: Durch Bewegungshandlungen lernen Kinder sich selber kennen, sie erhalten *Rückmeldung* über das, was sie können, sie erfahren Erfolg und Mißerfolg und erkennen, daß sie ihn selber bewirkt haben. Sie erleben aber auch, was andere ihnen zutrauen, wie sie von ihrer sozialen Umwelt eingeschätzt werden.

Selbstkonzept

Diese Erfahrungen, Kenntnisse und Informationen münden ein in *Einstellungen und Überzeugungen zur eigenen Person,* die sich mit dem Begriff „Selbstkonzept" fassen lassen (vgl. Zinnecker/Silbereisen 1996, 291).

Identität

Eng mit den genannten Fragen verbunden ist auch der Begriff der *„Identität"*. Die Identität ist ein psychologisches Konstrukt, sie entsteht durch Verarbeitung der Erfahrungen, die eine Person über sich selbst in der Auseinandersetzung mit ihrer materialen und sozialen Umwelt macht. Auch hier steht die Frage: „Wer bin ich"? im Vordergrund. Eine einfache Frage – aber die Antwort ist nicht so einfach, wie es die Frage suggeriert. Sie läßt sich auch nur beantworten, wenn sie erweitert wird um die Beziehung zu dem sozialen Umfeld der Person: *„Wer bin ich im Vergleich zu anderen?"*

Im folgenden Kapitel werden Fragen der Identitätsbildung und der Selbstkonzeptentwicklung, ihre Bedeutung für die kindliche Entwicklung und der Stellenwert von Körper- und Bewegungserfahrungen diskutiert. Da der Aufbau eines positiven Selbstkonzeptes zu den Grundanliegen einer kindzentrierten psychomotorischen Entwicklungsförderung gehört, erhalten diese Überlegungen einen hohen Stellenwert bei der Konzeption von Fördermaßnahmen.

3.1 Kognitive und emotionale Anteile des Selbstkonzeptes

In der Selbstkonzeptforschung existieren eine ganze Reihe von Begriffen nebeneinander, die nur schwer voneinander abgrenzbar sind. Man kann unterscheiden zwischen einer kognitiven und einer bewertenden, affektiven Komponente des Selbstkonzeptes:

Das *Selbstbild* beinhaltet das Wissen über sich selbst, z. B. das eigene Aussehen, die Fähigkeiten, die Stärken etc. Demgegenüber steht das *Selbstwertgefühl* bzw. die *Selbstwertschätzung*, die die Bewertung der eigenen Person umfaßt (die Zufriedenheit mit dem eigenen Aussehen, den eigenen Fähigkeiten etc.). Das Selbstbild bezieht sich also eher auf die *neutral beschreibbaren Merkmale* der eigenen Persönlichkeit (wie groß, wie schwer bin ich, ich bin in Sport gut, in Musik schwach), während das Selbstwertgefühl die *Zufriedenheit mit den wahrgenommenen Merkmalen* angibt.

Selbstbild

Selbstwertgefühle

In das Selbstkonzept gehen also sowohl eigene Interpretationen als auch Rückmeldungen durch die Umgebung ein. Das Selbstkonzept basiert also auf zwei „Säulen“, dem eher kognitiv orientierten Selbstbild und dem stärker emotional orientierten Selbstwertgefühl:

Abb. 2: Aufbau des Selbstkonzeptes

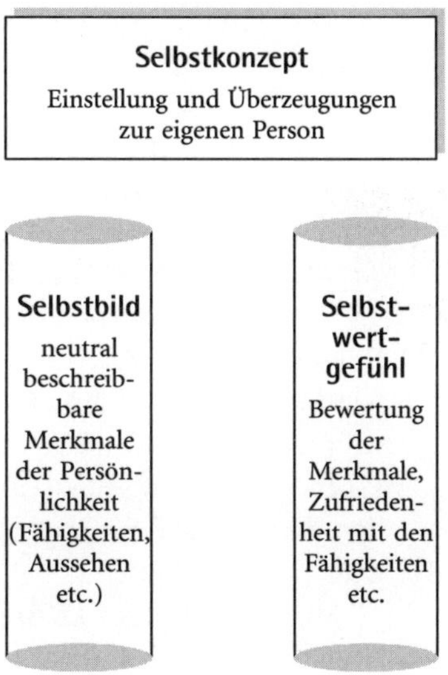

3.1.1 Selbstwahrnehmung und Selbstbewertung

Das Selbstkonzept wird in der Literatur auch als die „kognitive Repräsentation" der eigenen Person oder als die Summe der Erfahrungen über sich selbst bezeichnet (vgl. Schwarzer 1993, 69). Die Entwicklung des Selbstkonzeptes beruht auf der Verarbeitung komplexer Informationen über die eigene Person. Dabei darf aber – wie auch das obige Schaubild verdeutlicht – nicht vergessen werden, daß der Aufbau des Selbstkonzeptes keine rein kognitive Leistung ist. Es ist immer auch beeinflußt durch emotionale Wahrnehmungen und soziale Erfahrungen.

Im Rahmen der Persönlichkeitstheorie von Sader (1980) werden die Schritte der *Selbstwahrnehmung*, der *Selbsteinschätzung* und der *Selbstbewertung* unterschieden, die einen guten Einblick in die emotionalen und sozialen Anteile der Einordnung von Erfahrungen vermitteln:

Bei der *Selbstwahrnehmung* handelt es sich um das „augenblickliche Bild von mir selbst". Ein Ereignis wird in Beziehung zu dem eigenen Vorwissen gesetzt. Das Kind nimmt in einer Turnhalle z. B. einen hohen Kasten als unüberwindbares Hindernis wahr: „Ich habe Angst, auf den Kasten zu klettern."

Einordnung in Bezugssysteme

Unter *Selbsteinschätzung* wird das Einordnen der Wahrnehmungsinhalte in Bezugssysteme verstanden: „Ich bin ängstlicher als andere Kinder, jedenfalls beim Klettern." Der letzte Schritt der *Selbstbewertung* besteht im ausdrücklichen Bewerten der Selbsteinschätzung im Hinblick auf sich selbst: „Ich finde es selbst nicht gut, daß ich ängstlicher bin als andere, aber ich stehe dazu, woanders hab ich eben mehr Mut."

Für die Selbstbewertung ist die Bezugsnorm von Bedeutung, sie orientiert sich also am sozialen Vergleich (Klettern die anderen besser als ich?) oder am individuellen Vergleich (das eigene Anspruchsniveau, die eigenen Wünsche etc.). Diese Überlegungen gilt es bei der Gestaltung einer psychomotorischen Förderung zu berücksichtigen (vgl. Abschnitte 3.6 und 3.8). Hier hat insbesondere die Gruppe eine besondere Bedeutung, da sie ja erst den sozialen Vergleich ermöglicht.

3.1.2 Kompetenzen und Fähigkeiten

Bedeutung motorischer Fähigkeiten

Bei Kindern sind es insbesondere *körperliche und motorische Fähigkeiten*, die für sie für den Prozeß der Selbstwahrnehmung und Selbstbewertung von Bedeutung sind.

Auch Hausser (1997, 127) sieht eigene Fähigkeiten als bedeutsame Grundlage der Identitätsentwicklung an. Sie sind *subjektiv* für den Menschen von Bedeutung, da er mit ihrer Hilfe die eigene Kompetenz einschätzt, sie haben jedoch auch eine *objektive Bedeutung*, da sie die Verhaltenserwartungen von seiten der sozialen Umwelt beeinflussen.

Abb. 3: Fähigkeitsbezogene Identität (nach Hausser 1997, 128)

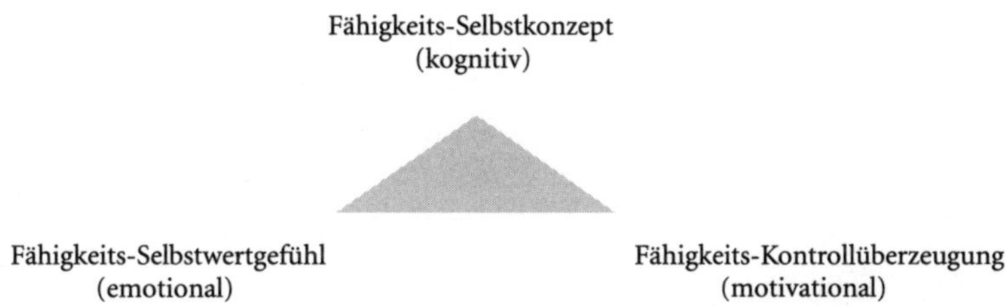

Hausser unterscheidet zwischen dem „*Fähigkeits-Selbstkonzept*" als kognitiver Komponente, dem „*Fähigkeits-Selbstwertgefühl*" als emotionaler Komponente und der „*Fähigkeits-Kontrollüberzeugung*" als motivationaler Komponente.

Eine Frage zum *kognitiven Fähigkeits-Selbstkonzept* eines Kindes würde z. B. lauten: „Wie gut bin ich in Sport?"; die *emotionale Komponente* würde die Frage stellen: „Wie finde ich es, daß ich im Sport nicht so gut bin?" (Selbstwertgefühl); die *motivationale Komponente* hieße: „Kann ich auf meine Defizite im Sport Einfluß nehmen oder finde ich mich damit ab, daß ich immer der letzte, der ungeschickteste bin?" Die letzte Frage hängt also auch mit der Überzeugung zusammen, auf die Situation Einfluß nehmen zu können. Sie ist eine entscheidende Frage, da sie sich auch auf das aktuelle und künftige Handeln auswirkt.

Auf eine Situation Einfluß nehmen

Das Selbstkonzept hat also immer auch motivationale Auswirkungen. Je höher ich meine Fähigkeiten einschätze, um so stärker ist auch meine Überzeugung eine Situation selbst unter Kontrolle zu haben und sie so gegebenenfalls verändern zu können. (Vgl. Abschnitt 3.3)

Generalisierte Überzeugungen (vgl. 3.2.2)

Selbstkonzepte bestehen aus *generalisierten Überzeugungen.* Sie sind nicht auf einen einzelnen Bereich – z. B. den Sport – bezogen, sondern auf die allgemeine Einschätzung der eigenen Fähigkeiten. Allerdings sind sie ja auch einmal aus bestimmten Erfahrungen in einzelnen Situationen und Bereichen entstanden. Damit diese identitätsrelevant werden und einen Einfluß auf die Entwicklung des Selbstkonzeptes haben, müssen sie von der Person als *subjektiv bedeutsam* erfahren werden. Bewegungshandlungen, körperliche Fähigkeiten und sportliche Fertigkeiten haben bei Kindern meist einen hohen Stellenwert, daher liegen in den hier gewonnenen Erfahrungen große Chancen, aber auch große Gefahren.

Subjektive Bedeutsamkeit

Nach Hausser zeigt sich die Erfahrungs- und Lernbedingtheit eines bestehenden Selbstkonzeptes auch in der relativen *Stabilität generalisierter Selbstkonzepte* („Ich bin ein schlechter Schüler.“) gegenüber *bereichsspezifischen Selbstkonzepten* („Ich bin in Sport schwach.“) und den noch leichter zu beeinflussenden *situationsspezifischen Selbstwahrnehmungen* („Heute war ich im Sport nicht gut drauf.“).

3.2 Die Bedeutung des Selbstkonzeptes für die Entwicklung

Das Selbstkonzept wirkt sich in hohem Maße auf das menschliche Verhalten aus: Das Kind nimmt sich selbst in ganz bestimmter Weise wahr, ordnet sich bestimmte Eigenschaften zu, bewertet die eigene Person, d. h., es zeigt ein mehr oder weniger hohes Maß an Selbstwertschätzung oder Selbstachtung und beeinflußt damit auch die individuelle Handlungsfähigkeit.

Ein positives Selbstkonzept äußert sich z. B. in der Überzeugung, neuartige und schwierige Anforderungen bewältigen zu können, Probleme zu meistern und die Situation „im Griff“ zu haben.

Wird eine schwierige Situation als unüberwindliches Problem oder als besondere Herausforderung erlebt?

Wie werden die eigenen Möglichkeiten, Probleme zu bewältigen und wie werden die eigenen Kompetenzen eingeschätzt?

3.2.1 Subjektive Interpretationen

Von besonderer Bedeutung ist dabei, daß alle Informationen, die eine Person über sich selbst erhält, subjektiv bewertet, interpretiert und verarbeitet werden. Je nachdem, wie man sich nun selber wahrnimmt, können objektiv gleiche Leistungen ganz unterschiedlich eingeordnet werden. Das „Konzept" von den eigenen Fähigkeiten, Begabungen und dem eigenen Können muß nämlich nicht ein genaues Abbild der tatsächlichen Leistungen sein. Es entsteht vielmehr aus der *Bewertung der eigenen Handlungen und Leistungen.*

Die Einschätzung der eigenen Fähigkeiten kann also zu einer *„sich selbst erfüllenden Prophezeiung"* werden. Besonders betroffen sind hiervon Kinder, die Bewegungsbeeinträchtigungen oder körperliche Auffälligkeiten haben. Motorische Geschicklichkeit, körperliche Leistung und motorische Fähigkeiten haben bei Kindern einen hohen Stellenwert, die Erfahrung körperlicher Unterlegenheit, Ängstlichkeit und Unsicherheit wirken sich daher schnell auf die Selbstwahrnehmung und damit auch auf das Selbstkonzept des Kindes aus, gleichzeitig beeinflussen sie den sozialen Status und die Position in der Gruppe.

Häufige Mißerfolgserlebnisse bergen die Gefahr, daß – zum Teil unbewußt – ein *negatives Selbstkonzept* aufgebaut wird. Das Kind wird sich im Lauf der Zeit noch weniger zutrauen, als es in Wirklichkeit kann. Wenn es dann auch noch von den Erwachsenen oder anderen Kindern als „Tolpatsch" eingestuft wird, Leistungen und Fertigkeiten von ihm erst gar nicht erwartet werden, fühlt es sich auch selbst als Versager bestätigt. Einige dieser Kinder reagieren mit Resignation und Rückzug, andere wiederum versuchen, das Gefühl der eigenen Minderwertigkeit zu kompensieren, indem sie aggressiv werden und ihre motorische Unterlegenheit durch körperliche Angriffe auf andere zu verdecken suchen. Bewegungsangebote werden aus Angst vor neuen Mißerfolgserlebnissen gemieden. „Hab' keine Lust" ist ein Ausweg, „kann ich nicht" ein anderer. Durch mangelnde Übung wird schließlich der Leistungsabstand zu den Gleichaltrigen noch größer, durch entsprechende Reaktionen der Gruppenmitglieder – „Der spielt sowieso nicht mit!" – wird die *Außenseiterposition* erhärtet. Das Kind manövriert sich scheinbar selbst in eine ausweglose Situation – ein Kreislauf, bei dem jede neue Erfahrung die eigenen Annahmen bestätigt. So entsteht ein Teufelskreis, aus dem das Kind meist ohne Hilfe nicht mehr herauskommt.

Auswirkungen auf das Verhalten

Teufelskreis

Dazu ein Beispiel aus unseren Psychomotorik-Stunden: Sven ist neu in der Gruppe. In der ersten Stunde, an der er teilnimmt, spielen wir „Fliegenpatschen – Federball": Jedes Kind hat eine Fliegenpatsche und einen Luftballon. Die Kinder probieren die vielfältigen Kombinationsmöglichkeiten aus, und auch Sven spielt wie selbstverständlich mit – so, als ob er immer schon in der Gruppe gewesen wäre. Nach einer gewissen Zeit biete ich den Kindern einen Austausch der Fliegenpatschen gegen hölzerne Kochlöffel an. Einige bleiben bei den Fliegenpatschen, andere nehmen das neue Gerät und haben auch gleich neue Spielideen. Ich biete auch Sven einen Kochlöffel an, aber er winkt ab. Als ich nach dieser Spielphase die Geräte wieder alle einsammle, gibt Sven mir seine Fliegenpatsche mit den Worten: „Warum habe ich eigentlich keinen Holzlöffel gekriegt?" Ich sage ihm, daß ich ihn doch ausdrücklich gefragt habe. Wütend fährt er mich an: „Nein, ich habe keinen gekriegt, nur ich nicht, alle anderen hatten einen Holzlöffel." Er läßt sich kaum beruhigen. Ich biete ihm an, daß er jetzt noch weiter mit dem Holzlöffel spielen könne. Das lehnt er ab: „Nein, jetzt will ich auch nicht mehr ..." Ab diesem Augenblick ist Sven nicht mehr zugänglich. Er setzt sich in eine Ecke und beteiligt sich an den die Stunde abschließenden Bewegungsangeboten nicht mehr.
Ein Gespräch mit der Mutter ergibt, daß Sven sehr jähzornig wird, wenn er glaubt, ihm würde etwas nicht gelingen. Er fühlt sich immer beschuldigt, auch wenn es gar nicht um ihn geht, und sieht sich auch von anderen Kindern angegriffen. Jeden Mittag kommt er aus der Schule nach Hause und beschwert sich, daß keiner mit ihm spielen wolle.

3.2.2 Selbstkonzept als generalisierte Selbstwahrnehmung

Situative Ereignisse, die sich wiederholen und für das Kind eine besondere Bedeutung haben, tragen die Gefahr der Generalisierung in sich. Hausser weist darauf hin, daß aus einer situativen Fähigkeitswahrnehmung ein bereichsspezifisch-stabiles Fähigkeitsselbstkonzept werden kann. Die Generalisierung kann über die *Zeit* eintreten: „Aus der schlechten Note wird ein schlechter Schüler." (Jopt 1978)

Die besondere Gefahr besteht jedoch darin, daß über Fähigkeitsbereiche hinweg generalsiert wird. Aus einer situativen Fähigkeitswahrnehmung kann sich so ein *globales Selbstkonzept* entwickeln. Ein Kind hat also z. B. in der Sportstunde bei einem bestimmten Bewegungsangebot Mißerfolge, auch in der Pause fühlt es sich von seinen Mitschülern ausgeschlossen und weigert sich am nächsten Tag, in die Schule zu gehen. Es empfindet sich nicht nur als schwach im Sport, sondern ganz allgemein als Versager und Außenseiter.

Globales Selbstkonzept

Dies macht deutlich, wie sehr Kinder – aber auch Erwachsene – in ihrem gesamten Verhalten von ihrem Selbstkonzept beeinflußt werden. Ihre Zufriedenheit, ihre Anstrengungsbereitschaft, die Art und Weise, mit Problemen umzugehen oder sich mit neuen Situationen auseinanderzusetzen, ist davon abhängig, wie sie sich selbst wahrnehmen, einschätzen und bewerten. So erleben Kinder mit einem eher negativen Selbstkonzept unbekannte Situationen und neue Anforderungen häufiger als bedrohlich, sie fühlen sich ihnen nicht gewachsen und geben leichter auf; auf Kritik und Mißerfolg reagieren sie unangemessen empfindlich und besitzen eine nur geringe Frustrationstoleranz. Kinder mit positivem Selbstkonzept gehen dagegen mit geringerer Ängstlichkeit und größerer Energie an neue Aufgaben heran und sind auch bei Mißerfolgen nicht so leicht zu entmutigen.

Stabilität des Selbstkonzeptes

Besonders schwerwiegend ist, daß das Selbstkonzept meist sehr stabil und änderungsresistent ist. Die meisten Menschen tendieren dazu, eine gewisse Grundeinstellung sich selbst gegenüber beizubehalten und spätere Erfahrungen so zu steuern, daß eine Übereinstimmung zwischen dem Selbstkonzept, dem eigenen Verhalten und den Erwartungen von seiten anderer besteht, sie versuchen also, „mit sich selbst identisch zu bleiben". Zudem sind Einstellungen, die bereits in der frühen Kindheit erworben wurden, am schwierigsten zu ändern (Epstein 1984).

Erfolgserwartungen

Bei niedrigem Selbstkonzept ist die Erfolgserwartung des Kindes in der Regel niedriger als bei hohem Selbstkonzept, was wiederum – fatal für die gesamte Entwicklung des Kindes – Konsequenzen für die Erwartungshaltung von seiten der sozialen Umwelt hat: Wer sich selbst nichts zutraut, dem trauen auch andere nicht viel zu (vgl. Zimmer 1993, 29 ff.).

3.2.3 Zuordnung von Eigenschaften durch andere

Sich im Spiegel der anderen sehen

Entscheidend für die Selbstbewertung ist auch das Bild, das sich andere nach den eigenen Vorstellungen von einem machen. So sieht das Kind sich selbst oft im Spiegel seiner Spielkameraden und Gruppenmitglieder. Obwohl es objektiv vielleicht gar nicht ungeschickt oder unbeholfen ist, schätzt es sich doch selbst so ein, wenn es von den Eltern, der Erzieherin oder anderen Kindern so beurteilt wird. So bestimmen nicht nur die objektiven Leistungen und körperlichen Fähigkeiten das kindliche Verhalten, sondern auch die Annahme, wie andere es einschätzen (Mrazek 1986). Die unterschiedlichen Wertschätzungen, die das Kind wahrnimmt, können dazu führen, daß es fremde Wertmaßstäbe übernimmt und die eigene Bewertung des Selbst danach ausrichtet.

Auch dieser Aspekt sollte bei der Planung und Gestaltung psychomotorischer Fördermaßnahmen berücksichtigt werden. Hier ist insbesondere darauf zu achten, daß das Kind ein eigenes Wertesystem aufbaut, unabhängiger durch die Bewertung anderer wird und daß es ihm gelingt, Verstärkungsmöglichkeiten aus seinen Handlungen selbst zu erreichen (vgl. Kapitel 2.4 und 6.5).

3.3 Körpererfahrungen sind Selbsterfahrungen

Eigene Fähigkeiten und Grenzen erfahren

In den ersten Lebensjahren gründet das Bild von der eigenen Person vor allem auf Erfahrungen, die ein Kind über seinen Körper gewinnt. Es macht die Erfahrung von Können und Nicht-Können, von Erfolg und Mißerfolg, von seinen Fähigkeiten und seinen Grenzen.

Kinder erleben durch ihre körperlichen Aktivitäten, daß sie selbst imstande sind, etwas zu leisten, ein Werk zu vollbringen, daß sie mit ihren Handlungen etwas bewirken können. Bereits im Kleinkindalter äußert sich das Bemühen um Selbständigkeit am deutlichsten in körperlich-motorischen Handlungen. Sich alleine anziehen, ohne fremde Hilfe laufen, auf eine Mauer klettern und wieder hinunterspringen – dies sind körperliche Errungenschaften, die dem Kind (und auch seinen Eltern und Bezugspersonen) schrittweise die zunehmende Unabhängigkeit beweisen.

Selbständigkeit heißt zunächst einmal, „selber stehen können", im wörtlichen wie im übertragenen Sinne.

Der Aufbau des Selbstkonzeptes ist beim Kind daher wesentlich geprägt von der Art und Weise, wie es sich über seinen Körper und seine Sinne die Umwelt aneignet und sich mit ihr auseinandersetzt. Die über Körper und Bewegung gemachten Erfahrungen bilden damit auch die Grundlage der kindlichen Identitätsentwicklung.

3.3.1 Zur Entwicklung des Selbst

Körpererfahrungen können als *früheste Stufe der Selbstentwicklung* angesehen werden.

Im Zusammenhang mit der Entwicklung des Selbst muß allerdings darauf hingewiesen werden, daß die beiden Begriffe „Selbst" und „*Selbstkonzept*" verschiedenes bedeuten und nicht synonym gebraucht werden können. Das *Selbst* betrifft die eigene Person, ihre Befindlichkeit, ihre Emotionalität, das *Selbstkonzept* dagegen umfaßt die Theorie über sich selbst, die Summe der Annahmen über die eigenen Fähigkeiten, Rollen und Bilder über sich selbst.

Definitionen

Um ein Bild über sich selbst zu erhalten, greift das Kind auf unterschiedliche Informationsquellen zurück. Hierzu zählen:
- Informationen über die Sinnessysteme (das „Körperselbst" oder das „sensorische Selbst");

- Erfahrungen der Wirksamkeit des eigenen Verhaltens;
- Folgerungen aus dem Sich-Vergleichen und Sich-Messen mit anderen;
- Zuordnung von Eigenschaften durch andere.

Aus diesen „Informationsquellen" baut es sein Selbstkonzept auf.

Abb. 4: Informationsquellen für den Aufbau des Selbstkonzeptes

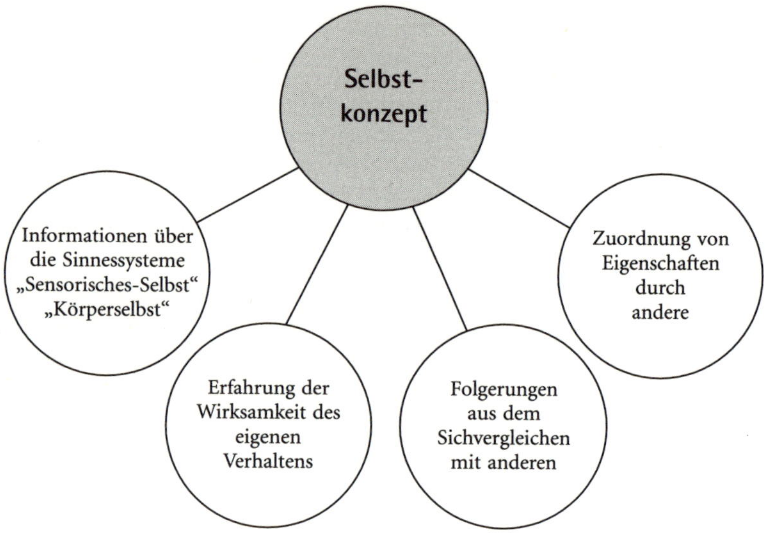

3.3.2 Das „Körperselbst"

Die ersten Erfahrungen über die eigene Existenz macht das Kind über seine *Sinnessysteme.*

Sinnessysteme

> *„Die ersten entscheidenden Eindrücke zur Differenzierung zwischen dem eigenen Körper als Gegenstand und den übrigen Gegenständen setzen schon sehr früh ein. Von besonderer Bedeutung ist dabei die beginnende Unterscheidung zwischen dem eigenen Körper und den übrigen Gegenständen, die Körperempfindungen hervorrufen (z. B. Schmerz, Kälte, Wärme)."* (Neubauer 1976, 72)

Die Erfahrungen, die das Kind in den ersten Lebenswochen über seine sensorischen Systeme macht, führen zur ersten Stufe in der Entwicklung des Selbst, dem *„Körperselbst"*. Das Kind lernt seinen Körper, seine Stimme, seine Körpergrenzen und seine Lage im Raum kennen.

Das Körper-Selbst bildet die Basis für das Bewußtsein der eigenen Person. Durch die Wahrnehmung des Körpers ist dem Säugling und dem Kleinkind die Unterscheidung von Ich und Umwelt möglich.

Körper als Bindeglied zwischen dem Selbst und der Umwelt

Der Körper ist das Bindeglied zwischen dem Selbst und der Umwelt, er vermittelt zwischen *„innen" und „außen"*.

Über den Tastsinn und die kinästhetische Wahrnehmung nimmt das Kind z. B. passiv mit Hilfe mechanischer Reize (Berührungen) wahr, gleichzeitig findet jedoch auch eine aktive Erkundungswahrnehmung statt. Der Körper wird zum Objekt der eigenen Wahrnehmung, gleichzeitig ist er Subjekt in bezug auf die Wahrnehmung der Welt. Wahrnehmung und Bewegung bilden bei diesem Prozeß eine Einheit.

Berührungen – Empfindungen

Wenn das Kind sich z. B. selbst berührt, entstehen Empfindungen an beiden Teilen, dem aktiv berührenden und dem passiv berührten. Berührt es dagegen einen Gegenstand aus seiner Umwelt oder eine andere Person, entstehen solche Empfindungen nur an einer Stelle.

„Leibselbst"

In der Begegnung des Menschen mit der Welt entwickelt sich in der Verschränkung von Wahrnehmung und Bewegung (v. Weizsäcker 1986, 10) *das Körperselbst.* Stelter (1996, 34) spricht in diesem Zusammenhang vom *„Leibselbst"*, das als leiblich gespürtes Erleben und Wahrnehmen seiner selbst erklärt werden kann:

> *„Das Leibselbst aktualisiert sich laufend durch Empfindungen, Wahrnehmungen und Kognitionen, die unmittelbar aus dem leiblichen Erleben innerhalb einer konkreten Umweltsituation entspringen und über Sinnesorgane, Propriozeptoren, kinästhetische Wahrnehmung und Vestibularsystem ins Bewußtsein gelangen … Das Leibselbst ist ein Konstrukt, das sich im Dialog mit der Umwelt konstituiert."* (Stelter 1996, 53)

Das Selbstempfinden

Nach Stern (1994) gibt es ein Selbstempfinden, lange bevor es die Sprache gibt. Es entwickelt sich in Stufen. Er beschreibt den Prozeß des Ordnens und Verarbeitens von Erfahrungen im Umgang mit sich selbst und den Objekten in seiner Umwelt.

Stufen der Entwicklung des Selbstempfindens

Stern unterteilt vier Stufen in der Entwicklung des Selbstempfindens:

1. Das „*auftauchende Selbstempfinden*" entwickelt sich zwischen 0 und zwei Monaten. Säuglinge stellen in diesem Alter mit Hilfe angeborener Fähigkeiten bzw. mit Hilfe von Lernprozessen Verbindungen zwischen verschiedenen Ereignissen her. Zeigt man ihnen z. B. zwei Filme, so bevorzugen sie den Film, der mit dem eingespielten Ton synchron ist. Sie stellen eine Verbindung zwischen Gesehenem und Gehörtem her. Wahrnehmungen, die mit Hilfe verschiedener Sinnesorgane gemacht werden, werden miteinander in Beziehung gesetzt und verglichen.

Wahrnehmung

2. Das „*Kernselbstempfinden*" herrscht zwischen 3 und 9 Monaten vor. Hier machen Säuglinge die Erfahrung, daß sie selbst und andere zwei getrennte physische Einheiten sind, zwei Körper, die miteinander in Beziehung treten können.

Das Selbst als Urheber von Handlungen

Von den vier Komponenten, aus denen sich nach Stern das Kernselbstempfinden zusammensetzt, ist insbesondere das „*Selbst als Urheber von Handlungen*" von Bedeutung: Das Kind versucht, nach Gegenständen zu greifen, strampelt die Decke mit den Beinen weg, schlägt nach einem Mobile und erlebt so, daß die verursachten Effekte auf die eigenen Impulse zurückzuführen sind. Säuglinge wiederholen oft unermüdlich die gleichen Bewegungen und freuen sich über deren Effekte, ebenso werden sie ärgerlich, wenn man sie daran hindert. Selbsterzeugte Handlungen ergeben eine propriozeptive Rückmeldung, was fremderzeugten Handlungen oft fehlt: Wenn die Mutter mit der Stimme einen Ton erzeugt, hört der Säugling zwar den Ton, er hat jedoch nicht die charakteristischen Empfindungen im Kehlkopf und in den Stimmbändern, die er zusätzlich wahrnimmt, wenn er selbst den Ton produziert. So ist er in der Lage zu bemerken, ob er etwas selbst gemacht hat oder ob ein anderer aktiv war. Dies trägt dazu bei, daß der Säugling die Welt des Selbst von der der Objekte zu unterscheiden vermag.

3. Die Phase des *„subjektiven Selbstempfindens"* tritt im Alter von ca. 7–9 bis 15–18 Monaten auf. Kinder merken nun, daß es neben dem eigenen psychischen Erleben auch das eines anderen gibt, das gleich oder auch ganz verschieden sein kann. Indem man bestimmte Erfahrungen gemeinsam hat, kann man auch miteinander kommunizieren.
4. Das *„verbale Selbstempfinden"* beginnt mit ca. 15–18 Monaten und ist nie abgeschlossen. Kinder entdecken nun, daß sie persönliches Wissen und Erfahrungen haben, worüber sie mit Hilfe von Symbolen (Sprache etc.) mit anderen kommunizieren können.

Für die in diesem Buch behandelte Fragestellung ist die Erfahrung des *„Selbst als Urheber von Handlungen"* besonders wichtig. Auf die Umwelt einwirken zu können, selbst etwas verändern, eine Situation unter Kontrolle haben zu können, hat hohen Einfluß auf die Entwicklung des Selbstkonzeptes. Dieser Aspekt soll daher im folgenden Abschnitt gesondert betrachtet werden.

3.4 Selbstwirksamkeit und Kontrollüberzeugung

Definition Ein Teilaspekt des Selbstkonzeptes ist die *Selbstwirksamkeit.* Darunter versteht man die Überzeugung eines Menschen, in unterschiedlichen Lebenssituationen subjektive Kontrolle zu erleben und sich kompetent zu fühlen (Jerusalem/Schwarzer 1986).

Das Konzept der Selbstwirksamkeit geht zurück auf Bandura (1984), der es auf der Grundlage einer sozial-kognitiven Lerntheorie begründet hat.

Gerade in Bewegungshandlungen erleben Kinder, daß sie Ursache bestimmter Effekte sind. Im Umgang mit Dingen, Spielsituationen und Bewegungsaufgaben rufen sie eine Wirkung hervor und führen diese auf sich selbst zurück (z. B. einen hohen Turm aus Klötzen bauen, ihn umwerfen, wiederaufbauen etc.). Das Handlungsergebnis verbinden sie mit der eigenen Anstrengung, dem eigenen Können – und so entsteht ein erstes *Konzept eigener Fähigkeiten.* Sie lernen im

Selbst etwas bewirken und verändern können

Experimentieren und Ausprobieren: „Ich habe etwas geschafft, ich kann es" – und dieses Gefühl stellt die Basis für das Selbstvertrauen bei Leistungsanforderungen dar.

Die Selbstwirksamkeit gehört daher zu den wichtigsten Bestandteilen des Selbstkonzeptes.

Subjektive Überzeugung, etwas bewirken zu können

Sie beinhaltet die subjektive Überzeugung, selbst etwas bewirken und verändern zu können. Dazu gehört die Annahme, selbst *Kontrolle über die jeweilige Situation* zu haben, sich kompetent zu fühlen und durch die eigenen Handlungen Einfluß auf die materiale oder soziale Umwelt nehmen zu können.

Erwartungshaltung

Menschliches Handeln wird beeinflußt durch die eigene Erwartungshaltung, die Selbstwahrnehmung. Der Mensch bildet Hypothesen und stellt Erwartungen bezüglich des Auftretens von Ereignissen auf. Darüber hinaus nimmt er bevorzugt solche Ereignisse wahr, die mit seinen Erwartungen und Hypothesen übereinstimmen. Das Zustandekommen von Ereignissen erklärt er schließlich so, daß subjektiv die Welt als sinnhaft erlebt wird.

Die Erwartung von Selbstwirksamkeit gehört zu den Kernsätzen kognitiver Theorien, die menschliches Verhalten erklären. Sie basieren auf Informationen, die das Kind durch direkte, stellvertretende oder symbolische Erfahrungen macht. Solche Erfahrungen verstärken das menschliche Verhalten.

Wer glaubt, die Ergebnisse seines Tuns nur wenig im Griff zu haben, wird auch nur wenig Stolz auf das Erreichte haben können (Erfolge werden weniger der eigenen Anstrengung und den eigenen Fähigkeiten, sondern eher Glück oder Zufall zugeschrieben).

Selbstwirksamkeitsüberzeugungen können für den Erfolg entscheidender sein als die objektiven Leistungsvoraussetzungen. Wer darauf vertraut, eine Aufgabe selbständig bewältigen zu können, wird sich eher ein gewisses Schwierigkeitsniveau zutrauen. Sie haben daher auch einen stark motivierenden Effekt: Situationen, die kontrollierbar erscheinen, werden erneut aufgesucht, die eigene Kompetenzerwartung steigert das eigene Selbstwertgefühl. Ist dagegen die Erwartung eigener Handlungskompetenz nur gering ausgeprägt, ist mit Handlungblockierung, Vermeidungsverhalten, negativen Selbsteinschätzungen zu rechnen.

Ebenso werden Kinder, die glauben, keine Kontrolle ausüben zu können, weniger oft Erfolg erleben und folglich in ihren negativen Erwartungen bestätigt werden. Im Gegensatz dazu werden diejenigen, die davon überzeugt sind, eine Situation unter Kontrolle zu haben, öfter Erfolg haben und ihre Überzeugungen aufs neue bestätigen. Dies impliziert einen sich selbst erhaltenden Kreislauf (Seligman 1979).

3.5 „Erlernte Hilflosigkeit"

Eng verknüpft mit dem Begriff der Selbstwirksamkeit ist der der „erlernten Hilflosigkeit". Wenn ein Kind immer wieder die Erfahrung macht, daß es keine Veränderungen bewirken kann, daß seine Handlungen nicht die gewünschten Effekte erzielen, daß es Ereignisse nicht kontrollieren kann, entsteht ein Gefühl der Hilflosigkeit. Grundannahme des von Seligman (1979) entwickelten Konzepts der erlernten Hilflosigkeit ist, daß die Konfrontation mit Situatio-

Eine Situation nicht beeinflussen können

nen, in denen keine der Reaktionen des Menschen „etwas bewirken“, gravierende Folgen hat. Gelernte Hilflosigkeit entsteht dann, wenn Personen auf *nichtkontrollierbare Situationen oder Ereignisse* treffen, wenn sie keine Möglichkeit haben, das Ereignis oder die Situation zu beeinflussen. Wiederholen sich diese Erfahrungen, dann besteht die Gefahr der Generalisierung, d. h. die Person wird auch tatsächlich kontrollierbare Ereignisse als gleichermaßen unkontrollierbar wahrnehmen. Sie baut eine generalisierte Erwartung der Nicht-Kontrollierbarbeit von Ereignissen durch eigenes Verhalten auf, sie lernt Hilflosigkeit.

Äußerungsformen

Auch hier wird wieder deutlich, daß Hilflosigkeit sowohl emotional als auch kognitiv und motivational empfunden wird. Der Theorie von Seligman zufolge äußert sich Hilflosigkeit in *drei typischen Symptomen*, in

- einem *kognitiven*,
- einem *motivationalen* und
- einem *emotionalen* Defizit.

Das *kognitive Defizit* wird darin gesehen, daß die Person tatsächlich kontrollierbare Ereignisse in zunehmenden Maße als nichtkontrollierbar wahrnimmt. Ein Kind mit motorischen Beeinträchtigungen wird z. B. Angst davor haben, von einem Kasten herunterzuspringen, auch wenn es dies von seinen motorischen Fähigkeiten sehr wohl schaffen würde.

Meidung von Anforderungen

Das *motivationale Defizit* liegt in der Verminderung der Bereitschaft, Einfluß nehmen zu wollen. Das Kind wird demzufolge gar nicht mehr den Versuch unternehmen, seine Fähigkeiten zu erproben. Es wird gar nicht einmal auf den Kasten steigen und generell Situationen meiden, bei denen es klettern oder springen muß.

Das *emotionale Defizit* umschreibt die einhergehenden Gefühle wie Resignation, Hilflosigkeit oder Hoffnungslosigkeit, die weitgehend depressiven Verstimmungen entsprechen. Es entsteht eine generalisierte Überzeugung, daß Situationen und Ereignisse außerhalb der eigenen Kontrollmöglichkeiten liegen.

Überzeugung, den Anforderungen nicht gewachsen zu sein

D. h., daß das Kind auch bei anderen Bewegungsaufgaben schnell aufgeben und sich keinen Anforderungen aussetzen wird, da es generell davon überzeugt ist, den Anforderungen nicht gewachsen zu sein. Hinzu kommt, daß sich das Kind die Verantwortung für diese negative Entwicklung selbst zuschreibt. („Nicht die Aufgabe war zu schwer, sondern ich kann sie nicht bewältigen")

Ausschlaggebend sind also nicht die objektiven Ergebnisse oder Handlungen, sondern die subjektive Interpretation der Situation.

Zwar hat Seligman seine Theorie der „erlernten Hilflosigkeit" vorwiegend auf die Genese depressiver Störungen bezogen, die Theorie läßt sich jedoch auch auf die allgemeine Entwicklung des Menschen übertragen; so kann erlernte Hilflosigkeit als Merkmal *geringer personaler Kontrolle* angesehen werden.

Es gibt unterschiedliche Kontrollebenen:

1. Die Entscheidungsrolle

Entscheidungsfreiraum

- Der *Entscheidungsfreiraum*, zwischen der Ausführung und der Unterlassung einer Handlung wählen zu können. Wenn ein Kind bei Bewegungsaufgaben selbst wählen darf, ob und in welcher Form es sich beteiligt, kann es bereits auf dieser untersten, aber doch oft sehr konsequenzenreichen Ebene erste Formen von Kontrollerfahrungen machen.

Handlungsspielraum

- Auch der *Handlungsspielraum*, den eine Situation zuläßt, wirkt sich auf die Wahrnehmung der an das Kind gestellten Anforderungen aus. Ein großer Handlungsspielraum, der nicht die Lösung einer Aufgabe in einer bestimmten, vorgegebenen Weise vorsieht, ermöglicht ihm, mit dem ihm zur Verfügung stehenden Mitteln mitzumachen. So kann der Sprung von dem Kasten erleichtert werden durch eine Kastentreppe, an der das Abspringen von verschiedenen Höhen möglich ist. Eine an den Kasten eingehängte Bank kann das Aufsteigen ermöglichen und auch alternative Betätigungsmöglichkeiten an dem Kasten (Rutschen etc.) zulassen.

2. Die kognitive Kontrolle

Abwertung

umschreibt die Beeinflußbarkeit von unangenehmen Affekten durch Kognitionen, wie z. B. die *Neubewertung*. In manchen Fällen ist sie die einzige Form der Situationsbewältigung. So wertet ein Kind eine Bewegungsaufgabe z. B. ab, wenn es sich ihr nicht gewachsen fühlt. („Ist doch alles Pippikram.")

Wichtig für den *Abbau gelernter Hilflosigkeit* ist, daß das Kind verschiedene Möglichkeiten der Situationsbewältigung hat und daß es zwischen verschiedenen konkreten Handlungsalternativen abwägen kann.

So können vorschnelle Hilfeleistungen durch den Erwachsenen dem Kind den Eindruck vermitteln, als traue er ihm nichts zu. Ein Kind, das man an die Hand nimmt und über den Balancierbalken führt, hat keine Chance, die Erfahrung von selbständiger Bewältigung der Situation zu machen. Es lernt nicht, sich selbst zu helfen, sondern wird in seiner Einstellung („Ich schaffe es nicht") bestärkt. Hilfreicher wäre, mit dem Kind Balanciergelegenheiten aufzusuchen, die es alleine bewältigen kann (Verringerung der Höhe – z. B. Bretter, die auf dem Boden liegen – oder breitere Balancierflächen), dabei allenfalls neben dem Kind herzugehen („Ein Geländer, nach dem du greifen kannst, wenn du es brauchst!"). Eine solche Aufgabe selbst gelöst zu haben, wirkt sich auch für die Einschätzung der eigenen Leistungsfähigkeit positiver aus.

Zwar werden *Hilfestellungen* nicht immer und in jedem Fall vom Kind als niedrigere Einschätzung des eigenen Könnens erlebt, sie können jedoch auch eine Zunahme des Hilflosigkeitsgefühls zur Folge haben.

3.6 Ursachenerklärung von Erfolg und Mißerfolg

Zum Aufbau eines positiven Selbstkonzeptes ist es nach den vorhergehenden Überlegungen sehr wichtig, daß das Kind Gelegenheit hat, eine Tätigkeit ohne Hilfe ausführen zu können. Das Kind soll erkennen, daß es den Erfolg einer Handlung alleine durch seine eigenen Kräfte und nicht mit Hilfe des Erwachsenen erreicht hat. Nur so kann es sich eindeutig als Ursache für Erfolg oder Mißerfolg erleben. Anhand der Konsequenzen seines Verhaltens kann es lernen, bestimmte Entscheidungen zu treffen (z. B. sich mit einem niedrigeren

Selbständige Bewältigung

Schwierigkeitsgrad zu begnügen oder durch intensives Üben bestehende Schwächen auszugleichen). Solche Erfahrungen ermöglichen es ihm auch, ein *Konzept der eigenen Fähigkeiten* aufzubauen, das realistisch und sachlich begründet ist.

Schwierigkeitsgrad staffeln

Wird der Schwierigkeitsgrad der Spiel- und Bewegungsangebote so gestaffelt, daß die Kinder zwar herausgefordert, aber nicht überfordert werden, und kann jedes Kind die ihm angemessen erscheinende Schwierigkeitsstufe auswählen (z. B. Balancieren auf unterschiedlich breiten Balken, Sprünge von verschieden hohen Kästen und Treppen), wird am ehesten zu erreichen sein, daß jedes Kind Erfolgserlebnisse hat. Diese können zu einer *allgemeinen Erfolgszuversichtlichkeit* generalisiert werden und unterstützen das Kind in der Erwartung, auch neue und ungewohnte Situationen bewältigen zu können.

Von Bedeutung sind dabei auch die *verbalen Kommentierungen* der Handlungen des Kindes und deren Bewertung durch den Pädagogen. Auch Mißerfolg kann zu Lerneffekten führen und dem Kind Hilfen geben, sich selber und auch Situationen einschätzen zu lernen. Allerdings ist es hier entscheidend, ob der Mißerfolg vom Kind als fehlende Begabung oder als mangelnde Anstrengung wahrgenommen wird.

Ein situativer Mißerfolg kann sich auch auf andere Verhaltensbereiche ausweiten und zu einer Mißerfolgsorientierung generalisiert werden. Selbstverantwortlichkeit für Erfolg und Mißerfolg kann nur aufgebaut werden, wenn vorwiegend *internale Kausalfaktoren* zur Erklärung herangezogen werden.

Attribuierung = Ursachenzuschreibung

Die Zuschreibung von Ursachen für ein Handlungsergebnis wird als *„Attribuierung"* bezeichnet. Im Rahmen der sogenannten Attribuierungstheorie wird versucht, Handlungsmotive oder auch -ergebnisse auf die ihnen zugrundeliegenden Motive zurückzuführen. Sie geht davon aus, daß Menschen unterschiedliche Ursachenfaktoren sowohl zur *nachträglichen Erklärung* als auch zur *Vorhersage des Ausgangs von Handlungen* heranziehen (vgl. Weiner 1976, 221):

Die Hauptfragestellungen lauten demnach:

Internale/externale Faktoren

1. Kann das Kind die Ursachen seiner Handlungsergebnisse selbst beeinflussen, weil sie *in* seiner Person begründet sind (hierzu werden *internale Faktoren* herangezogen: Begabung/Fähigkeiten und

Anstrengung) oder kann es sie nicht beeinflussen, weil sie *außerhalb* seiner Person liegen (dazu zählen *externale Faktoren* wie die Schwierigkeit einer Aufgabe und Zufall, Glück oder Pech)?

2. Sind die Faktoren, die zur Bewältigung geführt haben, über die Zeit hinweg eher *stabil* (z. B. Begabung/Fähigkeit) oder *variabel* (z. B. die eigene Anstrengung)?

Je mehr die Ursachenerklärung für Erfolg und Mißerfolg an *internalen Faktoren* orientiert ist, je mehr das Kind also davon überzeugt ist, daß die Konsequenzen seines Verhaltens von ihm selbst verursacht sind, um so eher ist mit einer positiven Motiviertheit zu rechnen.

Einfluß auf das Selbstbild

Das Zurückführen des eigenen Erfolgs bzw. Mißerfolgs auf bestimmte Ursachen hat entscheidenden Einfluß auf das Selbstbild, da das Kind hierdurch kognitive Konzepte aufbaut, die als *Interpretationsschemata* wirksam werden.

Nach den in der Literatur zu diesem Problem vorzufindenden Untersuchungsergebnissen kann man schließen, daß Individuen mit internalen Bekräftigungskontrollen, d. h. also Menschen, die die Ereignisse in ihrem Leben in erster Linie als Folge ihrer eigenen Handlungen erleben, mehr soziale Aktivitäten entfalten, sich weniger leicht beeinflussen lassen, längeren Befriedigungsaufschub zu leisten vermögen und leistungsmotivierter sind als Personen, die sich external kontrolliert erleben (Neubauer 1976, S. 48).

Da sich das Selbstkonzept und auch die vorgenannten Attribuierungsmuster schon in sehr frühen Lebensjahren entwickeln, ist es für ein Kind ganz entscheidend, in seinem alltäglichen Umgang mit Dingen und Menschen die Erfahrung zu machen, daß es den Geschehnissen nicht hilflos ausgeliefert ist, sondern sein Schicksal selbst in die Hand nehmen kann. Dies ist natürlich nicht in jeder Hinsicht möglich, sowohl die familiären Bedingungen wie auch die soziokulturelle Schicht, in die es hineingeboren ist, lassen sich kaum verändern, aber wichtig für das Vertrauen in seine eigenen Fähigkeiten sind Erfahrungen auf unmittelbarer Handlungsebene – ob es sich selbst- oder fremdbestimmt erlebt.

3.7 Die Rolle von Bezugsnormen für die Selbstwahrnehmung

Ob das Ergebnis einer Handlung als Erfolg oder Mißerfolg gewertet wird, hängt nicht von der objektiv erreichten Leistung ab, sondern davon, ob die erreichte Leistung dem eigenen *Anspruchsniveau* entspricht.

Bei der Einschätzung der eigenen Leistungen und Fähigkeiten spielt auch der Vergleich mit anderen eine wichtige Rolle. Das Kind sieht, ob es schneller oder langsamer als andere ist, ob es in seiner Geschicklichkeit mit anderen mithalten kann, ob es bei Wettspielen häufig der letzte ist oder eher gewinnt. Das *Sich-Vergleichen und Sich-Messen mit anderen* gehört zwar zu den grundlegenden Erfahrungen, die in Sport und Spiel gemacht werden können und um derentwegen sie oft auch aufgesucht werden, trotzdem ist bei der Wahrnehmung der eigenen Leistungsfähigkeit der soziale Vergleich nur eine von mehreren möglichen Bezugsnormen. Heckhausen (1980) unterscheidet darüber hinaus zwischen der *individuellen*, der *sachlichen* und der *fremdgesetzten Bezugsnorm:*

Vergleich mit anderen

Bezugsnormen

- *Soziale Bezugsnorm:*
  Das Handlungsergebnis einer Person wird mit den Ergebnissen anderer verglichen. („Timo kann das Klettergerüst übersteigen, ich noch nicht")
- *Individuelle Bezugsnorm:*
  Das vorliegende Ergebnis wird mit dem verglichen, was die Person vorher zuwege gebracht hat. („In der letzten Stunde habe ich es geschafft, bis zur Hälfte des Klettergerüstes hochzusteigen, heute schaffe ich es schon bis zur vorletzten Stufe")
- *Sachliche Bezugsnorm:*
  Ein Ergebnis wird beurteilt durch die Anforderungen, die „in der Natur der Sache" liegen. (Ein Klettergerüst fordert zum Klettern auf, es liegt in der Natur des Gerätes, daß ein Kind sich an ihm betätigen will.)
- *Fremdgesetzte Bezugsnorm:*
  Ein Ergebnis wird mit einem Kriterium verglichen, das von außen festgelegt wurde. (Aufforderung durch die Erzieherin: „Wer kann auf das Klettergerüst hochsteigen und auf der anderen Seite wieder herunterklettern?")

Rückmeldung durch die Pädagogin

Welche Bezugsnorm vom Kind herangezogen wird, liegt auch an dem Pädagogen: Wie er dem Kind dessen individuelle Leistung rückmeldet oder mit Mißerfolgen umgeht, wie er Aufgaben stellt, wird sich darauf auswirken, ob ein Kind sich vorwiegend mit anderen mißt oder auch unter dem Aspekt betrachtet, welche Entwicklungsfortschritte es *selbst* gemacht hat.

Bei psychomotorischen Fördergruppen sollte die Aufmerksamkeit des Kindes auf die eigenen Fähigkeiten und ihre Weiterentwicklung gelenkt werden. Die Kinder sind häufig durch viele Mißerfolgserlebnisse demotiviert. Sie sehen vor allem, was sie nicht können, vor allem im Kindergarten und in der Schule sehen sie sich dem sozialen Vergleich ausgesetzt. *Das Bewußtmachen der eigenen Fähigkeiten* („Soweit kannst du schon hochklettern …"), die Betonung der vom Kind gerade bewältigten Situation („Jetzt hast du aber ein richtiges Kunststück geschafft!") sind geeigneter als pauschale Belobigungen („Ganz toll", „Du bist prima"), damit das Kind trotz Behinderungen und Schwächen ein leistungszuversichtliches Bild der eigenen Person aufbauen kann. Anstelle eines Vergleichs mit anderen (interindividuell) kann das Kind so auch dazu angehalten werden, auch im Alltag eigene Leistungsfortschritte (intraindividuell) bewußter wahrzunehmen.

Bewußtmachen der eigenen Fähigkeiten

Ein Kind, das ständig nach Rückmeldung sucht, indem es z. B. fragt: „Bin ich gut?", „Bin ich der Beste?", orientiert sich in seinen Maßstäben ausschließlich an anderen. Hier ist es sinnvoll, die Aufmerksamkeit des Kindes auf die eigenen Handlungen zu richten und nicht die Person, sondern eher die Handlung zu verstärken. („Du bist ganz schön hoch geklettert!", „Das hast du sehr genau ausgeschnitten.")

Ziel ist *selbstreguliertes Handeln*, d. h., daß das Handeln durch eigene Bezugsnormen motiviert ist und sich weitgehend unabhängig von den von außen gesetzten Verhaltenserwartungen vollziehen kann.

3.8 Möglichkeiten zur Veränderung eines negativen Selbstkonzeptes

Die vorangegangenen Überlegungen machen deutlich, daß menschliches Handeln durch zwei Komponenten maßgeblich beeinflußt wird:

Erwartungshaltungen

- durch den Verstärkungswert des zu erwartenden Handlungsergebnisses (*Konsequenzerwartung*);
- durch die Erwartung, daß man selbst in der Lage ist, eine solche Handlung erfolgreich auszuführen (*Kompetenzerwartungen*, Selbstwirksamkeitsüberzeugungen).

Wenn beide Voraussetzungen gegeben sind, steigt die Wahrscheinlichkeit, daß die Person sich mit einer vorgegebenen Situation auseinandersetzt, daß sie sich für die Lösung von Aufgaben und die Bewältigung von Anforderungen anstrengt oder bei auftretenden Schwierigkeiten länger durchhält und damit auch neue Verhaltensweisen aufbaut (Bandura 1992).

> Veränderungen des Selbstkonzeptes treten nur dann ein, wenn der Erfolg einer Tätigkeit als selbst bewirkt erlebt wird und nicht als zufallsbedingt oder von äußeren Einflüssen gesteuert wahrgenommen wird. Daher ist eine wesentliche Vorbedingung für die Entwicklung eines positiven Selbstwertgefühls das Bereitstellen von Situationen, in denen das Kind selbst aktiv werden kann.

Für ein Kind ist es wichtig zu erfahren, daß seine Motive und Handlungsimpulse in ein – aus seiner Sicht sinnvolles – Verhalten umgesetzt werden können.

Spielraum innerhalb einsichtiger Grenzen

Selbständigkeit, Entscheidungsfähigkeit und Planung des eigenen Verhaltens können von einem Kind nur dann gelernt werden, wenn ihm ein entsprechender *Handlungsspielraum* zur Verfügung steht (vgl. Neubauer 1976). Dies heißt allerdings nicht, daß man das Kind im Sinne eines „laissez faire“ einfach sich selber überlassen sollte. Eine völlig offene Situation, die weder durch konkrete Aufgabenstellungen noch durch äußere Begrenzungen eingeengt ist, überfordert das Kind. Ein möglichst großer Handlungsspielraum innerhalb einsichtiger und sinnvoller Grenzen, die z. B. vom Material, von strukturierten Angeboten und einem anregenden Pädagogen ausgehen können, gibt ihm dagegen die Freiheit der Entscheidung, aber auch Hilfen für die selbständige Bewältigung der Situation.

Einen besonderen Stellenwert nehmen unter diesen Gesichtspunkten Bewegungsangebote für Kinder ein. Die Gründe, warum gerade Bewegung als geeignetes Medium zur *Verbesserung des Selbstwertgefühls* betrachtet werden kann, liegt in folgenden Besonderheiten:

Chancen von Bewegungsangeboten

- Bewegung ist die Nahtstelle zwischen der Person und der Umwelt. Sie gibt dem Kind den Stand seiner Beziehung zur Umwelt wieder, zeigt ihm, inwieweit es erfolgreich auf die Umwelt einwirken, Veränderungen bewirken kann.
- Der Zugang des Erwachsenen zum Kind wird über spielerische, handlungsbezogene Aktivitäten wesentlich erleichtert.
- In frühen Lebensjahren bilden Spiel und Bewegung eine Einheit, die dem Kind den unmittelbaren Ausdruck von Gefühlen ermöglicht.
- Spielmaterial, Geräte, Bewegungssituationen fordern das Kind zur Aktivität auf, wobei Grenzen in erster Linie durch die Eigengesetzlichkeit des Materials, die Gruppe und die gemeinsam getroffenen Vereinbarungen gesetzt werden.
- Erfolge und Mißerfolge werden unmittelbar und direkt als selbst verursacht erlebt, das Kind erlebt sich selbst als Verursacher von Effekten.

Ein auf die *Fähigkeiten, Interessen* und *Lernvoraussetzungen* des Kindes abgestimmtes Bewegungsangebot ermöglicht ihm, vorgefundene Probleme selbst zu meistern. Die durch die Spielsituation, das Material oder die Bewegungsaufgaben vermittelten Anregungen können als nicht-direktive Form der Verhaltensbegrenzung angesehen werden.

Anregungen gibt der Pädagoge auch durch sein eigenes Verhalten, das vom Kind durch Beobachtung und Imitation übernommen wird, aber auch durch die Beziehung, die er zu dem Kind aufbaut.

Wertschätzung

Ein erster und zugleich der wichtigste Schritt zur Stabilisierung des Selbstkonzeptes und des Selbstwertgefühls eines Kindes ist die *Anerkennung und Wertschätzung durch den Pädagogen.* Indem der

Erwachsene das Kind so, wie dieses ist, mit seinen Stärken und Schwächen akzeptiert, trägt er zu einer positiven Selbstwertschätzung des Kindes bei.

Wichtig ist es vor allem, eine Atmosphäre der Sicherheit und der Akzeptanz herzustellen. Nur in einer solchen Atmosphäre werden neue Erfahrungen als willkommene Herausforderungen erkannt und das Selbst kann sich weiterentwickeln.

Jedes Kind nimmt seine Umwelt entsprechend seinen Fähigkeiten und Handlungsmöglichkeiten wahr. Es nimmt sie als gegeben und unabänderlich hin, wenn es nur einen geringen Handlungsspielraum besitzt. Ist der Spielraum seiner Möglichkeiten dagegen größer, wird es versuchen, die Umwelt neu zu interpretieren, umzugestalten, auf sie einzuwirken und sie gegebenenfalls zu verändern.

Je größer die Handlungsspielräume eines Kindes sind, um so größer ist auch seine Zuversicht, etwas bewirken zu können, seinem Schicksal nicht hilflos ausgeliefert zu sein. Handlungsspielräume eröffnen sich in den ersten Lebensjahren über Bewegungserfahrungen, über den handelnden Umgang mit den Gegebenheiten der Welt und ihrer motorischen Bewältigung.

Eine wesentliche Aufgabe der psychomotorischen Förderung liegt in der *Erweiterung der Handlungsmöglichkeiten* und der Verbesserung der motorischen Fähigkeiten des Kindes. Ebenso wichtig ist jedoch die Stärkung seines Selbstbewußtseins und zwar unabhängig von oder trotz körperlicher und motorischer Beeinträchtigungen. Die pädagogische Aufgabe besteht also auch darin, das Kind selbstbewußt, leistungszuversichtlich und gegebenenfalls unabhängig von der Bewertung durch die soziale Umwelt zu machen.

In Anlehnung an die in diesem Kapitel geäußerten Überlegungen können folgende Maßnahmen die Bildung eines positiven Selbstkonzeptes bei Kindern unterstützen:

Maßnahmen zur Entwicklung eines positiven Selbstkonzeptes

- *Eigene Vorzüge erkennen helfen, bewußt machen*
  Dem Kind sollten verstärkt Rückmeldungen über seine Stärken und besonderen Vorzüge gegeben werden, so daß es Vertrauen in die eigene Kraft und die eigenen Fähigkeiten gewinnt. Bewe-

gungsangebote sollten möglichst allen Kindern Könnenserfahrungen und Erfolgserlebnisse vermitteln.

- *Situationen bereitstellen, in denen das Kind Selbstwirksamkeit erfahren kann*
  Spiel- und Bewegungssituationen können so konzipiert werden, daß das Kind durch seine Handlungen Veränderungen in der materialen Umwelt bewirken kann; Veränderungen sollten für das Kind sichtbar sein, es sollte sie konkret wahrnehmen können.
- *Eigenaktivität und Selbsttätigsein fördern*
  Bewegungsangebote sollten dem Kind das Erlebnis vermitteln, daß es selbst Verursacher seiner Handlungen ist, daß ein gelungenes Spiel oder eine erfolgreiche Übung auf die eigene Anstrengung zurückgeführt werden können. Lernen sollte weniger als das Ergebnis von Belehrung, sondern als Erfahrungsprozeß verstanden werden, der geknüpft ist an Eigenaktivität und Selbsttätigsein.

Lernen als Erfahrungsprozeß

- *Vorschnelle Hilfeleistung vermeiden*
  Der Pädagoge sollte dem Kind nicht den Eindruck vermitteln, als traue er ihm nichts zu, sondern ihm vielmehr das Gefühl geben, eine Aufgabe selbst bewältigt und hierzu allenfalls eine minimale Unterstützung erhalten zu haben. Auch unangemessenes Lob kann zu einer niedrigen Einschätzung der eigenen Fähigkeiten führen, da das Kind den Eindruck gewinnt, als stelle der Erwachsene an es nur sehr niedrige Erwartungen.
- *Das Kind unabhängig von seiner Leistung wertschätzen*
  Der Erwachsene sollte Leistungen des Kindes unabhängig von ihrem objektiven Ausmaß als sinnvoll wahrnehmen. Er sollte dem Kind das Gefühl geben, daß seine Person unabhängig von der Höhe der Leistung akzeptiert wird. Durch die Fremdakzeptanz gelingt es dem Kind, sich selbst zu akzeptieren.
- *Vergleiche mit anderen vermeiden und statt dessen individuelle Bezugsnormen setzen*
  Zwar ist die Einschätzung der eigenen Fähigkeit in hohem Maß davon abhängig, wie die eigenen Leistungen mit denen anderer verglichen werden, diese Tendenz sollte jedoch in der Therapie nicht noch verstärkt werden. Erfolgsmeldungen sollten also weniger über den Vergleich mit anderen gegeben, sondern eher als individueller Leistungsfortschritt interpretiert werden. Steht die

Fortschritte bewußt machen

intraindividuelle Leistungsentwicklung im Vordergrund und wird dies auch vom Erwachsenen betont, werden Kinder häufig seine Sicht übernehmen.

Aus dem Vertrauen in eine *verfügbare* und *„beherrschbare"* Umwelt und aus dem Zutrauen der sozialen Umgebung (Eltern, Erzieher, Lehrer, andere Kinder) in die Fähigkeiten und Tüchtigkeit des Kindes entwickeln sich sein *Selbstvertrauen* und sein *Selbstwertgefühl.* Die psychomotorische Förderung kann diesen Prozeß unterstützen, indem hier beide Aspekte – die Verbesserung der Leistungsfähigkeit und vor allem auch eine veränderte Selbstwahrnehmung – gleichermaßen berücksichtigt werden.

Nicht die Förderung der Bewegungsentwicklung, das Behandeln bestimmter Schwächen mit zielgerichteten Übungen bringt die persönlichkeitsstabilisierenden Wirkungen hervor, sondern die Möglichkeiten zu einer Veränderung der Selbstwahrnehmung.

4 Die Bedeutung des Spiels in der Psychomotorik

Kinder geben ihrem Spiel einen eigenen Sinn: Da wird der Kasten zum Piratenschiff, das gegen die von Land her angreifenden Feinde verteidigt werden muß, Softbälle bilden die Wurfgeschosse, und aus einem mit Rollbrettern und Kastendeckeln gebauten Beiboot wird Nachschub für die Eroberer herbeigeschafft. Hat das nun Sinn oder ist es Unsinn, für die Kinder vielleicht ganz reizvoll, dem Erwachsenen aber unverständlich, ja sogar sinnlos?

Verarbeitung von Eindrücken

Spiel ist nicht zufällig und nicht willkürlich. Kinder wählen auch für ihre Bewegungsspiele zumeist *Themen* aus, die ihrer *Lebens- oder Phantasiewelt* entstammen, die einen unmittelbaren Bezug zu ihrer Lebenssituation haben oder – wie in obigem Beispiel – unverarbeitete Eindrücke – z. B. aus Fernsehsendungen oder anderen elektronischen Medien – widerspiegeln und so zum Ausdruck bringen.

Erlebnisse des täglichen Lebens können im Spiel immer wieder aufs Neue thematisiert werden, um auf diese Weise bearbeitet zu werden.

So ist auch Dracula die bevorzugte Rolle von Nils, einem Kind aus einer unserer Psychomotorikgruppen. Als Dracula unterliegt Nils zwar bestimmten Regeln, etwas anderen als denen, die in unserer Psychomotorikstunde üblich sind: Ein Vampir kann weder Pedalofahren noch wird er sich widerstandslos in ein Fangspiel integrieren lassen, aber ein Vampir kann stattdessen fliegen, von hohen Türmen herunterflattern, ein Opfer suchen, den „normalen Menschen" Angst einjagen.
Nils ist ein sprachbehindertes Kind, die Ursachen seiner Behinderung sind vielfältig und liegen u. a. auch in familiären Problemen begründet. Sich sprachlich auszudrücken, fällt ihm schwer, hier scheint er viele Fehler zu machen. Also vermeidet er zunächst das Sprechen, denn dann fällt es ja nicht so auf, daß er manche Laute

Den Sinn seiner Handlungen definiert das Kind selbst

nicht richtig aussprechen kann, daß andere ihn nicht verstehen. Sich über Bewegung auszudrücken, fällt ihm dagegen leichter. Oft wird das Bewegungsspiel für ihn zu einer Art symbolischen Handlung, er übernimmt eine Spielrolle und wird in dieser meist auch von den anderen akzeptiert. Als „Dracula" findet der sonst eher ängstliche und zurückhaltende Junge Zugang zu den anderen Kindern, vor Dracula hat jeder Respekt. Es ist ein bißchen Lustangst, die er ihnen einjagt, wenn er sich mit furchterregender Gebärde und drohender Stimme („Dracula beißen") nähert. Sie jagen Dracula, flüchten vor ihm, verstecken sich, rufen ihn, lassen sich fangen und nehmen Reißaus. Auch wir Erwachsenen, die wir die Gruppe leiten, sind in das Spiel involviert. Uns beißt Dracula natürlich besonders gerne.

Und wer fürchtet sich nicht vor den fletschenden Zähnen und dem finsteren Gesicht?

In seiner Rolle als Dracula arbeitet Nils vieles auf, was er nicht sprachlich äußern kann und vielleicht auch nicht will, er übt sich in Kontaktaufnahme, wagt Dinge, die er sich in der Realität – zunächst – nicht zutrauen würde und erntet Anerkennung, die ihm Mut zur Bewältigung seiner Kontaktschwierigkeiten gibt.

An Beispielen wie dem von *Nils* und *Dracula* soll im folgenden vorgestellt werden, welche Bedeutung das *Symbol- und Rollenspiel* in der Psychomotorik hat, und warum es zu den wichtigen Themen und Inhalten von Bewegungsangeboten für Kinder mit Entwicklungsauffälligkeiten und Verhaltensproblemen gehört.

Symbolisches Handeln

So kann auch scheinbar fehlerhaftes, störendes Verhalten eines Kindes in einem neuen Sinnzusammenhang gesehen werden. In symbolischen Handlungen drücken Kinder ihre Probleme aus und schaffen sich dabei oft auch selbst Chancen, diese zu bewältigen. Und diese Ansätze muß die Pädagogin vor allem zu verstehen und zu begleiten versuchen.

4.1 Zum Symbolgehalt von Bewegungshandlungen

Symbole sind Zeichen, Sinnbilder. Sie stehen für etwas, was zwar ist oder sein kann oder soll, aber nicht unmittelbar so ausgedrückt oder gelebt werden kann.

Im folgenden sollen zunächst einige allgemeine Überlegungen zur Symbolhaftigkeit kindlichen Spielens angestellt werden, um dann aufzuzeigen, welche Chancen Kinder in solchen symbolischen Handlungen haben, ein ursprünglich negatives Selbstbild zu verändern, Kommunikationsprobleme zu bewältigen oder Alternativen für störendes Verhalten kennenzulernen.

Psychomotorik muß – so galt die in den ersten Kapiteln des Buches beschriebene Losung – *Hilfe zur Selbsthilfe* geben, muß Chancen suchen, wie selbstheilende Kräfte beim Kind freigesetzt werden können. Wie dieser Anspruch praktisch realisiert werden kann, soll anhand einiger Fallbeispiele verdeutlicht werden.

Spiel und Bewegung gehören zu den elementaren Ausdrucksformen des Kindes. Durch Bewegung drückt sich das Kind aus und teilt sich mit. Auf diesen Erkenntnissen basiert auch ein großer Teil der Spiel- und Bewegungsangebote in der Psychomotorik. Bei entsprechendem Freiraum binden Kinder Bewegungsspiele mit Vorliebe in Bilder und Geschichten ein; sie spielen komplexe Szenen und wählen dabei meist Themen aus, die sie selbst betreffen und die für sie eine bestimmte Bedeutung haben. Im Spiel setzen sie vor allem ihren *Körper* ein, aber oft sind die Spielszenen auch mit *sprachlichen Äußerungen* verbunden (das Polizeiauto ist an der Sirene erkennbar, das Schwingen am Tau wird von Tarzanschreien begleitet). Bewegungshandlungen werden so in einen sinnhaften Zusammenhang gestellt, dessen tiefere Bedeutung dem Pädagogen erst dann bewußt wird, wenn er die jeweilige Lebenssituation und -geschichte der Kinder kennt und ihre Handlungen daraufhin zu verstehen versucht.

Subjektive Bedeutung von Spielraum

> Im Spiel arbeiten Kinder auch Vergangenes, Erlebtes auf, das Spiel dient ihnen als Medium der Äußerung und – unbewußten – Bearbeitung von Konflikten.

Sinnhaftigkeit

Selbstbestimmte Aktivitäten veranlassen das Kind, seine Fähigkeiten und Kräfte voll einzusetzen. Den Sinn seiner Handlungen definiert das Kind selbst, es stellt für sich und zum Teil mit anderen Regeln auf, die den Spielverlauf bestimmen. Um dies realisieren zu können, muß ein entsprechend großer Handlungsspielraum vorhanden sein.

Das Spiel nimmt in der Psychomotorik auch deswegen einen besonderen Stellenwert ein, weil es die dem Kind angemessene Form sich auszudrücken ist. Gerade die Verbindung der beiden Medien Spiel und Bewegung eröffnet ein breites Spektrum von pädagogischen wie therapeutischen Anlässen. Spielen kann Kindern z. B. Entlastung bringen; ein erster Schritt zur Verarbeitung belastender Erlebnisse ist oft schon getan, wenn diese im Spiel handelnd ausgedrückt werden. Auch „Spielhandeln“ kann zur Lösung von Problemen beitragen.

So spielt z. B. Cornelia, ein fünfjähriges Mädchen aus einer unserer Therapiegruppen, seit Wochen in fast jeder Stunde Krankenhaus. Jedem Gerät, jeder Spielsituation wird eine entsprechende symbolische Bedeutung verliehen: Auf dem Mattenstapel in einer Ecke der Halle ist der Operationstisch, auf den sie jeden, der sich nicht dagegen wehrt, schleppt und mit Seilen und Tüchern auf die „Operation" vorbereitet. Mit dem Heulrohr gibt es eine Spritze und sofern sie einen Spielpartner gefunden hat, der weiter mitmacht, wird er aufs Rollbrett verfrachtet und mit „Tatütata" herumgefahren. Cornelia hatte vor ein paar Wochen traumatische Erfahrungen bei einer Augenoperation im Krankenhaus gemacht und schlief in den ersten Wochen nach der Entlassung keine Nacht mehr durch. Seit sie wieder in unserer Gruppe ist und wir zwar nicht unmittelbar auf ihre Ideen eingehen, diese aber tolerieren und einige Kinder auch einfach mitmachen und es zum Teil sogar genießen, von Cornelia sorgsam auf dem Rollbrett gefahren zu werden, ist ihre Symptomatik deutlich besser geworden. Nach Angaben der Mutter machte sie vor ein paar Tagen sogar eine Kontrolluntersuchung im Krankenhaus, gegen die sie sich vorher standhaft gewehrt hatte, vorbehaltlos mit.

„Reinigende" Funktion des Spiels

Bewegungsspiele wie die hier geschilderten sind zwar keine geplanten Rollenspiele, sondern entstehen aus der Situation heraus. Die Verarbeitung der Erlebnisse geschieht auf mittelbare Weise: Die Kinder spielen sich das Problem, das sie belastet, einfach „vom Leibe". Das Spiel hat hier ein kathartische, reinigende Funktion.

4.2 Merkmale des Spiels in der Psychomotorik

Rahmenbedingungen

Um solche Prozesse in Gang zu setzen, muß die Spielsituation jedoch bestimmte Rahmenbedingungen erfüllen; es handelt sich bei diesen Bedingungen um Merkmale, die als konstituierend für psychomotorische Fördermaßnahmen gelten können.

4.2.1 Individuelle Sinngebung und Bedeutungsoffenheit

Im Spiel werden häufig fiktive Situationen geschaffen, die für das Kind eine symbolische Bedeutung haben. Dabei spielen Erlebnisse des Kindes, Erinnerungen und auch Vorstellungen eine wesentliche Rolle. Handlungen erhalten eine Bedeutung, die seine Umgebung in einen neuen Sinnzusammenhang stellen. Das Kind spielt Realsituationen nach, arbeitet dabei Erlebtes auf.

Handlungs-alternativen

Andererseits geben die Symbol- und Rollenspiele auch die Gelegenheit, *Handlungsalternativen auszuprobieren.* Die Kinder ahmen nicht nur die Rollen ihrer Bezugspersonen, von Phantasiefiguren oder Fernsehhelden nach, sie identifizieren sich auch mit der übernommenen Rolle: Sie sind wilde Löwen, ein Polizist, Kung Fu oder Dracula. Rollen und Situationen werden in Bewegung dargestellt und mit körperlichen und gestischen Mitteln zum Ausdruck gebracht (dramatisierende Spiele), und bieten so die Gelegenheit zum *Erproben von Verhaltensweisen*, die in der Realität kaum erreichbar erscheinen.

So ermöglicht die Darstellung von Tieren dem Kind, in die Rolle des Stärkeren, aber auch des Schwächeren zu schlüpfen. Spielt es z. B. ein aggressives, unbesiegbares Tier, können in ihm Fähigkeiten (z. B. Durchsetzungsvermögen) geweckt werden, die es sich selbst im Alltag kaum zutrauen würde. Oft übernimmt es auch die Rolle dessen, vor dem es sich im Alltag oder in seiner Vorstellung fürchtet. Es spielt einen bösen Hund, eine Hexe oder einen Räuber. Mit der *Reproduktion* und auch der *Vorwegnahme* von Situationen, die angstbesetzt sind, kann das Kind Spannungen abbauen, Aggressionen abreagieren, unerfüllte und unerlaubte Wünsche in konkreter und symbolischer Form realisieren und so sein seelisches Gleichgewicht stabilisieren (vgl. Zimmer 1991).

Diese Überlegungen führen zu einem weiteren, das Spiel konstituierenden Merkmal.

4.2.2. Umkehrung üblicher Einfluß- und Machtbeziehungen

Im Spiel können sich Ereignisse und Rollen umkehren, sie können entsprechend den Absichten und Vorstellungen des Kindes behandelt werden und nicht so, wie sie sich normalerweise ereignen. Damit wird dem Kind das Erproben neuer Verhaltensmuster möglich, ohne die fatalen Folgen, die ihre Anwendung im Ernstfall haben kann.

Hierzu ein weiteres Beispiel aus einer unserer Therapiestunden:

An einer zwar breiten, aber steilen Rutsche – bestehend aus Langbänken, die an einer Sprossenwand eingehängt sind und auf denen feste, glatte Judomatten liegen – sind fast alle Kinder der Psychomotorik-Gruppe intensiv beschäftigt. Trotz aller Einbahnstraßen-Gebote (um sich selbst beim Rutschen nicht zu behindern, soll an der Sprossenwand hochgeklettert werden, so daß die Rutsche nur in einer Richtung – nach unten – betreten wird), ist auf den Matten ein wildes Klettern und Rutschen zugange. Am Rande steht Anja, ein kräftiges, aber sehr ängstliches, zurückhaltendes sechsjähriges Mädchen, das sich nicht traut, sich in das Gewühle hineinzubegeben. Alle meine Angebote, die Rutsche wenigstens zeitweise für sie freizumachen, ihr Platz zu verschaffen oder mit ihr gemeinsam zu rutschen, werden von ihr nicht angenommen. Sie steht und schaut zu, macht einige vergebliche Versuche, einen Fuß auf den Rand der Rutsche zu setzen, die sie aber sofort wieder abbricht, wenn ihr jemand in die Quere kommt.
Plötzlich betritt sie auf allen vieren die Mattenbahn, ruft laut: „Jetzt kommt Arthur", und begibt sich mitten in die rutschenden und kletternden Kinder hinein. Noch einmal: „Jetzt kommt Arthur, Platz da." Etwas verdutzt werden die anderen Kinder aufmerksam, aber machen bereitwillig Platz. Anja kriecht bis an die oberste Stelle der Rutsche hoch, dreht sich um und ruft noch einmal laut (so als habe sie Angst vor der eigenen Courage): „Jetzt rutscht Arthur, ich bin Arthur", und rutscht hinunter. Ich erkundige mich, wer denn Arthur ist und höre von einem der Kinder, daß dies der starke Elefant aus einer Fernsehserie sei – allen anderen offensichtlich wohlbe-

kannt. Als ich Anja ein wenig später mit ihrem Namen anspreche, erwidert sie: „Ich bin Arthur." Arthur verschafft sich Platz, Arthur ist stark, das weiß Anja, und das wissen alle anderen, also halten sie sich an die unausgesprochene Regel, daß man einem Stärkeren Platz macht.
Als Anja am Ende der Stunde von ihrer Mutter abgeholt wird, strahlt sie und wiederholt mehrere Male: „Ich bin Arthur" …

4.2.3 Entscheidungsfreiheit und Freiwilligkeit

Zum Spielen kann man kein Kind zwingen, Spielen geschieht grundsätzlich freiwillig, und dieser Grundsatz der Entscheidungsfreiheit sollte auch in der psychomotorischen Förderung beachtet werden. Einen freien Willen haben und diesen auch einsetzen zu können, gibt dem Kind die Gewißheit, daß es ernstgenommen wird, daß nicht der Erwachsene für es Entscheidungen trifft, sondern daß es selber über das, was sein Leben betrifft, mitbestimmen darf. Nur eine lustvolle, freiwillige Teilnahme an einer Fördermaßnahme hat Chancen, langandauernde, die ganze Person des Kindes betreffende Entwicklungsfortschritte zu erreichen.

Im Spiel überwinden Kinder Widerstände, denen sie in der Realität ausweichen würden. Andererseits üben sie mit Ausdauer Fertigkeiten, die sie für eine Spielhandlung brauchen. Der Aufschub von Bedürfnisbefriedigung, das Setzen langfristiger Ziele gelingt im Spiel oft viel leichter, während diese Dinge in der Realität noch Schwierigkeiten bereiten.

Freiwilligkeit und Entscheidungsfreiheit garantieren einem Kind, daß die Sache, für die es sich entschieden hat, *seine* Sache ist. Über ihren Körper haben Kinder in ihrer Entwicklung Unabhängigkeit von den Erwachsenen erlernt. Ihre zunehmende Bewegungsbeherrschung macht sie unabhängiger vom elterlichen „Gängelband". „*Selber machen*" ist ein verbaler Ausdruck des kindlichen Strebens nach Selbständigkeit. Sie erleben ihren Körper dabei als unmittelbar zu ihnen selbst gehörend, über ihn können sie verfügen, ihre Bewegung zunehmend besser beherrschen. Daher erzeugt es vor allem bei jüngeren Kindern häufig Widerstand, wenn sie bestimmte „Übungen"

Streben nach Selbständigkeit

absolvieren oder sich an Bewegungsspielen, die andere sich für sie ausgedacht haben, beteiligen sollen.

4.2.4 Ambivalenz

Die Motivation zur Beteiligung am Spiel geht in der psychomotorischen Förderung vom Erlebnisgehalt der Spielsituation aus. Das Spiel ist spannend, wenn sein Ausgang offen ist, der Grad der Spannung jedoch vom Kind selbst reguliert werden kann. Spannung, Aufregung, Erregung entstehen, wenn man unsicher ist, ob ein Problem bewältigt, eine selbstgestellte Aufgabe erfüllt werden kann. Die Spannung darf allerdings nicht zu groß, zu langandauernd sein, die Anforderungen dürfen das Kind weder unter- noch überfordern, da sonst die Ambivalenz aufgehoben wird, das Spiel wird uninteressant und schnell von den Kindern abgebrochen.

Passender Schwierigkeitsgrad

Bewegungsangebote müssen daher immer einen *„passenden" Schwierigkeitsgrad* haben, der bei den Kindern die Spannung des Gelingens oder Nicht-Gelingens erzeugt. Da im Rahmen einer Gruppentherapie die Leistungsvoraussetzungen immer so heterogen sein werden, daß es nie nur einen für alle passenden Schwierigkeitsgrad geben kann, müssen die Angebote unterschiedliche Lösungsmöglichkeiten eröffnen.

Zusammenfassend können Symbolspiele also folgende Formen annehmen:

1. *Imitation*
   Nachspielen der Wirklichkeit, Aufarbeiten von Ereignissen, Verarbeitung von Erlebnissen (retrospektiv, zurückschauend);

2. *Kompensation*
   Korrektur der Wirklichkeit, Verändern von Rollen, Erproben von Handlungsalternativen (prospektiv, vorausschauend);

3. *Antizipation*
   Vorwegnahme möglicher oder gewünschter Ereignisse, Überprüfung von Handlungsalternativen auf ihre möglichen Wirkungen.

4.3 Bedeutung des Symbolspiels für die Selbstentwicklung des Kindes

In Kapitel 3 wurde auf die Bedeutung von Körper- und Bewegungserfahrungen hinsichtlich der Selbstentwicklung des Kindes hingewiesen. Schäfer (1983) unterscheidet verschiedene Perspektiven des Selbstbezugs im Spiel, dazu gehören z. B.:

- *Das Spiel als Selbstsymbolisierung*

Das Kind trifft in Spielsituationen und auch in Geräten und Spielzeug auf Symbole, in denen es sich wiederfinden kann, so, als wäre es selbst dieses Spielzeug oder die Spielsituation selbst. Selbstsymbole können Objekte, Handlungen oder Phantasien sein; gemeinsam ist ihnen ihre Bedeutung im Hinblick auf das Selbst.

Spielgeräte

So kann ein Luftballon z. B. Beziehungen stiften, auch wenn diese gar nicht ausdrücklich eingegangen werden. Der Luftballon fliegt schon nach geringstem Anstoß durch die Luft – ein sehr hilfreicher Prozeß gerade für ängstliche Kinder, die sich durch den Ballon zum Spielen angeregt fühlen. Er fordert zum Handeln heraus (der Ballon stellt das eigene Selbst dar), er fliegt auch zu nicht angezielten Orten,

Die symbolische Funktion des Spiels

zu Spielpartnern, die – auch wenn sie den Ballon nicht zurückspielen – zumindest als Abprallfläche dienen; so kommt der Ballon wieder zu mir zurück. Er fliegt – leicht und schwerelos –, so wie ich mich auch selbst gerne bewegen möchte.

- *Spiel als Selbstentwurf*

Handlungsalternativen erproben

Das Spiel ermöglicht dem Kind auch den Entwurf eines veränderten Selbst. Handlungsalternativen können erprobt und Handlungsspielräume neu entworfen werden. Das Kind „bastelt" (Schäfer 1983, 349) an seinem Selbst, es sieht sich selbst in neuen Zusammenhängen. Dies führt zum

- *Spiel als Selbstgestaltung*

Im Spiel kann man ein ideales Selbst entwerfen, eine Rolle, mit der man sich identifizieren kann, Größe und Stärke erfahren, obwohl man doch eigentlich klein und schwach ist.

Mit heulenden Sirenen düst Sven auf dem Rollbrett durch den Raum, ein Seil mit sich führend, das er jedem, der sich nicht wehrt, um die Hand oder ans Bein bindet – denn er ist ein Polizeiauto.
Er ist alles zur gleichen Zeit: Polizeiauto und Polizist, sogar die Sirene. Schnappt er einen anderen Autofahrer, hagelt es gleich Strafmandate: „Sie sind viel zu schnell gefahren." Bevor man Gefahr läuft, ins Gefängnis (Tor) abtransportiert zu werden, kann man sich mit horrenden Summen auslösen. Mit dem Erfolg, das man nach zwei Minuten schon wieder beim Zuschnellfahren ertappt wird.

Distanz

Die Szene läßt sich aus verschiedenen Perspektiven erklären: Die Rolle des Polizisten verleiht *Macht*, er ist gegen jeden Angriff gefeit. Durch das grüne Rollbrett, das von den Kindern eindeutig als Polizeiauto gedeutet wird, konnte sich Sven die unantastbare Macht des Polizisten aneignen. Sie ermöglichte neue Verhaltensweisen, die ihm ohne den Schutz der Rolle nicht denkbar gewesen wären. Bezeichnend ist in solchen Spielsituationen übrigens das „Sie", das die Distanz zwischen der übernommenen Rolle und der Person, von der sie gespielt wird, ebenso ausdrückt wie das neue Verhältnis zwischen den Spielteilnehmern.

Solche Wirkungen können Spielsituationen aber nur dann haben, wenn auch negative Gefühle nicht verboten, sondern in Regeln und gemeinsam festgelegten Grenzen ausgelebt werden können. Gerade das Bewegungsspiel, der Umgang mit Geräten, das Arrangement gemeinsamer Spielsituationen, bieten hierfür viele Möglichkeiten.

4.4 Handeln in sinnhaften Zusammenhängen

Vorbereitete Umgebung

In der psychomotorischen Spielsituation wird eine vorbereitete Umgebung geschaffen, die dem Kind spontanes Handeln erlaubt. Das Handlungsfeld, der Spielraum wird vom Erwachsenen vorbereitet, das Kind bestimmt jedoch selbst, wie es das Angebot aufnimmt und ausgestaltet. An die Stelle des Trainings defizitärer Funktionen in mehr oder weniger sinnreduzierten Handlungszusammenhängen (Kautter 1988, 230) werden die Bewegungsangebote in *komplexere Situationen*, deren Sinn das Kind bestimmt, eingebettet.

Wenn Entwicklung vom Kind selbst mitgestaltet werden kann, dann müssen dem Kind Gelegenheiten zum spontanen Handeln angeboten werden, die ihm sinnvolle, interessante Erfahrungen ermöglichen. Wenn Entwicklung eine schöpferische Arbeit des Kindes ist (diese Arbeit setzt eine bestimmte fördernde Haltung der Umwelt voraus), dann muß dem Kind auch *Spielraum zur freien Entscheidung* gegeben werden. Bezogen auf das Thema dieses Buches bedeutet dies, daß die symbolische Dimension sich überhaupt in den Bewegungsangeboten entfalten können muß.

Entscheidungsfreiheit

Psychomotorische Förderung ist eine erlebnisaktivierende Förderung. Das Kind wird durch die Bewegungsangebote zur spontanen Aktivität aufgefordert und dabei auch mit Spielsituationen konfrontiert, die Mut erfordern, gleichzeitig aber auch Freude und Lust vermitteln. Es entscheidet dabei aber selbst, was es sich zutraut und wo es sich (noch) zurückhält.

Die Bewegungssituationen ermöglichen dem Kind, eine Balance zwischen Hilfe und Selbsthilfe herzustellen und zunehmend auch in Problemsituationen selbständiger zu agieren. Die Aufgabe der

Pädagogin ist hier, dem Kind zu helfen und zu erkennen, wo der Übergang von der Fremdhilfe zur Selbsthilfe liegt, und die Bedingungen so auf die Fähigkeiten des Kindes abzustimmen, daß es sich möglichst viel selbst helfen kann.

Der Erwachsene unterstützt das Bestreben des Kindes, eine Aufgabe alleine zu meistern (oder versucht, beim Kind den Wunsch danach zu wecken). Anstelle direkter Anweisungen gibt er eher indirekte Hilfen durch verbale Kommentare, Reflexionen, Informationen.

Intrinsisch = die Handlung wird um ihrer selbst willen ausgeführt

Auch bei solchen intrinsisch motivierten Spiel- und Bewegungshandlungen werden die motorischen Fähigkeiten der Kinder gefördert und ihr allgemeines Leistungsniveau – gleichsam nebenbei – verbessert. Anders als bei einem Funktionstraining zum Ausgleich von Bewegungsstörungen oder motorischen Auffälligkeiten wird das Kind in psychomotorischen Fördermaßnahmen jedoch nicht als Objekt pädagogischer bzw. therapeutischer Bemühungen gesehen, sondern kann selbständig mitentscheiden, die Spielsituation deuten.

Kinder handeln in *ganzheitlichen Bedeutungszusammenhängen.* Sie erleben eine Spielsituation als Ganzes, das Rollbrett ist für sie kein Gerät, mit dem sich Orientierung im Raum, Koordination oder Raum-Lage-Wahrnehmung üben läßt, es erhält vielmehr eine symbolische Bedeutung. Meist ist es ein Auto, das man kreuz und quer durch den Raum steuern kann und das vielerlei Geräusche produziert. Wenn die Rollbretter – wie in obigem Beispiel – unterschiedliche Farben haben, ergeben sich aus diesen neue Spielideen: Die roten Rollbretter stellen die Feuerwehr, die grünen die Polizei, die gelben ADAC-Autos, die andere abschleppen können, dar. So ergeben sich schnell komplexe Szenen, in denen die Kinder *aktive und passive* Rollen einnehmen.

Spielen in ganzheitlichen Bedeutungszusammenhängen

Aber auch hier ist klar, daß ein Autofahrer lenken, bremsen, ausweichen und steuern können muß, daß er um Hindernisse herumfahren und Zusammenstöße vermeiden sollte. Also ergibt sich aus der Idee „Autofahren“ bereits eine ganze Palette von Handlungsmöglichkeiten, die einerseits zur Zunahme der Bewegungsgeschicklichkeit führen, andererseits jedoch genügend Spielraum lassen für eigene Spielimpulse, Ideen und Situationsdeutungen. Motorische

Förderung wird hier in einen, dem Kind einsichtigen *Sinnzusammenhang* gestellt und nicht als isoliertes Funktionstraining aufgefaßt. Die Spielanlässe tragen dazu bei, daß Kinder in ihrer motorischen, aber auch in ihrer sozialen, kognitiven, sprachlichen und emotionalen Entwicklung auf vielfältige Weise angeregt werden.

5 Zur Diagnose der psychomotorischen Entwicklung

Diagnostik ist eine Tätigkeit des Feststellens, Beobachtens, des Erhebens von Informationen. Dem griechischen Wortstamm entsprechend heißt Diagnose „Unterscheidung“, „Entscheidung“ und wird im ärztlichen Sinne als das Erkennen einer Krankheit verstanden.

Definition

Treffender ist die Beschreibung von König (1977, 3 f.): „‚Diagnosis‘ ist ein ‚Sich-Bemühen um ein Durch-und durch-wissen‘, was einem in dem einzelnen Kind entgegentritt.“ Dieses Verständnis von Diagnostik umfaßt einen wesentlichen Aspekt: Neben dem *„Erkennen“* wird auch das *„Verstehen“* als wesentliches Element der Entscheidungsfindung einbezogen.

Erkennen und Verstehen

Im Sinne einer ganzheitlichen Förderung des Kindes müßte die Diagnose nicht nur Defizite und Störungen aufdecken, sondern Möglichkeiten aufzeigen, Zugang zum Kind zu finden und ihm Hilfen zu geben, die eigenen Kräfte und Stärken zu entdecken.

Dies trifft vor allem auf behinderte oder in ihrer Entwicklung beeinträchtigte Kinder zu; hier geht es weniger darum, lediglich Defizitbeschreibungen vorzunehmen, sondern *Chancen einer Förderung* zu erkennen.

Eine mehrdimensionale Diagnostik innerhalb der psychomotorischen Förderung richtet sich sowohl auf das Bewegungsverhalten des Kindes, als auch auf seine emotionale Befindlichkeit, sein soziales Verhalten, seine Bedürfnisse und Interessen und seine gesamte Lern- und Lebenssituation. Dabei kann die Diagnostik unterschiedliche Aufgaben wahrnehmen: Sie kann die psychomotorische Förderung

Aufgaben der Diagnostik

- legitimieren und einleiten,
- begleiten und korrigieren,
- abschließen.

Im folgenden sollen einige allgemeine Überlegungen zum Verständnis von Diagnostik vorangestellt und unterschiedliche Vorgehens-

Bewegungsdiagnostik auf dem Trampolin

weisen im Rahmen einer psychomotorischen Entwicklungsdiagnostik erläutert werden.

Ergebnisse aus Untersuchungen zur Effektivität psychomotorischer Fördermaßnahmen schließen das Kapitel ab.

5.1 Veränderungen in der Auffassung diagnostischen Denkens

Traditionelles Instrument diagnostischen Vorgehens ist der Test. Durch standardisierte Aufgabenstellungen und detailliert festgelegte Untersuchungsbedingungen hoffte man größtmögliche Objektivität der Ergebnisse zu erlangen. Die Unzufriedenheit vieler Praktiker – Pädagogen wie Therapeuten – mit der Aussagefähigkeit traditioneller Verfahren führte jedoch in den letzten Jahren zu einer veränderten Auffassung von Diagnostik.

Die Kritik richtete sich vor allem auf zwei Aspekte:
1. Auf das beziehungslose Nebeneinander von Diagnose und Förderung.
2. Auf die Verwendung der Ergebnisse im Sinne einer Selektionsdiagnostik.

Nur selten ließen sich aus der Diagnose Hinweise für anschließende Fördermaßnahmen ableiten. Eine Zuordnung zu bestimmten Vorgehensweisen in der Praxis (Auswahl von Inhalten, Methoden etc.) war weder aus der Diagnose ableitbar noch begründbar. Oft blieb die einzige Funktion die der Legitimation von Aussonderungen eines Kindes, z. B. in die Sonderschule. Diagnostik in diesem Sinne hatte die Aufgabe der Ermittlung von Störungen, Schwächen und Defekten.

Diagnostik als Defizitauslese

Die herkömmliche pädagogisch-psychologische Diagnostik beschreibt Eberwein (1997, 143) als „Merkmals- und Statusdiagnostik“:

> *„Ihr Ziel ist die Erfassung der Persönlichkeit mit Hilfe standardisierter Testverfahren. Als individuumszentrierte Diagnostik richtet sich ihr Interesse in erster Linie auf Plazierungsfragen, d. h. die Zuordnung von Schülern zu bestimmten Lerngruppen und Schulformen. Insofern hat sie selektive Funktion.“*

Eggert (1997) macht deutlich, warum sich zu der in klinischen Institutionen noch vorherrschenden Funktionsdiagnostik mit immer stärkerem Gewicht die *„Förderdiagnostik“* gesellt, die sich aus der Kritik an der alleinigen Anwendung von Intelligenztests zur Auslese von Sonderschülern entwickelt hat.

Förderdiagnostik

Die Förderdiagnostik kann als Gegenpol zu einer solchen „Selektionsdiagnostik“ verstanden werden; sie vergleicht weniger die individuelle Leistung des Kindes mit dem Mittelwert einer Vergleichsgruppe („Normorientierung“), sondern orientiert sich eher an der individuellen Entwicklung eines Kindes und versucht, hier vorgefundene Entwicklungsstrukturen zu beschreiben.

Diagnostik als Entscheidungshilfe für Fördermaßnahmen darf somit nicht als Defizitauslese verstanden werden. Neben den Auffälligkeiten und Störungen gilt es genauso, Fähigkeiten und besondere Stärken des Kindes zu erkennen und für die Förderung nutzbar zu machen. Die individuellen Möglichkeiten des Kindes und seine besonderen Fähigkeiten sollten ebenso hervorgehoben werden wie Retardierungen und Beeinträchtigungen bestimmter Entwicklungsbereiche, um darauf Förderschwerpunkte aufbauen zu können.

Entsprechend der ganzheitlichen Vorgehensweise psychomotorischer Förderung hat auch die Diagnostik nicht das Ziel, Kinder mit spezifischen Störungen (Wahrnehmungsstörungen, Gleichgewichtsstörungen etc.) auszusondern, um ihnen eine spezifische „Behandlung“ in homogenen Gruppen zu ermöglichen.

Eine solche Vorgehensweise würde die praktische Konsequenz erwarten lassen, daß in den Fördermaßnahmen vor allem die Behebung spezifischer Auffälligkeiten und Störungen angestrebt wird.

5.2 Methoden der psychomotorischen Diagnostik

Auffälligkeiten, Störungen und Retardierungen der Motorik müssen so frühzeitig wie möglich erkannt werden. Sie engen die Erfahrungs- und Erlebnismöglichkeiten eines Kindes ein. Dies ist für die Entwicklung um so folgenreicher, je jünger ein Kind ist, d. h., je mehr es auf die Motorik als Grundlage seiner Auseinandersetzung mit der Umwelt angewiesen ist. Je früher Störungen und Auffälligkeiten festgestellt werden, um so eher können Fördermaßnahmen einsetzen und um so größer sind auch die Chancen ihrer Bearbeitung.

Zur Feststellung des Entwicklungsstandes eines Kindes und zur Diagnose seines Bewegungsverhaltens können unterschiedliche Verfahren angewendet werden. Sie reichen von der *Beobachtung* des kindlichen Verhaltens in Alltagssituationen über *strukturierte Beobachtungssituationen* bis hin zu *standardisierten Tests*, die einen möglichst objektiven Vergleichsmaßstab zugrunde legen und damit auch die altersgemäße Einordnung der Ergebnisse eines Kindes zulassen.

Altersspezifische Voraussetzungen

Allerdings ist gerade im Kleinkindalter die Auswahl diagnostischer Instrumente, die auch Hinweise zur Erfassung des motorischen Verhaltens geben, sehr schwierig. Standardisierte Beobachtungen und motorische Tests sind bis zum 4. Lebensjahr in den seltensten Fällen einzusetzen, daher muß meist auf Beobachtungen in freien Spielsituationen zurückgegriffen werden.

Da jede dieser motodiagnostischen Verfahren Vor- und Nachteile hat, soll im folgenden ein Überblick über ihre Einsatzmöglichkeiten gegeben und ihre Aussagefähigkeit im Rahmen einer psychomotorischen Förderung diskutiert werden.

5.2.1 Motoskopie – Beobachtung als Basis der Diagnostik

Ausgangspunkt jeder Diagnose ist die Beobachtung des kindlichen Verhaltens. Auch im Alltag werden diagnostische Aussagen getroffen, wenn Eltern z. B. schildern, ihr Kind sei in der Bewegungsentwicklung schon „ziemlich weit" oder im Sprechen noch „etwas zurück". Als Vergleichsmaßstab für eine solche Aussage dient häufig die Entwicklung von Geschwistern oder Kindern aus dem Bekanntenkreis.

Vor allem die in pädagogischen und therapeutischen Arbeitsfeldern tätigen Personen diagnostizieren nahezu ununterbrochen, indem sie andere beobachten, einschätzen, beurteilen, auch wenn sie sich dieses Vorgehens manchmal gar nicht bewußt sind. Wenn auch die Beobachtung ein Vorgang ist, der im Alltag einen fast selbstverständlichen Stellenwert hat, so führt erst die bewußte Wahrnehmung zu einer für die Fördermaßnahme relevanten Information.

Die Beobachtung ist die wichtigste Form der Gewinnung von Informationen und Kenntnissen über das Kind. Dabei muß jedoch immer bedacht werden, daß es eine objektive und allumfassende Beobachtung der Wirklichkeit nicht geben kann. Wir können immer nur Ausschnitte aus der Wirklichkeit, also selektiv wahrnehmen. Außerdem ist jede Wahrnehmung subjektiv, d. h., wir sehen das Kind im-

Selektive Wahrnehmung

mer durch die Brille dessen, was wir selbst als beobachtenswert, als möglicherweise auffällig halten.

Motoskopie = Bewegungsbeobachtung

Die *Motoskopie (Bewegungsbeobachtung)* stellt die Grundlage einer psychomotorischen Diagnostik dar. Neben Haltungs- und Bewegungsauffälligkeiten können hierbei auch psychosoziale Besonderheiten im Gesamtverhalten eines Kindes berücksichtigt werden. Ebenso wichtig ist es auch, positive Eigenschaften und Verhaltensmerkmale eines Kindes festzuhalten (Wo liegen seine Interessen, verfügt es über spezifische Fähigkeiten?, etc.), auf denen die psychomotorische Förderung aufbauen kann.

Hinsichtlich der Vorgehensweise und der Strukturierung der Beobachtungsergebnisse kann unterschieden werden in

Beobachtung in < offenen Spiel- und Bewegungssituationen; / standardisierten Spiel- und Bewegungssituationen;

Beobachtung anhand < freier Aufzeichnungen; / festgelegter Beobachtungskriterien.

Beobachtung in Spielsituationen

Die Beobachtung des Kindes im *freien Spiel* oder bei *offenen Bewegungsangeboten* vermittelt bereits eine Reihe wichtiger Informationen über seinen Entwicklungsstand und seine individuellen Fähigkeiten und Probleme.

Hier kann der Beobachter erfahren, wie die Kinder miteinander umgehen, welche Spielsituationen sie bevorzugen, wie sie sich untereinander verständigen, welche Ideen sie entwickeln, wie sie Konflikte lösen, was sie sich zutrauen.

Spontane Bewegungsaktivitäten haben den Vorteil, daß das Kind ungezwungen und selbstbestimmt handelt; ihm werden keine Aufgaben gestellt, es wird weder aufgefordert noch durch die Art des Materialangebotes in eine bestimmte Richtung gelenkt. Vielmehr wird sein Verhalten in einer vom Kind selbstgestalteten Spielsituation beobachtet, protokolliert und anschließend im Hinblick auf die für eine Förderung wesentlich erscheinenden Entwicklungsbereiche (Bewegungsverhalten, Sozialverhalten etc.) ausgewertet.

Bei dieser Form diagnostischen Vorgehens wird die *Eigentätigkeit* des Kindes, seine subjektive Deutung der Spiel- und Bewegungssitua-

Beobachtung in offenen Spiel- und Bewegungssituationen

tion bewußt zugelassen und sogar unterstützt. Gerade bei Kleinkindern ist die Motivation, die Bereitschaft zur aktiven Teilnahme am höchsten, wenn das Kind sich selbst für eine Tätigkeit entscheidet.

Bewegungsaufgaben

Standardisierte Spiel- und Bewegungssituationen stellen dagegen gezielt provozierte Beobachtungsmöglichkeiten dar: Hier wird dem Kind eine Bewegungsaufgabe vorgegeben, die es mit den ihm zur Verfügung stehenden Mitteln lösen soll. Standardisierte Bewegungssituationen können z. B. Bewegungsaufgaben sein, die zwar spezifische, aber dennoch kindgerechte Anforderungen an das Kind stellen.

So kann die Pädagogin selbst eine Zusammenstellung solcher Aufgaben und Übungen vornehmen, in der ihr wichtig scheinende Bereiche motorischer Fähigkeiten und Fertigkeiten enthalten sind (z. B. Hampelmannsprung zur Überprüfung der Koordinationsfähigkeit, Balancieren über eine umgedrehte Turnbank zur Überprüfung der Gleichgewichtsfähigkeit etc.).

Aufgrund ihrer Erfahrungen in der Praxis wird sie einordnen können, ob der Schwierigkeitsgrad der Aufgabe den Voraussetzungen des Kindes entspricht und ob das Ergebnis von den Leistungen der vergleichbaren Altersgruppe abweicht.

Planung von Bewegungsangeboten

Die Beobachtung erstreckt sich vor allem auf *qualitative Merkmale* des Bewegungsverhaltens.

Für die Planung und Durchführung von Fördermaßnahmen sind jedoch auch andere Gesichtspunkte von Bedeutung:

- Welche Themen und Inhalte motivieren das Kind besonders?
- Fühlt das Kind sich in der Gruppe wohl oder benötigt es viel individuelle Zuwendung von dem Erwachsenen?
- Wie geht das Kind mit offenen Bewegungssituationen um; entwickelt es eigene Ideen oder orientiert es sich mehr an den anderen Kindern?
- Kann das Kind seine Leistungsfähigkeit realistisch einschätzen, oder über- bzw. unterschätzt es sich?
- Wie verhält das Kind sich bei Mißerfolg? Gibt es leicht auf oder strengt es sich ganz besonders an?
- Wie ist des Kindes Regelverständnis? Kann es Regeln einhalten, oder achtet es nicht auf sie?

Diese Fragen gehen in die in Kapitel 5.3 aufgeführten Beobachtungs- und Einschätzskalen ein.

5.2.2 Motometrische Verfahren

So komplex, umfassend und aufschlußreich die Verhaltens- und Bewegungsbeobachtung auch ist, sie ist immer mit einem hohen Anteil an Subjektivität verbunden und unterliegt daher auch der Fehlerhaftigkeit.

Zusätzliche Informationen auf einer möglichst objektiven Basis können das Bild über ein Kind abrunden.

Quantitative Erfassung

Das Merkmal der *Objektivität* nehmen insbesondere Tests für sich in Anspruch. Hier werden motorische Merkmale *quantitativ* erfaßt, indem die Häufigkeit der Wiederholung einer Bewegungsausführung in einer bestimmten Zeit ermittelt wird oder aber die Höhe, die Weite oder die Schnelligkeit der Bewegung festgestellt wird.

Auch die *qualitative Beurteilung* der Bewegungsausführung ist in einem Test möglich, indem z. B. eindeutige Kriterien angegeben werden, nach denen sie als richtig oder falsch eingeordnet oder aufgrund deren eine bestimmte Punktzahl vergeben werden kann.

Tests beschreiben den *Entwicklungsstand* eines Kindes bzw. – bei wiederholter Messung – den *Entwicklungsverlauf.* Die Alterszuordnung der Leistung kann z. B. durch die Angabe des Entwicklungsalters oder des Entwicklungsquotienten erfolgen.

Beispiel: Motorikquotient (MQ) als Normwert

Die Anwendung von Tests wird z. B. immer dann sinnvoll sein, wenn der Pädagoge seine eigenen Beobachtungen mit Hilfe standardisierter Verfahren überprüfen will.

Gerade der alltägliche Umgang mit entwicklungsretardierten, bewegungsauffälligen Kindern verschleiert den Blick für das, was ein normales Kind in seiner Altersstufe leisten könnte; unter Umständen kann dem Kind damit die Chance eines Förderangebotes verschlossen bleiben.

Legitimierung von Fördermaßnahmen

Zwar sind die individuellen Leistungen eines Kindes, seine spezifischen Verhaltensweisen und seine Probleme Ausgangspunkte jeder Fördermaßnahme, der Bezug zur entsprechenden Altersgruppe durch die *Ermittlung von Altersnormen*, der Vergleich der individuellen Leistung mit den in der entsprechenden Altersstufe erreichten bzw. erreichbaren Werten wird für viele Kinder jedoch erst die Begründung für die Zuweisung zu einer speziellen psychomotorischen Förderung bilden. So setzt z. B. der Anspruch, den motorischen Entwicklungsstand eines Kindes erfassen zu wollen, das Vorliegen eines altersgemäßen Maßstabes voraus. Ohne Kenntnis dessen, was für die jeweilige Altersstufe als normal und erreichbar gilt, können weder Abweichungen, noch Retardierungen und Defizite belegt werden.

Einsatzbereiche und Aussagemöglichkeiten motorischer Tests

Tests werden nicht voraussetzungslos und schon gar nicht folgenlos eingesetzt, mit ihrer Anwendung ist immer ein bestimmtes Anliegen verbunden. Vor der Durchführung eines Tests wird sich die Pädagogin die Frage stellen: Was will ich mit dem Testergebnis erreichen, wozu sollen die mit Hilfe des Tests gewonnenen Erkenntnisse dienen?

So kann ein Motorik-Test in Verbindung mit weiteren motodiagnostischen Verfahren dazu dienen,

- eine globale Aussage zum motorischen Entwicklungsstand eines Kindes zu machen;
- die individuelle Leistung des Kindes einzuordnen in eine vergleichbare Gruppe (z. B. Kinder desselben Alters);
- die Effektivität von Fördermaßnahmen im motorischen Bereich zu überprüfen (z. B. die Verbesserung der Koordinationsfähigkeit oder der Wahrnehmungsfähigkeit);
- die Förderbedürftigkeit eines Kindes nachzuweisen und objektiv zu begründen.

5.2.3 Zur Integration quantitativer und qualitativer Verfahren in der psychomotorischen Diagnostik

Motorische Tests sollten nicht auf ihre Funktion als Instrumente zur Feststellung der relativen Position eines Kindes innerhalb seiner Altersgruppe reduziert werden.

Beobachtung

Die Ermittlung eines Quotienten kann zwar sinnvoll sein, wenn es um die Anordnung bzw. Genehmigung einer Fördermaßnahme geht, für die Gestaltung der Förderung selbst gibt der numerische Wert (z. B. der MQ – der Motorikquotient) jedoch nur wenige Anhaltspunkte. Neben der Bewertung der Aufgaben (richtig – falsch oder der Feststellung der Leistungsgrenze) sollten die bei der Testdurchführung gemachten Beobachtungen in jedem Fall protokolliert werden.

Diagnostische Aussagen sollten immer auch *Hinweise zur Förderung* geben. *Quantitative Aussagen*, die mit Hilfe der Tests gemacht werden können, müssen daher durch *qualitative Aussagen*, die sich

z. B. auf die Bewegungsausführung selbst oder auf das Verhalten des Kindes beziehen, ergänzt werden.

Zwar hat die Testdurchführung vom testtheoretischen Standpunkt aus unter *standardisierten Bedingungen* zu erfolgen, diese können jedoch in Widerspruch stehen zu der Notwendigkeit, auf die spezifische Situation eines Kindes eingehen zu können. Sofern eine „standardisierte Behandlung" von Kindern überhaupt gefordert werden kann, so ist sie jedoch gerade bei jüngeren und vor allem auch bei behinderten, verhaltensauffälligen, entwicklungsbeeinträchtigten Kindern nur in Relation zu dem angestrebten Ziel zu sehen.

Will man die individuelle Testleistung eines Kindes in Bezug setzen zu seiner vergleichbaren Altersstichprobe, sollten die angegebenen Testbedingungen nach Möglichkeit eingehalten werden. Stellt der Test jedoch Teil einer *Überblicksdiagnose dar* und soll er die subjektive Beobachtung des Pädagogen ergänzen, ist es durchaus legitim, die Testbedingungen den vom Kind gezeigten Möglichkeiten anzupassen. Zwar wird die interindividuelle Vergleichbarkeit hierdurch eingeschränkt, statt dessen erhält der intraindividuelle Vergleich Bedeutung: Wie bewältigt das Kind die Testanforderungen zu unterschiedlichen Zeitpunkten? Hat die psychomotorische Förderung dazu beigetragen, daß die bei der ersten Testdurchführung gezeigten Leistungen und Verhaltensweisen verbessert werden konnten? Bei welchen Aufgaben hat das Kind nach wie vor Schwierigkeiten?

Anpassung der Testbedingungen

Wenn auf das Heranziehen von Testnormen zur Einordnung des individuellen Testergebnisses verzichtet werden kann, so ist es auch möglich, bei einzelnen Aufgaben die *Durchführungsbedingungen* auf das Bewegungskönnen eines Kindes abzustimmen. So kann bei einer offensichtlichen Überforderung der Schwierigkeitsgrad schrittweise gesenkt werden, so daß die spezifische Grenze des Kindes in seiner motorischen Leistungsfähigkeit erreicht wird. (Bei der Aufgabe „Seil überspringen" im Motoriktest für vier- bis sechsjährige Kinder kann z. B. die Höhe des Seiles so weit reduziert werden, bis das Kind den beidbeinigen Sprung schafft.)

Beobachtung des individuellen Lösungsverhaltens

Ein geübter, einfühlsamer Beobachter wird in einer standardisierten Testsituation aus der Art der Fehler, die das Kind macht, aus dem individuellen Lösungsverhalten oft mehr Informationen gewinnen können als aus den ermittelten Standardwerten. Deswegen ist

eine Einbeziehung qualitativer Kriterien in die Testdurchführung dringend notwendig.
Bei Kindern mit „Schwächen“ kann
- mehr Zeit eingeräumt werden;
- der Schwierigkeitsgrad verändert werden;
- Hilfe bei der Durchführung gegeben werden.

So läßt sich auch in einer standardisierten Testsituation die *Zone der aktuellen Leistung* des Kindes feststellen. (Wie reagiert das Kind auf Hilfen bei der Lösung von Bewegungsaufgaben, die an der Grenze seiner Leistungsfähigkeit liegen, wo liegt seine individuelle Grenze?)

Die Anwendung eines Tests verbessert zwar die Objektivität der Diagnose, ersetzt jedoch nicht eine eingehende Beobachtung. In der Praxis wird sich eine *Kombination* der angeführten Methoden am ehesten bewähren: Die Anwendung motorischer Testverfahren kann sinnvoll kombiniert werden mit einer begleitenden Bewegungsbeobachtung. So kann zwar ein objektiver Vergleichsmaßstab angelegt werden, darüber hinaus liefert jedoch die Beobachtung des individuellen Verhaltens eines Kindes in der Testsituation wertvolle Informationen zum Erkennen und Verstehen psychomotorischer Verhaltensprobleme und kann damit auch gleichzeitig Hinweise auf geeignete Fördermaßnahmen geben.

Bereits in der Diagnose sollte die Chance der Förderung eines Kindes genutzt werden. Wenn auch manche Testverfahren die rigide Einhaltung der Durchführungsbedingungen fordern, sollte doch immer das Kind mit seinen persönlichen Problemen und Schwierigkeiten im Vordergrund stehen. Und zwar nicht als Objekt einer diagnostischen Entscheidung, sondern vielmehr als Individuum, dem auch Testbedingungen angepaßt werden können, sofern dies die jeweilige Problemsituation des Kindes erforderlich macht.

5.3 Zur Praxis der psychomotorischen Entwicklungsdiagnostik

Da es in den folgenden praktischen Beispielen zur gezielten Beobachtung und Einschätzung der kindlichen Entwicklung nicht nur um das Bewegungsverhalten und die Bewegungsentwicklung geht, wird dem Begriff „Motodiagnostik" der Terminus *„psychomotorische Entwicklungsdiagnostik"* vorgezogen. Diese Bezeichnung wird dem mehrdimensionalen Vorgehen, das auch die Zielsetzung und die Praxis psychomotorischer Förderung auszeichnet, eher gerecht.

Die Beispiele umfassen sowohl konkrete *Beobachtungshilfen*, die im Verlauf der Fördermaßnahmen angewendet werden können, als auch *Einschätz- und Beurteilungsskalen*, die die Ergebnisse dieser Beobachtungen zusammenfassen.

Die Beurteilungsbögen geben nach unseren Erfahrungen eine gute Möglichkeit, ein Kind aus unterschiedlichen Perspektiven zu betrachten. Unter Umständen kann es auch sinnvoll sein, sie auch mit den Eltern oder der Erzieherin/Lehrerin zu besprechen, um auch deren Sicht des Verhaltens des Kindes hinsichtlich der angegebenen Kriterien kennenzulernen.

5.3.1 Anamnese – die Entwicklungsgeschichte des Kindes

Eine ausführliche Anamnese soll dazu beitragen, sowohl die Entwicklung des Kindes als auch seine aktuellen Lebensbedingungen besser zu verstehen. Durch die Anamnese ergibt sich ein Einblick in den bisherigen Entwicklungsverlauf des Kindes, in seine familiäre Situation, in seine Interessen und Spielgewohnheiten. Diese Angaben können auch mit Hilfe eines Fragebogens, der den Eltern mitgegeben wird, erhoben werden. Die Anamnese sollte sich auf folgende Fragen erstrecken:

- Name, Alter, Anschrift des Kindes;
- Kindergarten-/Schulbesuch;
- Alter, Beruf, Berufstätigkeit der Eltern;
- Betreuungssituation bei Berufstätigkeit beider Eltern;
- Anzahl, Alter und Geschlecht der Geschwister;
- besondere Belastungen innerhalb der Familie;

- Wohnsituation der Familie;
- Spielmöglichkeiten des Kindes im näheren Umfeld;
- Komplikationen im Verlauf der Schwangerschaft und der Geburt;
- Besonderheiten in der frühkindlichen Entwicklung;
- motorische Entwicklung (Krabbeln, Stehen, freies Gehen);
- sprachliche Entwicklung (erste Wörter, erste Sätze, sprachliche Auffälligkeiten);
- Spielverhalten (bevorzugte Spielpartner, Spielgegenstände, Spielorte);
- feinmotorische Entwicklung (malen, basteln, schreiben);
- Erziehungsverhalten der Eltern;
- Verhalten des Kindes gegenüber anderen Erwachsenen (vertraute, fremde Personen);
- Kinderkrankheiten;
- chronische Krankheiten (Asthma, Neurodermitis, Diabetes ...);
- Krankenhausaufenthalte (warum, wie lange?);
- Ernährungsgewohnheiten (Abneigungen, Lieblingsspeisen);
- Aktivitäten neben Kindergarten oder Schule (Sportverein, Musikschule etc.);
- bisherige Fördermaßnahmen/Therapien;
- besondere Probleme/Ängste des Kindes.

5.3.2 Strukturierte Beobachtung von Wahrnehmung und Bewegung

Die Bewegungs- und Wahrnehmungsfähigkeiten von Kindern können sowohl in *offenen Spiel- und Bewegungssituationen* als auch mit Hilfe *strukturierter Bewegungsaufgaben* überprüft werden. Eine völlig offene Beobachtungssituation überfordert den Beobachter meistens, „er sieht vor lauter Bäumen den Wald nicht mehr". Daher ist es hilfreich, im Rahmen der Praxisangebote Schwerpunkte zu setzen, die die Beobachtung lenken, dazu konkrete Beobachtungshinweise zu geben und auch Kriterien für eine Auswertung aufzustellen.

Eine möglichst umfassende Beobachtung, die allerdings über einen längeren Zeitraum vorgenommen werden muß, kann sich z. B. auf folgende Bereiche beziehen:

- visuelle Wahrnehmung (z. B. Verhalten in Spielsituationen, in denen optische Signale gegeben werden, Farbunterscheidung, Größenwahrnehmung);
- auditive Wahrnehmung (z. B. Verhalten in Spielsituationen, in denen akustische Signale gegeben werden, Geräuschquellen zuordnen, Geräusche unterscheiden);
- taktile Wahrnehmung (z. B. Reaktion auf Berührungen, Schmerzwahrnehmung, Reaktion auf Massagespiele);
- kinästhetische Wahrnehmung (z. B. Tiefensensibilität, Muskelspannung, Steuerung des Krafteinsatzes bei Bewegungen);
- vestibuläre Wahrnehmung (z. B. Gleichgewichtsfähigkeit bei instabilem Untergrund, Verhalten beim Schaukeln und bei Drehbewegungen);
- Handgeschicklichkeit (z. B. Greifbewegungen, Auge-Hand-Koordination);
- Grobmotorik (z. B. Koordination von Arm- und Beinbewegungen, Verhalten beim Klettern, Auffangen des eigenen Gewichtes beim Springen);
- Seitendominanzen (bevorzugte Seite);
- Mitbewegungen (z. B. Mimik, Gestik);
- stereotype Bewegungsformen (z. B. sich fallen lassen, Ticks).

Diese *Beobachtungssituationen* können einen ersten Überblick über die Fähigkeiten, Schwächen und Stärken des Kindes geben. Sie können die Beobachtung des Pädagogen auf bestimmte Aspekte im Gesamtverhalten des Kindes lenken und ihn aufmerksam machen auf spezifische Schwierigkeiten, die das Kind unter Umständen bei der Bewältigung einer Aufgabe hat. Hier ist es dann möglich, die Spiel- und Übungssituation abzuwandeln, z. B. das Geräte-Arrangement so zu verändern, daß das Kind erfolgreicher ist, seine Schwierigkeiten eventuell aus eigener Kraft überwinden, sich selber helfen kann.

Die Beobachtungsdaten sollten aufgezeichnet werden, damit sie auch später noch für die Reflexion des Verlaufs der Entwicklung des Kindes zur Verfügung stehen.

Strukturierte Bewegungssituationen

Strukturierte Beobachtungssituationen

Um genauere Bewegungsbeobachtungen vornehmen zu können und ein umfassendes Bild über die motorischen und sensorischen Fähigkeiten des Kindes zu erhalten, sind allgemeine, offene Spielsituationen nicht ausreichend. Häufig meiden Kinder gerade die Spiele, in denen sie befürchten, den Anforderungen nicht gewachsen zu sein. Für die Pädagogin ist es dann oft nicht erkennbar, ob die mangelnde Beteiligung des Kindes an der Motivation des Kindes liegt oder ob es sich aus oben genannten Gründen der Sache entzieht.

Strukturierte Bewegungsaufgaben, die zwar in Spielsituationen eingekleidet werden können, aber doch bestimmte Vorgaben beinhalten, ermöglichen eine gezieltere, qualitative Bewegungs- und Wahrnehmungsdiagnostik eines Kindes.

Ein solches Vorgehen wurde in den letzten Jahren von einigen Autoren als Alternative zu standardisierten Tests favorisiert (Eggert u. a. 1993, Cardenas 1992, Kesper/Hottinger 1992). In möglichst *alltagsnahen Handlungen und Spielsituationen* sollten motorische Fähigkeiten und die Wahrnehmungsentwicklung überprüft werden.

Beobachtungsverfahren

So entwickelten Eggert/Ratschinski (1995) das sog. *„Diagnostische Inventar motorischer Basiskompetenzen"*, das aus „29 Kernaufgaben der motorischen Basiskompetenzen Gleichgewicht, Kraft/Ausdauer, Schnelligkeit, Gelenkigkeit und Feinmotorik und aus Aufgaben der sensomotorischen Funktionssysteme" (Eggert 1995, 146) besteht. Die sogenannten *„Basiskompetenzen"* beruhen auf einem theoretischen Entwicklungsmodell der Motorik. Für die Kernaufgaben war die Grundannahme entscheidend, daß ca. 80–90 % der untersuchten Kinder in der Grundschule diese Aufgaben lösen sollten. Zu den 29 Kernaufgaben, die in „Vortests" und „Intensivtests" durchgeführt werden können, gehören 102 zusätzliche Beobachtungssituationen in der Klasse, der Turnhalle oder auf dem Spielplatz, die eine Variation der Aufgaben des Kernbereichs darstellen, um eine vertiefte Beobachtung und Ansätze zur Förderung einer Gruppe zu machen (Eggert 1997, 136).

„Basiskompetenzen"

Cardenas (1992) schuf mit ihrer Idee, Diagnostik in ein Märchen einzubinden, ebenfalls eine neue, qualitative Form der Erfassung der Wahrnehmungs- und Bewegungsentwicklung. Die Beobachtungssituationen sind eingebettet in das Märchen *„Abenteuer mit Pfiffigunde"*, in dessen Verlauf die Kinder als Ritter und Ritterinnen Prinzessin Pfiffigunde helfen, ihr Land von den Drachen zu befreien.

„Screening"-Verfahren

Es ist als „Screening"-Verfahren bekannt und enthält 31 Beobachtungssituationen, u. a. zur Grobmotorik, Feinmotorik, Wahrnehmung, Leistungs- bzw. Präferenzdominanz von Auge, Hand, Ohr und Fuß. Die Aufgabenstellung erfolgt als Spiel mit Handpuppen, die von dem Testleiter gespielt werden. Eine zweite Person bedient die Video-Kamera, mit der die Handlungen der Kinder aufgezeichnet werden oder protokolliert die Beobachtungen.

In Kapitel 5.5 wird eine *Kombination von Beobachtungs- und Testverfahren* vorgestellt, die eine sowohl qualitative als auch quantitative Auswertung ermöglicht. Auch Testaufgaben können in spielerische Aufgaben eingebunden werden, können Kinder zur aktiven Mitarbeit motivieren und Anlässe für vielfältige Beobachtungsmöglichkeiten bieten. Es liegt nicht an dem Verfahren, wenn es nicht kindgemäß eingesetzt oder nur zur Defizitbeschreibung genutzt wird, sondern an seinem Benutzer.

5.3.3 Verhalten bei Spiel- und Bewegungsangeboten

Neben der qualitativen Beschreibung des Bewegungsverhaltens gibt es eine Reihe weiterer wichtiger Aspekte, auf die sich eine Beobachtung des Kindes bei Spiel- und Bewegungsangeboten konzentrieren kann und die auch für das Verständnis des Verhaltens eines Kindes von Bedeutung ist. Dazu gehören z. B. seine Motivation, sein Verhalten bei Mißerfolgserlebnissen, die Fähigkeit, Schwierigkeiten einzuschätzen oder eigene Ideen im Umgang mit Materialien zu finden.

Dabei kann der Pädagoge z. B. auch beobachten, welche motorischen Handlungen und Fertigkeiten vom Kind selbständig beherrscht werden und wo das Kind entweder Hilfe anfordert, wo es die Anforderung umgeht oder die Lösungsversuche abbricht.

Da solche umfassenden Fragestellungen nicht in einer einzelnen Situation „abgeprüft" werden können, sondern sich eher auf ein situationsüberdauerndes Verhalten beziehen, erfordert die Beurteilung ein Beobachten des Kindes über einen längeren Zeitraum (mindestens 5 bis 6 Fördereinheiten).

Im folgenden wird eine *Beobachtungsskala* zur Einschätzung des Verhaltens bei Spiel- und Bewegungsaufgaben vorgestellt, die als *Zusammenfassung von Einzelbeobachtungen* verwendet werden kann.

Eine solche Einordnung des kindlichen Verhaltens in vorgegebene Kategorien sollte immer wieder überprüft werden, um auch Veränderungen im Spiel- und Bewegungsverhalten des Kindes, seiner Motivation etc. festzuhalten. Diese Maßgabe trifft auch für die unten angeführten Skalen zur Beurteilung des Sozialverhaltens und der Einschätzung des Selbstkonzeptes zu.

Abb. 5: Verhalten bei Spiel und Bewegungsangeboten

Name, Vorname ____________ Datum ______

ist interessiert an neuen Materialien und Geräten	**Interesse an Neuem** ⑤④③②①	ist nicht interessiert an neuen Materialien und Geräten
hat eigene Ideen im Umgang mit Geräten	**eigene Ideen** ⑤④③②①	hat keine eigenen Ideen
kann den Schwierigkeitsgrad von Aufgaben einschätzen	**Einschätzen der Aufgaben** ⑤④③②①	kann den Schwierigkeitsgrad nicht einschätzen
ist aktiv und zeigt Initiative (antriebsstark)	**Eigeninitiative** ⑤④③②①	ist wenig aktiv und zeigt wenig Initiative (antriebsschwach)
ist bewegungsfreudig	**Bewegungsfreude** ⑤④③②①	ist wenig bewegungsfreudig
zeigt beim Spiel Ausdauer	**Ausdauer** ⑤④③②①	zeigt keine Ausdauer
ist bei einer Beschäftigung konzentriert	**Konzentration** ⑤④③②①	wechselt häufig die Beschäftigung, unkonzentriert
erkennt materialspezifische Eigenschaften	**Umgang mit Material** ⑤④③②①	geht unsachgemäß mit Material um

Einschätzung erfolgte durch:

5.3.4 Sozialverhalten

Der Aufbau einer guten Beziehung zur Pädagogin, die Unterstützung der Kommunikation der Kinder untereinander, die Förderung ihrer Kooperationsfähigkeit und -bereitschaft gehören zu den wesentlichen Zielen psychomotorischer Förderung. Daher ist es sinnvoll, auch diesen Bereich in die Beobachtung einzubeziehen und ihn bei einer Beurteilung des Verlaufs der Fördermaßnahme zu berücksichtigen.

Im einzelnen kann sich die Beobachtung dabei auf die Interaktionen der Kinder beziehen (z. B. Fähigkeit, Konflikte zu lösen, Spielregeln einzuhalten oder sich in die Gruppe einzuordnen), es können jedoch auch die Interaktionen zwischen dem Kind und der Pädagogin (z. B. Form der Kontaktaufnahme, Grad der Orientierung am Erwachsenen) beachtet werden.

Um diese Beobachtungen nicht dem Zufall zu überlassen, haben wir auch für diesen Bereich eine schriftliche Vorlage entwickelt, mit deren Hilfe aktuelle Situationen, aber auch Veränderungen dokumentiert werden können.

5.3.5 Selbstkonzept-Einschätzung

Die empirische Erfassung des Selbstkonzeptes ist seit Jahren Diskussionsgegenstand der psychologischen Forschung. Bei der Mehrzahl der in wissenschaftlichen Untersuchungen angewendeten Verfahren handelt es sich um *Selbstbeurteilungen*, d. h., daß der Befragte sich auf einer Skala hinsichtlich bestimmter Eigenschaften selbst einschätzen soll. So sind z. B. in einem von Jerusalem und Schwarzer (1986) konzipierten Fragebogen zur Erfassung der Selbstwirksamkeit, der auch schon bei Jugendlichen eingesetzt werden kann, folgende Fragen enthalten:

- „Wenn eine Sache kompliziert wird, gebe ich schnell auf.“ (–)
- „In Konfliktsituationen weiß ich mir meistens zu helfen.“ (+)

Die Fragen sind im Wechsel mal positiv, mal negativ formuliert, die Befragten kreuzen an, ob die Äußerung auf sie zutrifft oder nicht.

Abb. 6: Sozialverhalten

Name, Vorname ____________ Datum ________

trennt sich leicht von den Eltern/ Bezugspersonen	**Trennungsverhalten** ⑤④③②①	trennt sich nur schwer von Eltern / Bezugspersonen
nimmt schnell Kontakt zum Pädagogen auf	**Kontaktaufnahme Erwachsene** ⑤④③②①	sucht kaum den Kontakt zu Pädagogen
orientiert sich nicht nur am Erwachsenen	**Orientierung am Erwachsenen** ⑤④③②①	orientiert sich ausschließlich am Erwachsenen
schließt sich schnell anderen Kindern an	**Kontakt zu Kindern** ⑤④③②①	schließt sich kaum anderen Kindern an
kann sich gut in die Gruppe einordnen	**Einordnung in Gruppe** ⑤④③②①	kann sich nicht in die Gruppe einordnen
zeigt wenig dominantes Verhalten in der Gruppe	**Dominanz** ⑤④③②①	zeigt sehr dominantes Verhalten in der Gruppe
ist in die Gruppe integriert	**Gruppenintegration** ⑤④③②①	ist nicht in die Gruppe integriert
ist anderen gegenüber hilfsbereit	**Hilfsbereitschaft** ⑤④③②①	hilft anderen nicht
regelt Konflikte ohne körperliche Angriffe	**Konfliktlösung** ⑤④③②①	greift andere bei Konflikten körperlich an
versucht, Konflikte mit anderen selbständig zu lösen	**Selbständige Konfliktlösung** ⑤④③②①	wendet sich bei Konflikten mit anderen meist an Erwachsene
hält vereinbarte Spielregeln ein	**Regeleinhaltung** ⑤④③②①	hält sich nicht an vereinbarte Spielregeln

Einschätzung erfolgte durch:

Die meisten der vorhandenen Verfahren sind für jüngere Kinder ungeeignet, da diese weder schriftlich befragt werden können und auch in Interviewform die meist abstrakt formulierten Probleme nicht verstehen würden.

Die für die Begleitung der psychomotorischen Arbeit in unseren Psychomotorik-Gruppen konzipierte Skala ist so aufgebaut, daß sie von den Gruppenleitern, aber auch von Eltern, Erzieherinnen und Lehrern des Kindes verwendet werden können. Auch hier ist ein längerer Beobachtungszeitraum erforderlich.

Die Skala umfaßt u. a. die Ausprägung des Selbstvertrauens und der Selbstsicherheit, die Einschätzung der eigenen Fähigkeiten, den Umgang mit Mißerfolg und das Verhalten gegenüber Neuem und Unbekanntem. Sie besteht insgesamt aus 10 Items, die Antwortalternativen mit einer fünffachen Abstufung zulassen.

In Kapitel 5.5 werden die Ergebnisse einer Pilotstudie, die sich mit der Effektivität psychomotorischer Fördermaßnahmen befaßte und in der die „Selbstkonzept-Einschätzung" (SKE) als eines der Meßverfahren eingesetzt wurde, zusammengefaßt.

5.3.6 Einsatzmöglichkeiten motorischer Testverfahren

Motorische Testverfahren können einerseits zur Erfassung der Motorik eingesetzt werden, sie können andererseits aber auch als standardisierte Beobachtungssituationen genutzt werden. Wie in Kapitel 5.2.1 ausführlich dargelegt wurde, ermöglichen Testverfahren durchaus auch eine qualitative Überprüfung der motorischen Fähigkeiten. Auch die Verhaltensbeobachtung bei der Testdurchführung gibt Aufschluß über mögliche Probleme des Kindes

Im folgenden soll am Beispiel des Motoriktests für vier- bis sechsjährige Kinder (MOT 4–6) beschrieben werden, wie eine solche *qualitative Auswertung* vorgenommen werden kann – in den meisten Fällen muß dabei nicht auf eine quantitative Auswertung verzichtet werden.

Abb. 7: Selbstkonzept – Einschätzung (SKE) (Skala zur Beurteilung und Einschätzung des Selbstkonzeptes)

Name, Vorname ______ Datum ______

sehr selbstsicher, selbständig, selbstbewußt	**Selbstsicherheit** ⑤④③②①	nicht selbstsicher, unselbständig, unsicher, wenig selbstbewußt
traut sich selbst viel zu, gibt bei Schwierigkeiten nicht auf	**Selbstvertrauen** ⑤④③②①	traut sich selbst nicht viel zu, gibt bei Schwierigkeiten schnell auf
hohe Einschätzung eigener Fähigkeiten, überschätzt sich eher	**Fähigkeitseinschätzung** ⑤④③②①	geringe Einschätzung eigener Fähigkeiten, unterschätzt sich eher
akzeptiert sich selbst, gibt Fehler zu, ist mit sich zufrieden	**Selbstakzeptanz** ⑤④③②①	akzeptiert sich selbst nicht, gibt Fehler nicht zu, ist mit sich unzufrieden
sehr selbstbeherrscht, diszipliniert, ruhig, ausdauernd, besonnen	**Selbstkontrolle** ⑤④③②①	sehr unbeherrscht, undiszipliniert, erregbar, impulsiv
aufgeschlossen gegenüber Neuem, neugierig	**Aufgeschlossenheit** ⑤④③②①	steht Neuem ablehnend gegenüber, wenig neugierig
sehr aktiv, engagiert, spontan, schnell entschieden	**Aktivität** ⑤④③②①	wenig aktiv, abwartend, zögernd, unentschieden, zurückhaltend
kann Mißerfolg akzeptieren, kann Niederlagen ertragen, verliert Mut nicht	**Umgang mit Mißerfolg** ⑤④③②①	kann Mißerfolg nicht akzeptieren, ist schnell entmutigt, gibt schnell auf
positive Grundstimmung, meist gut gelaunt, interessiert	**Grundstimmung** ⑤④③②①	negative Grundstimmung, oft schlecht gelaunt, desinteressiert
sucht Kontakt zu anderen, gesprächig, geht auf andere zu	**Geselligkeit** ⑤④③②①	meidet Kontakt mit anderen, sondert sich ab, zurückhaltend, still

Einschätzung erfolgte durch:
Gesamtpunktzahl:

Aufbau des MOT 4–6

Testbeschreibung

Der MOT 4–6 (Zimmer/Volkamer 1987) ist zur Diagnose der motorischen Fähigkeiten und des motorischen Entwicklungsstandes vier- bis sechsjähriger Kinder konzipiert, bei entwicklungsretardierten und bewegungsbeeinträchtigten Kindern kann er jedoch durchaus noch bei älteren Kindern eingesetzt werden. Der Test beinhaltet vor allem Spiel- und Bewegungsaufgaben, die den Interessen jüngerer Kinder entsprechen und auf deren Bedürfnisse nach variationsreichen Bewegungsmöglichkeiten abgestimmt sind.

Die Testaufgaben wurden sowohl nach *inhaltlichen Kriterien* (Berücksichtigung möglichst vielseitiger Aspekte der Motorik) als auch unter *praktikablen Gesichtspunkten* (z. B. schnelle und einfache Durchführbarkeit, wenig aufwendiges Material) ausgewählt. Der Test benötigt eine Durchführungszeit von ca. 30 Minuten. Das Material setzt sich aus Sportgeräten (Ball, Reifen, Seil) und aus Alltagsgegenständen (Streichhölzer, Taschentuch, Pappscheibe) zusammen.

Insgesamt besteht der Test aus 18 Aufgaben, die zum Teil quantitativ, zum Teil aber auch qualitativ ausgewertet werden. Für jedes Item können bis zu zwei Punkte vergeben werden. Die Summe der in den einzelnen Aufgaben erzielten Werte ergibt den *Gesamtrohwert*, die dann anhand einer Tabelle in *Normwerte* (MQ, T-Werte etc.) transformiert werden können. Dadurch wird die Einordnung der individuellen Leistung des Kindes in seine Altersgruppe möglich. Testnormen liegen für normal entwickelte 4 bis 6jährige Kinder in Halbjahresstufen vor.

Die Testdurchführung sollte – wenn möglich – außerhalb der Gruppenübungsstunde stattfinden. Nach unseren Erfahrungen hat es sich als sinnvoll erwiesen, daß zwei Kinder gemeinsam an dem Motorik-Test teilnehmen.

Qualitative Merkmale

Ein geübter Testleiter wird bei der Durchführung eine ganze Reihe allgemeiner *qualitativer Merkmale* beobachten und festhalten können. Dazu gehören z. B.:
– das Aufgabenverständnis,
– die Motivation,
– die Konzentrationsfähigkeit,

- die Raumorientierung,
- die Merkfähigkeit,
- das Durchhaltevermögen,
- das Körperschema,
- Mitbewegungen,
- die Lateralität (Bevorzugung einer Hand, eines Fußes).

Diese sind im Hinblick auf die Interpretation der Testergebnisse genauso wichtig wie der numerische Wert, sie geben insbesondere auch Hinweise für die Fördermaßnahmen.

Dimensionen der Motorik

Die 18 Aufgaben des Tests können unterschiedlichen *Dimensionen der Motorik* zugeordnet werden:

1. Gesamtkörperliche Gewandtheit und Koordinationsfähigkeit,
2. feinmotorische Geschicklichkeit,
3. statisches und dynamisches Gleichgewichtsvermögen,
4. Reaktionsfähigkeit,
5. Sprungkraft,
6. Bewegungsgeschwindigkeit,
7. Bewegungsgenauigkeit und Steuerungsfähigkeit.

Durch die Zuordnung der einzelnen Testaufgaben zu den jeweiligen motorischen Bereichen ist auch eine qualitative Auswertung der Testergebnisse eines Kindes möglich, die eine Identifizierung besonderer *motorischer Schwächen* zuläßt, genauso aber auf *besondere Stärken* des Kindes hinweist.

Im folgenden wird aus jeder motorischen Dimension ein Beispiel ausgewählt. Dabei wird es sowohl als Testaufgabe als auch unter dem Gesichtspunkt einer strukturierten Beobachtung beschrieben. Daher werden neben der Kriterien für die Punktvergabe auch die *Beobachtungskriterien* angegeben, die der Testleiter beachten sollte. Sie geben in den meisten Fällen mehr Hinweise auf die individuellen Stärken und Schwierigkeiten der Kinder als die erreichte Punktzahl.

Einbindung in Spielsituationen – Vorstellungshilfen

Die Aufgaben können auch in Zusammenhang mit einer Spielhandlung gebracht werden (z. B. heiße Kartoffeln, die möglichst schnell von einem Topf in den anderen gebracht werden bei der Aufgabe „Tennisbälle in Kartons legen“). Damit kann der Spaß und die Spannung erhöht werden. Dies kann insbesondere für jüngere Kinder hilfreich sein, die mit Hilfe bestimmter Vorstellungshilfen sich besser in die Aufgabe hineinversetzen können. Einige Aufgaben des Tests sind aber in sich bereits so spannend, daß die Kinder gar keine Rahmenhandlung benötigen, sondern die Aufgabe selbst als lösenswertes Problem betrachten (z. B. Stab auffangen, Zielwerfen).

1. Gesamtkörperliche Gewandtheit und Koordination

Aufgabe 7 „Tennisbälle in Kartons legen"
Zwei kleine Kartons stehen im Abstand von vier Metern auf dem Boden. In einem Karton befinden sich 3 Tennisbälle. Das Kind soll die Bälle einzeln von einem Karton in den andern bringen. Die hierfür benötigte Zeit wird gemessen.

Bewertung:	0 Punkte:	15 und mehr Sek.
	1 Punkt:	14–12 Sek.
	2 Punkte:	11 Sek. und weniger

Beobachtungskriterien:
Raumorientierung, Verhalten beim Wechsel der Bewegungsrichtung, Koordination von Laufen und Anhalten der Bewegung, Schnelligkeit der Bewegung.

2. Feinmotorische Geschicklichkeit

Aufgabe 10 „Streichhölzer einsammeln“
Das Kind sitzt an einem Tisch, auf dem 40 Streichhölzer in zwei gleich großen Häufchen auf beiden Seiten einer Schachtel liegen (Abstand: 15 cm). Die Hölzchen sollen mit beiden Händen gleichzeitig in die Schachtel gelegt werden; mit jeder Hand darf jeweils nur ein Hölzchen gegriffen werden. Die hierzu benötigte Zeit wird gemessen.

Bewertung:	0 Punkte:	71 Sek. und mehr
	1 Punkt:	70–54 Sek.
	2 Punkte:	53 Sek. und weniger

Beobachtungskriterien:
Gleichzeitigkeit der Handbewegungen, Pinzettengriff, Steuerungsfähigkeit der Handbewegungen, visuelle Kontrolle.

3. Gleichgewichtsvermögen

Aufgabe 2 „Balancieren vorwärts"
Das Kind soll über einen Teppichbodenstreifen von 200 cm x 10 cm balancieren.
Die Begrenzung soll nicht übertreten werden. Die Aufgabe wird zweimal durchgeführt.

Bewertung:	0 Punkte:	Die Begrenzungslinien wurden nicht eingehalten.
	1 Punkt:	1 erfolgreicher Versuch
	2 Punkte:	2 erfolgreiche Versuche

Beobachtungskriterien:
Gleichgewicht in der Bewegung, Richtungskonstanz, Ausgleichsbewegungen der Arme oder des Rumpfes, Schrittfolge und Schrittgröße, visuelle Kontrolle, taktile Kontrolle.

4. Reaktionsfähigkeit

Aufgabe 6 „Stab auffangen"
Ein 80 cm langer Stab, der farblich in 4 Zonen von je 20 cm unterteilt ist, soll vom Kind aufgefangen werden. Der Stab wird zwischen Daumen und Zeigefinger der geöffneten Hand des Kindes gehalten – ohne diese zu berühren – und ohne Ankündigung losgelassen.

Bewertung:	0 Punkte:	Der Stab wurde fallengelassen oder in Zone 4 aufgefangen.
	1 Punkt:	Der Stab wurde in Zone 2 oder 3 gehalten.
	2 Punkte:	Der Stab wurde in Zone 1 gehalten.

Beobachtungskriterien:
Visuelle Kontrolle, Reaktion auf optischen Reiz, Einhaltung der Entfernung von Hand zu Stab, Griffhaltung.

5. Sprungkraft

Aufgabe 18 „Drehsprung in Reifen"

Das Kind soll aus dem Stand vor einem Reifen beidbeinig in den Reifen springen und dabei eine halbe Drehung machen. Dann soll es gleich wieder mit einer halben Drehung herausspringen. Die Aufgabe wird zweimal durchgeführt.

Bewertung:	0 Punkte:	kein erfolgreicher Versuch
	1 Punkt:	1 erfolgreicher Versuch
	2 Punkte:	2 erfolgreiche Versuche

Beobachtungskriterien:

Dosierung der Sprungkraft und der Bewegungsdynamik, Gleichgewichtsregulierung beim Aufkommen, Orientierungsvermögen, Unterstützung durch die Armhaltung.

6. Bewegungsgeschwindigkeit

Aufgabe 5 „Seil seitlich überspringen"

Ein 2 m langes Seil wird 4fach zusammengelegt (Gesamtlänge ca. 50 cm) und auf dem Boden ausgelegt. Das Kind steht seitlich neben dem Seil und soll möglichst oft mit beiden Füßen von einer Seite zur anderen springen. Gezählt wird die Anzahl der Sprünge, die im Zeitrahmen von 10 Sekunden geschafft werden.

Bewertung:	0 Punkte:	Die Begrenzungslinien wurden nicht eingehalten.
	1 Punkt:	1 erfolgreicher Versuch
	2 Punkte:	2 erfolgreiche Versuche

Beobachtungskriterien:

Beidfüßiger Absprung, rhythmisches Springen ohne Unterbrechungen, Einhalten der Begrenzungen, Abfedern beim Landen, Raumorientierung.

7. Bewegungssteuerung

Aufgabe 9 „Zielwurf auf eine Scheibe"

Das Kind soll mit einem Tennisball aus 3 m Entfernung auf eine an der Wand befestigte Zielscheibe treffen. Die Zielscheibe hat einen Durchmesser von 40 cm und ist in 1,50 m Höhe (Mittelpunkt) an der Wand angebracht. Es sind 4 Versuche gestattet.

Bewertung:	0 Punkte:	kein Treffer
	1 Punkt:	1 Treffer
	2 Punkte:	2 Treffer

Beobachtungskriterien:

Auge-Hand-Koordination, Wurfhaltung des Armes, Wurfkraft (Erreichen der Wand), Zielgenauigkeit.

Sollten bei den einzelnen Aufgaben Schwierigkeiten in der Bewältigung der Anforderungen auftreten, kann die Testleiterin den Schwierigkeitsgrad reduzieren, so daß das Kind an seine individuelle Grenze geführt werden kann. So ist es z. B. bei jüngeren Kindern erforderlich, bei der Aufgabe „Zielwerfen auf eine Scheibe" den Abstand zur Wand zu verringern.

Die Aufgaben in der oben beschriebenen Zusammenstellung können als Grobscreening verwendet werden und über die Beobachtung in den Psychomotorik-Stunden hinaus einen ersten Einblick in die motorischen Fähigkeiten und das allgemeine psychomotorische Verhalten eines Kindes geben.

5.4 Verlauf der psychomotorischen Entwicklungsdiagnostik

Nach der vorangegangenen Darstellung verschiedener motodiagnostischer Verfahren und der Diskussion ihres Stellenwertes im Rahmen der psychomotorischen Förderung soll nun an einem Beispiel dargestellt werden, wie sich in der Praxis der *Prozeß der Motodiagnostik* unter Verwendung verschiedener Erkenntnisquellen gestaltet:

1. Dem Einstieg in die psychomotorische Förderung wird in einigen Fällen eine Verordnung durch einen Arzt vorangegangen sein; manchmal liegt eine Empfehlung durch Erziehungsberatungsstellen, Schulen oder Kindergärten vor, in vielen Fällen werden bei den Schuleingangsuntersuchungen psychomotorische Auffälligkeiten festgestellt und zur Teilnahme an einer spezifischen Förderung des Kindes geraten.

Aufnahmegespräch

Bei einem ersten *Gespräch mit Eltern und Kind* sollten die Gründe für die Aufnahme in die Gruppe besprochen und über die Ziele der psychomotorischen Förderung informiert werden. Der Ablauf dieses Gespräches ist nach Möglichkeit so zu organisieren, daß im Beisein des Kindes nicht über dessen Fehlentwicklungen und Schwächen gesprochen wird (eventuell kann dem Aufnahmegespräch ein Telefonat vorausgehen bzw. folgen, in dem die Eltern den Pädagogen über die besondere Problemsituation des Kindes informieren).

Die *Anamnese* kann entweder in diesem persönlichen Gespräch erfolgen, am einfachsten ist es jedoch, wenn die Eltern den vorbereiteten Fragebogen mitnehmen und zu Hause ausfüllen können (eventuell kann der Fragebogen auch vorher zugeschickt werden). Aus diesen Vorinformationen versucht die Pädagogin, die individuellen Ziele der psychomotorischen Förderung für das entsprechende Kind festzulegen.

2. Die ersten Übungsstunden sollten vor allem für die *Beobachtung* des Kindes genutzt werden. Sie sollten den Charakter offener Bewegungsangebote haben, Spielsituationen, die für das Kind motivierend wirken, in denen sich das Kind nach seinen Vorstellungen einbringen und seine individuellen Fähigkeiten erfahren kann.

3. Eine fortlaufende Auswertung der Verhaltens- und Bewegungsbeobachtungen wird es dem Pädagogen ermöglichen, den *Förderplan zu konkretisieren* und spezifische Förderungsschwerpunkte aufzustellen.

4. Hat das Kind sich in die Gruppe eingelebt, zum Pädagogen und zu den anderen Kindern Vertrauen gewonnen, kann die *Durchführung eines motorischen Tests* einerseits die individuelle Beobachtung ergänzen, andererseits auch Informationen über den Entwicklungsstand des Kindes geben.
   Im Verlauf der Testdurchführung sollten nicht nur die Ergebnisse der jeweiligen Aufgaben, sondern insbesondere auch die Beobachtungen zur qualitativen Bewegungsausführung und zum Verhalten des Kindes protokolliert werden (vgl. Kapitel 5.3.6).

5. Die Erkenntnisse aus Bewegungs- und Verhaltensbeobachtung während der Anwendung standardisierter Verfahren und die quantitative Auswertung in Form von Altersnormen geben weitere Hinweise für die Konzeption der Fördermaßnahmen. So kann es unter Umständen erforderlich sein, Schwerpunkte neu festzulegen bzw. zu ergänzen.

6. Die Schritte 4 und 5 können unter Umständen auch umgangen werden, falls die Anwendung von Testverfahren nicht geeignet erscheint. Auf jeden Fall sollten dann aber *strukturierte Bewegungsaufgaben* (vgl. Kapitel 5.2.2) herangezogen werden, um die Beobachtungsergebnisse auf eine breitere Basis zu stellen (und gegebenenfalls zu einem späteren Zeitpunkt zu wiederholen).

7. Nach einer bestimmten Förderdauer (ca. 1/2 bis 1 Jahr) sollte eine Evaluation vorgenommen werden: Hierzu können die Beobachtungsergebnisse, die Testergebnisse und auch die Aussagen der Eltern über den *Entwicklungsfortschritt* des Kindes herangezogen werden. Dies kann zur Beendigung der Fördermaßnahme führen oder aber zu der Entscheidung, daß sie weiter fortgesetzt werden soll. Diese Abschluß- bzw. Zwischenevaluation kann auch als *Effektivitätsüberprüfung* betrachtet werden.

Einheit von Diagnose und Förderung

Die Beschreibung des Verlaufs des Diagnoseprozesses macht deutlich, daß Diagnose und Förderung in einer Hand liegen. Der Anspruch einer ganzheitlich orientierten Fördermaßnahme – wie er für die Psychomotorik auch in diesem Buch erhoben wird – bezieht sich auch auf die *Einheit von Diagnose und Fördermaßnahme.* Sie sollte nach Möglichkeit nicht personell getrennt werden, hier also eine „Fachinstanz“, die diagnostiziert, Störungen und Auffälligkeiten feststellt – und dort eine andere „Instanz“, die Förderprogramme entwirft und das Kind betreut. Ist die gleiche Person sowohl für die Anamnese, Untersuchung und Beobachtung zuständig und gleichzeitig verantwortlich für die Durchführung der Fördermaßnahme, so kann die diagnostische Situation selbst schon Teil der psychomotorischen Förderung werden. Ebenso kann die mit der Fördermaßnahme betraute Person Beobachtung, Planung und Evaluation in die Fördermaßnahme einfließen lassen und mit ihr verbinden.

Wo immer es machbar ist, sollten Pädagoge und Diagnostiker eine *personale Einheit* bilden, nur so kann aus der Eingangsdiagnostik eine den Förderprozeß begleitende, korrigierende und kontrollierende Diagnostik werden.

Abb. 8: Beispiel für den Verlauf der psychomotorischen Entwicklungsdiagnostik – eingebunden in den Prozeß der Förderung

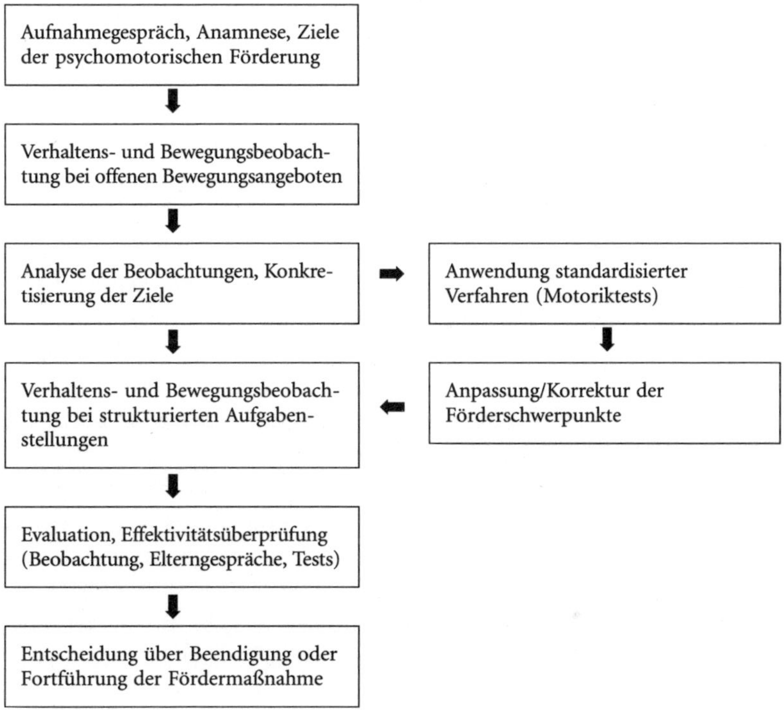

Marcel kam mit 5;8 Jahren zur Psychomotorischen Therapie. Der Grund für die Teilnahme an der Gruppe war sein auffallend stilles und zurückhaltendes Verhalten im Kindergarten, auf das die Mutter schon mehrfach von seiten der Erzieherinnen aufmerksam gemacht worden war. Marcel spielte vorwiegend für sich allein, nahm kaum Kontakt zu anderen Kindern auf und schien schnell entmutigt zu sein, wenn ihm eine Aufgabe oder ein Spiel nicht auf Anhieb gelang. Bei der ärztlichen Einschulungsuntersuchung waren Koordinationsschwächen festgestellt worden, ohne daß jedoch deutlich geworden war, ob diese unter Umständen auch durch die für Marcel offensichtlich belastende Untersuchungssituation herbeigeführt waren. Der Mutter wurde geraten, Marcel erst einmal zurückstellen zu las-

sen, da er für eine Einschulung weder die soziale noch die motorische Reife zu haben schien.
Während des *Aufnahmegespräches* wich Marcel zunächst nicht vom Schoß seiner Mutter. Er schaute mich auch dann nicht an, als ich ihm einige Erklärungen zum Ablauf unserer Übungsstunden gab.
Ein Lächeln zeigte sich auf seinem Gesicht, als ich ihm sagte, daß er alleine entscheiden dürfe, ob er an den „Turnstunden" teilnehme oder nicht. Nur zögernd ging er auf mein Angebot ein, sich die Turnhalle, den Umkleideraum und die Spielgeräte einmal anzusehen.
Das Gespräch mit der Mutter ergab eine Reihe von Hinweisen zu bereits in der frühen Kindheit einsetzenden Verzögerungen in der Selbständigkeitsentwicklung des Kindes: Marcel war 4 Wochen vor dem errechneten Geburtstermin durch Kaiserschnitt entbunden worden (vorzeitiger Blasensprung). Im ersten Lebensjahr hatte er mehrere Infektionen (Bronchitis) und mußte deswegen auch mit 4 Monaten stationär behandelt werden.
Marcel hat zwei ältere Geschwister von 16 und 18 Jahren, er war ein unerwarteter „Nachzögling", der – nach Aussagen der Mutter – von der ganzen Familie ein bißchen verwöhnt wurde. Laufen gelernt hatte er erst mit 18 Monaten; im Vergleich zu ihren beiden anderen Kindern beurteilte die Mutter Marcel als sehr ruhiges Kind, das viel geschlafen habe und „so ganz nebenbei aufwuchs". Allerdings bemerkte sie auch, daß Marcel sich nicht so viel zutraute, erst sehr spät zu sprechen begann und auch später trocken war, als sie es von den beiden anderen Kindern in Erinnerung hatte (manchmal näßte er auch heute noch ein).
Ziel der psychomotorischen Förderung sollte es sein, Marcel mehr Vertrauen in sich selbst und in seine körperlichen Fähigkeiten zu geben, ihn in der Verbesserung dieser Fähigkeiten zu unterstützen und ihm schließlich Mut zu machen, auch Kontakt mit anderen Kindern aufzunehmen.
In der ersten Übungsstunde, an der Marcel teilnahm, bauten wir gemeinsam mit den Kindern eine Gerätekombination auf, die aus mehreren an der Sprossenwand eingehängten Bänken bestand, die zum Teil auf der anderen Seite auf einem Kasten auflagen und von denen an einer Stelle eine Rutsche, an einer anderen Stelle eine Leiter nach unten führte. Die Kinder hatten bereits mehrere Stunden an

der Erweiterung dieser Gerätekombination „gearbeitet" und deuteten sie als ein Schiff, von dem schmale Stege, Leitern und Rutschen an Land führten. Marcel beteiligte sich nicht an dem Aufbau der Geräte, sondern saß während dieser Zeit am Rand auf einer Bank (mit seiner Mutter, auf deren Verbleib in der Turnhalle er bestanden hatte).
Auch als die Kinder sich intensiv mit dem Spiel „Kletterschiff" beschäftigten, machte er nicht mit, beobachtete die Gruppe jedoch aufmerksam.
Ich legte einige Bälle in den Raum und sagte den Kindern, auf dem Schiff seien nur wenige Spielgeräte; wer wollte, könne einen Ball mitnehmen und ausprobieren, was man auf dem Schiff mit einem Ball machen könne. Auch Marcel gab ich einen Ball. Er hielt ihn fest, bewegte sich damit aber nicht von seinem Platz. Ab und zu ließ er den Ball auf der Bank hin- und herrollen. Nach einer Weile ging ich zu Marcel und fragte ihn, ob er seinem Ball nicht einmal das Schiff zeigen wolle. Er schüttelte den Kopf, spielte aber bald darauf auf dem Boden mit dem Ball, kroch ihm auf allen vieren nach, wenn er wegrollte und bewegte sich so immer weiter in den Raum hinein. Auch ich rollte einen Ball um die Gerätekombination herum und traf dabei auf Marcel. Ich rollte den Ball neben ihm her, wandte mich dann aber einer schräggestellten Bank zu und rollte den Ball auf ihr hoch.
Kurze Zeit später kletterte Marcel auf Händen und Füßen ein Stück an der Bank nach oben, machte jedoch in der Mitte kehrt, drehte sich um und rutschte wieder nach unten. Er wechselte nun häufig zwischen dem Rollen des Balles und dem Betreten der Bank, wagte sich aber nie weiter als bis zur Mitte hoch. Am Boden hielt er sich meist in der Nähe seiner Mutter auf, ohne sich jedoch wieder auf die Bank zu setzen.
Ich forderte Marcel nicht dazu auf, auf andere Bereiche des „Kletterschiffs" zu gelangen, aber ich blieb neben ihm, wenn er auf der Bank war und äußerte ab und zu: „Du bist aber schon ganz schön weit hoch geklettert." Hin und wieder nahm er beim Kriechen auf der Bank auch seinen Ball mit, dieser fiel jedoch schnell herunter. Ich hob ihn auf, legte ihn vor Marcel und sagte: „Der Ball wagt sich aber ziemlich weit nach oben." Die Beobachtungen in dieser ersten Übungsstunde zeigten, daß Marcel eine Brücke brauchte, um sich in das Spiel der Gruppe zu begeben. Der Ball bot ihm Halt und führte

ihn gleichzeitig auch zur Gruppe; er führte den Ball, folgte ihm jedoch auch gleichermaßen. Das Kriechen auf allen vieren gab ihm die Möglichkeit, Unsicherheit auch in seiner Motorik aufzufangen. Noch wagte er nicht, sich auf die erhöhten Bänke und Geräte zu begeben, wie es die anderen Kinder taten.

In der *nächsten Psychomotorik-Stunde* verwendete ich von vornherein ein Gerät, zu dem die Kinder sich nicht hinbegeben mußten, sondern das auf sie zukam: Luftballons in verschiedenen Größen faszinierten offensichtlich auch Marcel. Er kam zwar zögernd in die Halle, schnappte sich jedoch sofort einen der größten Ballons und hielt ihn erst einmal fest. Als die anderen Kinder begannen, mit den Ballons zu spielen, sie hochzuwerfen und ihnen hinterherzulaufen, um sie wieder aufzufangen, ließ auch er den Ballon erst einmal zu Boden fallen, stieß ihn mit dem Fuß an und tippte ihn leicht von sich weg. Er hatte Schwierigkeiten, den Ballon in seiner Flugbahn zu steuern und auch die eigenen Bewegungen darauf einzustellen. Trotzdem strahlten jedesmal seine Augen, wenn der Ballon wegflog und er ihn einzuholen versuchte.

Eine *Beurteilung des psychomotorischen Verhaltens* von Marcel nach der 4. Übungsstunde hatte folgendes Ergebnis:

Marcel traute sich eher noch weniger zu, als er zu leisten fähig war, gab bei Mißerfolg leicht auf, und ließ sich auf Konkurrenzsituationen gar nicht erst ein. Allerdings wagte er sich Stück für Stück an Schwierigkeiten heran und versuchte selbst herauszufinden, wo seine Leistungsgrenzen lagen.

Sehr interessiert war er an neuen Materialien und Geräten und ließ sich über sie leicht zur Teilnahme motivieren; er bevorzugte dabei mobile Gegenstände, mit denen er sich zunächst einmal für sich selbst auseinandersetzen konnte. Im Umgang mit dem Material hatte er viele eigene Ideen, ließ sich aber auch durch andere anregen.

Sein Bewegungsverhalten war eher gehemmt, er hatte meist einen erhöhten Muskeltonus und seine Bewegungen wirkten manchmal steif, eckig und unbeholfen. Er war konzentriert bei der Sache und ließ sich nicht durch andere ablenken.

Schwierigkeiten schien er vor allem bei Gleichgewichtsaufgaben zu haben, er wagte sich kaum auf erhöhte Flächen und bevorzugte bei einer Verringerung der Unterstützungsfläche (z. B. Balancieren auf

der Turnbank) den Vierfüßlergang. Anderen Kindern schloß er sich nicht an, trennte sich nur schwer von seiner Mutter, die in den ersten beiden Übungsstunden im Raum bleiben mußte. Auch zu mir nahm er anfangs kaum Kontakt auf, ließ sich aber durch mein Mittun in ein Spiel oder in eine Betätigung einbeziehen.
Nachdem Marcel 6 Wochen an der Therapie teilgenommen hatte (nach Aussagen der Mutter kam er jedesmal mit großer Begeisterung, erzählte aber zu Hause nur wenig von dem, was in den Stunden abgelaufen war), führten wir mit ihm und einem anderen Kind außerhalb der Übungsstunden einen *Motorik-Test*, den MOT 4–6, durch. Marcel hatte sich auf diese zusätzliche Stunde sehr gefreut; er war interessiert an dem Testmaterial und blieb bis zum Ende der Testdurchführung konzentriert bei der Sache. Zwar war er bei vielen Aufgaben nicht erfolgreich, ihn interessierte dabei jedoch weniger das Ergebnis als die Aufgabe selbst. So wollte er den „Zielwurf auf eine Scheibe" immer wieder ausführen, obwohl er die Scheibe noch kein Mal getroffen hatte.
Beim Balancieren vorwärts und rückwärts trat er mehrmals neben den Teppichbodenstreifen und auch alle anderen Aufgaben, die die Gleichgewichtsfähigkeit ansprachen, bereiteten ihm Schwierigkeiten. Er war trotzdem mit großer Konzentration dabei und bemühte sich, die Anforderungen zu erfüllen.
Erfolg hatte er bei allen Aufgaben, die eine feinmotorische Steuerung und Bewegungsgenauigkeit verlangten. Den Stift hielt er bei der Aufgabe „Punktieren" geschickt und konnte die Bewegungen gut aus dem Handgelenk isolieren. Die Summe der Rohwerte betrug 11 Punkte, der MQ lag damit bei einem Wert von 68. Entsprechend der Klassifikation des Tests entspricht dies einem „auffälligem" Ergebnis. Bei der *qualitativen Auswertung* der einzelnen Aufgaben zeigte sich, daß Marcel Stärken im Bereich der feinmotorischen Geschicklichkeit hatte, von 6 möglichen Punkten hatte er 4 erreicht, während er bei der Dimension „Gleichgewicht" nur 2 von 10 möglichen Punkten erhielt.
In den anschließenden Psychomotorik-Stunden bauten wir häufig Brücken, Stege und schmale Wege – zunächst vor allem mit Brettern und flachen Balken, die unterschiedlich breit waren. Marcel beschäftigte sich anfangs insbesondere mit dem Aufbau; er hatte immer

wieder Ideen, wie er die Rundhölzer und Holzlatten plazieren konnte, damit die Balancierwege zueinander führten und Kreuzungen entstanden. Hin und wieder nahm er ein Holzstück, ging ein Stück über die Balancierstege und verlängerte die „Straße“ dann dort, wo er heruntergetreten war. „Ein Parkplatz“ meinte er dann. So hatte er für sich selbst einen Grund gefunden, warum er die Straße hatte verlassen müssen.
Marcel gewann im Laufe der Psychomotorik-Stunden zunehmend mehr Selbstbewußtsein. Er traute sich mehr zu, nahm auch mit den anderen Kindern Kontakt auf und setzte sich bei Konflikten, denen er früher immer ausgewichen war, auch schon einmal durch.
Die Wiederholung des Tests nach ca. einem halben Jahr hatte folgendes Ergebnis: Die Aufgaben aus der Dimension Gleichgewicht gelangen ihm so, daß er überall einen Punkt erreichte. Auch im Bereich der Koordinationsfähigkeit erzielte er Fortschritte. Mit nun 16 Rohpunkten kam er auf einen Gesamt-MQ von 79. Dies liegt zwar immer noch im Bereich eines „unterdurchschnittlichen“ Ergebnis, für Marcel war es aber ein ganz großer Fortschritt. Da er die Testaufgaben bereits kannte, konnte er dem anderen Kind, das den Test mit ihm – zum ersten Mal – durchführte, schon viele Hilfen und Erklärungen geben. Dies erfüllte ihn mit Stolz, gern machte er ihm die Übungen vor und versuchte auch zu erklären, worauf es ankam.
Marcel blieb noch ein weiteres halbes Jahr in der Gruppe, er war zwischenzeitlich eingeschult worden und konnte, nachdem auch der Übergang in die Schule erfolgreich bewältigt war, die Fördermaßnahme beenden.

5.5 Zur Effektivität psychomotorischer Fördermaßnahmen

Studien zur Überprüfung der Wirksamkeit psychomotorischer Fördermaßnahmen sind selten. Zwar berichten alle Praktiker von vielfältigen Veränderungen, die sich beim Kind durch die Fördermaßnahme in unterschiedlichen Verhaltensbereichen ergeben haben; eine systematische Auswertung der Daten in Einrichtungen, die psychomotorische Förderung anbieten, ist jedoch eher die Ausnahme. Eine *Evaluation* ist aus folgenden Gründen schwierig:

- Die von der psychomotorischen Förderung erwarteten Veränderungen und Einflüsse sind so vielschichtig, daß ein klar beschreibbarer Ausschnitt der Veränderungsmerkmale nur schwer ausgewählt werden kann.
- Bewegung ist zwar das hauptsächliche Medium der psychomotorischen Förderung, es kommen jedoch auch noch andere Einflußgrößen zur Wirkung, so z. B. die Gruppe und die Beziehung zu dem Pädagogen. Bewegungsangebote sind nicht zu trennen von den anderen Einflußgrößen, *was* letztlich wirkt, ist daher nicht ohne weiteres herauszufiltern.
- Veränderungsprozesse der motorischen Fähigkeiten und Fertigkeiten können noch am ehesten erfaßt werden, da für sie standardisierte Meßverfahren zur Verfügung stehen (z. B. MOT 4–6, KTK). Dagegen mangelt es an Instrumenten zur Erfassung anderer wesentlicher Bereiche wie dem Sozialverhalten oder dem Selbstkonzept, der Sprachentwicklung oder der Konzentration. Hier sind kaum wissenschaftlich abgesicherte Erhebungsinstrumente verfügbar, die für Veränderungsmessungen eingesetzt werden könnten.

KTK = Körperkoordinationstest für Kinder

Im folgenden wird über eine Untersuchung in unseren Psychomotorik-Gruppen berichtet, die zwar nicht zum Zweck der Überprüfung der Effektivität psychomotorischer Fördermaßnahmen angefertigt worden war, die in den Gruppen kontinuierlich zu verschiedenen Zeitpunkten erhobenen Daten wurden vielmehr einer anschließenden statistischen Auswertung unterzogen.

Bei der Darstellung der Auswertungsergebnisse beschränke ich mich auf folgende Fragen:

Auswertungsschwerpunkte

- Gibt es einen Zusammenhang zwischen dem motorischem Entwicklungsstand und dem Selbstkonzept?
- Wie wirkt sich die psychomotorische Förderung auf die motorische Entwicklung und auf das Selbstkonzept aus?

Folgende *Verfahren* wurden angewendet:
Zur Erhebung der motorischen Entwicklung wurde bei den jüngeren Kindern (bis zum Ende des 6. Lebensjahres) der MOT 4–6, bei den älteren Kindern der KTK eingesetzt.

Verfahren Zur Erfassung des Selbstkonzeptes wurde eine Einschätzskala (SKE) mit insgesamt 10 Items erstellt, die sich auf unterschiedliche Bereiche des Selbstkonzeptes erstreckten (vgl. Kapitel 5.3.5).

Im Abstand von ca. 6 Monaten wurden bei allen Kindern jeweils ein Motorik-Test angewendet, zum gleichen Zeitpunkt auch eine Einschätzung des Selbstkonzeptes vorgenommen. In die Auswertung wurden bei dem MOT 4–6 sowohl die Rohwerte (Punktzahl = RW) des Tests als auch der Motorikquotient (MQ) einbezogen, bei dem KTK konnte nur der MQ verwendet werden, da eine Summenbildung der Rohwerte über den ganzen Test hinweg hier nicht sinnvoll ist.

Außerdem ging neben den erwähnten Daten das Alter und das Geschlecht der Kinder in die Auswertung ein. Es wurden nur die Kinder in die Untersuchung einbezogen, bei denen vollständige Angaben aus drei Meßwiederholungen vorlagen.

Die Gesamtzahl betrug bei den 4- bis 6jährigen 72, davon waren 46 Jungen, 26 Mädchen. Bei den 7- bis 13jährigen betrug die Gesamtzahl 64, davon waren 37 Jungen und 27 Mädchen.

Ergebnisse

In der folgenden Tabelle sind Durchschnittsalter, die Mittelwerte des Motoriks-Tests für vier- bis sechsjährige Kinder (MOT) und die Selbstkonzept-Einschätzung zu den drei verschiedenen Meßzeitpunkten (Abstand: 6 Monate) angegeben:

Tab. 1: Durchschnittsalter, Mittelwerte des MOT 4 – 6 und der Selbstkonzept-Einschätzung (SKE) bei der 1., 2. und 3. Messung

	Mittelwerte MOT 4–6			
Meßzeitpunkt	Alter [Mon.]	MOT(MQ)	MOT(RW)	SKE
1. Messung	60,83	69,22	7,76	15,44
2. Messung	67,11	74,14	11,90	20,11
3. Messung	73,81	82,67	16,79	27,47

Es zeigt sich ein deutlicher Anstieg über alle Meßzeitpunkte, und zwar sowohl in den Mittelwerten des Motorik-Tests als auch bei der Selbstkonzept-Einschätzung.

Ähnliche Ergebnisse hatte auch die Auswertung der Ergebnisse der älteren Kinder, bei denen anstelle des MOT 4–6 der KTK angewendet worden war.

Tab. 2: Durchschnittsalter, Mittelwerte des Körperkoordinationstest (KTK) und der Selbstkonzept-Einschätzung bei der 1., 2. und 3. Messung

	Mittelwerte KTK		
Meßzeitpunkt	Alter [Mon.]	KTK	SKE
1. Messung	92,64	66,50	17,70
2. Messung	99,25	73,19	22,64
3. Messung	105,75	81,25	27,80

Tabelle 3 zeigt die Zusammenhänge (Korrelationen) zwischen den Motorik-Testergebnissen und der Selbsteinschätzung. Es liegt ein hoher Zusammenhang zwischen den Werten aus den Motorik-Tests und der Selbsteinschätzung vor. Dieser ist bereits bei der Eingangsmessung sichtbar, er wird allerdings noch höher bei der ersten Meßwiederholung.

Tab. 3: Zusammenhänge zwischen dem MOT 4–6 und der Selbstkonzept-Einschätzung zum 1., 2. und 3. Meßzeitpunkt

Korrelation	MOT1	SKE1	MOT2	SKE2	MOT3	SKE3
MOT1	1,00	0,47	0,91	0,62	0,81	0,69
SKE1	0,47	1,00	0,49	0,69	0,38	0,41
MOT2	0,91	0,49	1,00	0,70	0,86	0,72
SKE2	0,61	0,68	0,70	1,00	0,66	0,75
MOT3	0,81	0,38	0,86	0,67	1,00	0,79
SKE3	0,69	0,41	0,72	0,75	0,79	1,00

Der gleiche Effekt konnte bei den älteren Kindern nachgewiesen werden: Auch hier lag bereits zu Anfang ein hoher Zusammenhang zwischen dem KTK und der Selbstkonzept-Einschätzung vor, der im Laufe der Fördermaßnahme aber noch anstieg.

Tab. 4.: Zusammenhänge zwischen dem KTK und der Selbstkonzept-Einschätzung zum 1., 2. und 3. Meßzeitpunkt

Korrelation	KTK1	SKE1	KTK2	SKE2	KTK3	SKE3
KTK1	1,00	0,67	0,93	0,75	0,83	0,75
SKE1	0,67	1,00	0,70	0,71	0,66	0,61
KTK2	0,93	0,70	1,00	0,80	0,91	0,77
SKE2	0,75	0,71	0,80	1,00	0,83	0,90
KTK3	0,83	0,66	0,91	0,83	1,00	0,83
SKE3	0,75	0,62	0,77	0,90	0,83	1,00

Die Differenzen zwischen allen Meßzeitpunkten sind *signifikant.* Es haben sich also alle Werte – sowohl die Ergebnisse in den Motorik-Tests – als die Einschätzung des Selbstkonzeptes verbessert.

Abb. 9 a und 9 b zeigen noch einmal graphisch den Anstieg und den Zusammenhang der Meßergebnisse über den Zeitraum von einem Jahr bei 3 Meßzeitpunkten.

Abb. 9a: Verlauf der Mittelwerte im Motoriktest

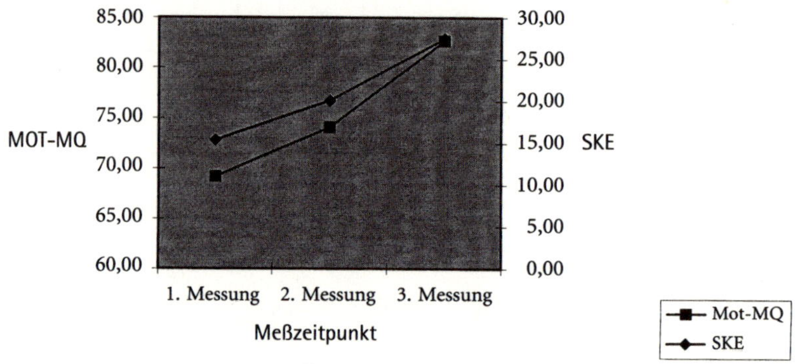

Abb. 9b: Verlauf der Mittelwerte im KTK

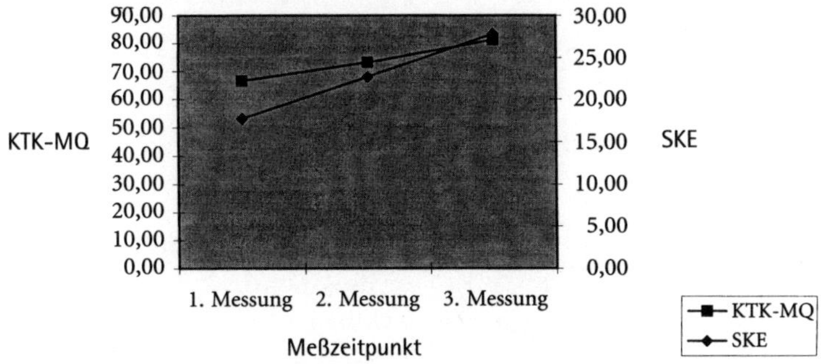

Aus diesen Ergebnissen läßt sich ableiten, daß die psychomotorische Förderung sich sowohl auf die *motorische Entwicklung* als auch auf das *Selbstkonzept* positiv ausgewirkt haben. Jeweils im Zeitraum von einem halben Jahr haben sich die Werte erheblich gesteigert.

6 Rahmenbedingungen psychomotorischer Förderung

Der Erfolg psychomotorischer Förderung ist abhängig von ganz bestimmten Rahmenbedingungen. Hierzu zählen nicht nur die *äußeren Bedingungen* (Bewegungsräume, Geräteausstattung), die Kriterien für die Gruppenzusammensetzung und die Inhalte der Bewegungsangebote, es sind vor allem die *„inneren" Bedingungen,* von denen die Akzeptanz der Fördermaßnahmen bei den Kindern abhängt. Dazu gehören insbesondere die *Beziehung zu der Pädagogin*, aber auch *die Beziehungen der Kinder untereinander,* die Art und Weise, *wie Bewegungsspiele erlebt werden* und wie die Kinder an ihrer Gestaltung beteiligt sind.

Diese Fragen der Praxis der Psychomotorik, die zwar auch schon in Kapitel 4, in dem die Bedeutung des Spiels in der Psychomotorik hervorgehoben wurde, angesprochen worden sind, sollen im folgenden Kapitel systematischer bearbeitet werden. Dabei werden organisatorische Fragen zum Aufbau einer Fördereinheit oder zur Frage der Raumgestaltung ebenso behandelt wie die Gestaltung einer „Übungsstunde" oder mögliche Interventionsstrategien bei Konflikten.

6.1 Allgemeine Prinzipien psychomotorischer Förderung

Freundliche, vertrauensvolle Atmosphäre

Im Zentrum psychomotorischer Förderung steht das spielerische, freudvolle Sichbewegen. Die Motivation zur Teilnahme an den Übungsstunden sollte von der Attraktivität des Bewegungsangebotes und von der entspannten, humorvollen Atmosphäre ausgehen. Von besonderer Bedeutung ist eine freundliche und vertrauensvolle Atmosphäre, in der die Kinder sich mit allen Schwächen angenommen, in ihrer Person akzeptiert und in ihren Wünschen ernstgenommen fühlen.

Handeln in ganzheitlichen Bedeutungszusammenhängen

Es klingt zwar trivial, muß aber dennoch auch an dieser Stelle betont werden: Die Kinder sollten sich auf die Übungseinheit freuen können, sie sollten wissen, daß ihre speziellen Wünsche berücksichtigt werden, daß sie auf die Gestaltung der Spielsituationen Einfluß haben, daß es „ihre" Stunde ist. Und sie sollten spüren, daß die Pädagogin sich auf sie freut, daß es ihr selbst Spaß macht, mit den Kindern zu spielen. *Erlebnisorientierte Bewegungssituationen* sollen die Aktivität des Kindes zwar herausfordern, dabei wird aber auch das – nach außen – passive Dabeisein akzeptiert. Jedes Kind hat seinen eigenen Zeitrahmen, um Vertrauen in die Gruppe und in die Betreuer aufzubauen.

Die psychomotorische Förderung ist hinsichtlich der Inhalte und des Verhaltens der Pädagogin so zu konzipieren, daß folgende Erfahrungen möglich sind:

Das Kind sollte

- sich selbst als Verursacher einer Handlung erleben,
- Erfolge und Mißerfolge einer Handlung auf die eigene Person zurückführen können,
- sich mit eigenen Wertmaßstäben auseinandersetzen und das eigene Verhalten daran orientieren,
- Verantwortung für das eigene Handeln übernehmen,
- Alternativen für störende Verhaltensweisen kennenlernen und in das eigene Verhalten integrieren.

Diese Forderungen führen in Zusammenhang mit den in Kapitel 4 genannten „konstituierenden Merkmalen des Spiels" zu folgenden – für die konkrete Fördermaßnahme wesentlichen – Regeln und Prinzipien (vgl. Volkamer/Zimmer 1986).

1. Eigene Entscheidung über die Teilnahme

Auch wenn fast immer Erwachsene den Weg für die Teilnahme des Kindes an einer Fördermaßnahme vorbereiten, sollte es doch so weit wie möglich an bestimmten Entscheidungsprozessen beteiligt werden. Dies kann bis zur grundsätzlichen Frage reichen, ob das Kind – nach einer Probezeit, in der es sich mit den Angeboten vertraut macht – überhaupt teilnehmen möchte. Wenn es die institutionellen Bedingungen möglich machen, sollte dies insbesondere bei älteren Kindern (ab dem Schulalter) berücksichtigt werden.

Aufforderung durch die Spiel- und Bewegungsangebote

Im Vertrauen auf den Aufforderungscharakter der Geräte und Spielsituationen kann der Pädagoge in Ruhe abwarten, in welcher Form das Kind aktiv wird. Einige – vor allem jüngere – Kinder brauchen zunächst einmal Zeit zum Zuschauen und beteiligen sich dann, wenn sie sich frei von Druck und Zwang fühlen, ganz von selbst. Der Pädagoge kann zwar *„Brücken“ bauen*, indem er dem Kind z. B. einen Ball oder ein Rollbrett zurollt oder sich unaufdringlich als Spielpartner anbietet, er sollte das Kind jedoch auf keinen Fall zu überreden versuchen oder in ihm Schuldgefühle wecken, wenn es entscheidet, sich an den Angeboten zunächst nicht zu beteiligen.

Das heißt nicht, daß jeder machen kann, was er will, aber ein Kind kann auch das Recht für sich in Anspruch nehmen, *nicht* Trampolin zu springen, oder bei einer Entspannungseinheit einfach nur zuzuschauen.

In unseren Psychomotorikstunden steht zwar ein bestimmtes Thema, ein Gerät oder ein Spiel im Vordergrund, jedes Kind muß jedoch selbst entscheiden, in welcher Form es mitmacht. Manchmal gibt es auch Alternativen, die sich aus dem Spiel entwickeln, so daß Kinder immer auch die Gelegenheit haben, eigenen Spielideen nachzugehen (dies ist immer dann möglich, sofern andere nicht gestört werden).

2. Handlungsimpulse kommen vom Kind

Impulse aufgreifen

Die Pädagogin strukturiert und organisiert die Situation nur insoweit, als sie zur Aktivität anregende Materialien und Geräte bereitstellt. Im Vordergrund stehen die Eigenaktivität und das selbständige Handeln der Kinder; die Pädagogin greift von den Kindern kommende Impulse auf, beteiligt sich an den Spielhandlungen und kommentiert sie so, daß das einzelne Kind in seiner Tätigkeit verstärkt wird. Sie arrangiert die Bewegungssituationen so, daß das Kind ermutigt wird, seine Leistungsgrenzen selbst zu erkennen und seine Handlungskompetenz zu erweitern.

Vgl. Praxisbeispiel T6

Die Erfahrung, selbst *Verursacher bestimmter Handlungseffekte* zu sein (z. B. einen Sprung aus der Höhe auf eine „fahrende Matte“ gewagt und geschafft zu haben), trägt in hohem Maße zur Verbesserung des Selbstwertgefühls des Kindes bei.

So kommen – trotz Vorbereitung und Planung von seiten des Erwachsenen – Themen zustande, die die *Themen der Kinder* sind, deren Sinn sie selbst bestimmen und in denen sie sich als Person wiederfinden.

Eine unter diesen Voraussetzungen gestaltete psychomotorische Förderung rückt das *Kind in das Zentrum seiner Handlungen.* Es macht die Sache zu der seinen. Indem es sich mit seiner Tätigkeit identifizieren kann, anstatt sich fremdbestimmt und außengesteuert zu erleben, findet es auch zu seiner Identität.

3. Vermeiden von Bewertung – Verstärken der Eigentätigkeit

Verstärkung aus der eigenen Tätigkeit gewinnen

Die Bekräftigung des kindlichen Verhaltens sollte von der Tätigkeit an sich ausgehen, um den Aufbau eines positiven Wertsystems zu fördern. Auch wenn es zunächst so erscheint, daß Lob und Belohnungen die Weiterentwicklung des Kindes unterstützen, sollte auch die Gefahr gesehen werden, daß zu häufiges Loben ein Kind abhängig machen kann von äußeren Bewertungen. Das Kind lernt auf diese Weise, daß eine Leistung, eine Idee, eine Spielhandlung nur dann etwas wert ist, wenn der Pädagoge es mit dem Kommentar „gut“ oder „prima“ versehen hat.

Das Kind sollte vielmehr unabhängig von der Bewertung durch andere *Befriedigung aus der eigenen Tätigkeit* gewinnen, sich vom Erwachsenen akzeptiert fühlen und gleichzeitig sich selbst und seine Tätigkeit als sinnvoll erleben, um auf diesem Wege zu lernen, sich selbst zu akzeptieren.

Dies heißt auch, daß die Pädagogin den Sinn, den das Kind seinen Handlungen beimißt, akzeptieren und dem Kind seine vorbehaltlose Wertschätzung unabhängig von dessen objektiven Leistungen zeigen sollte.

Wertschätzung

So kann sie die Handlungen des Kindes ohne Wertung begleiten, indem sie seine Bemühungen und Versuche verbalisiert: „Du hast schon fünf Stufen geschafft, das ist aber ganz schön hoch“, oder: „Das ist ja ein Kunststück, was du dir mit dem Luftballon ausgedacht hast, das will ich auch mal probieren.“ Das Kind erlebt so, daß der Erwachsene seine Handlung wertungsfrei wahrnimmt, daß er den Sinn, den das Kind seinen Handlungen gibt, akzeptiert, während die Entscheidungen für bestimmte Handlungen beim Kind bleiben.

4. Festlegen von Grenzen

In jeder Gruppenaktivität muß es *organisatorische und soziale Regeln* geben, die das gemeinsame Spiel für alle möglich machen. Diese Regeln sollten mit den Kindern besprochen und damit einsichtig gemacht werden.

Regeln vereinbaren

Eindeutige Grenzen, die der Pädagoge den Kindern zu Beginn der psychomotorischen Förderung erklärt hat, setzen den Rahmen und geben Orientierungen. Es sind die Grundregeln, die für alle Gruppenmitglieder gelten und denen sich auch alle unterzuordnen haben. Eindeutige, feste Regeln erleichtern das Zusammenspielen, allerdings sollten sie auf das Nötigste beschränkt bleiben.

Grenzen werden in der Psychomotorikstunde deswegen nur dort gesetzt, wo sie zum Schutz der anderen Gruppenmitglieder und der Materialausstattung notwendig sind und um die Mitverantwortung des Kindes zu verdeutlichen. Verboten sind z. B. das mutwillige Zerstören von Geräten und aggressives Verhalten gegenüber anderen Kindern.

Rituale

Solche Einschränkungen sind den Kindern zwar meistens einsichtig, sie werden aber trotzdem nicht immer befolgt. Werden die Vereinbarungen in den Übungsstunden dann überschritten, müssen die Kinder auf die Abmachungen hingewiesen und ihnen – sofern nötig – Konsequenzen aufgezeigt werden. Manchmal können Rituale, wie sie z. B. im Fußball üblich sind, hilfreich sein, um die Regelübertretung zu ahnden, ohne daß das Kind sich persönlich angegriffen fühlt (gelbe Karte = Verwarnung, rote Karte = 3 Minuten „Auszeit" auf der Bank).

Die Grenzen sollten nicht zu eng gefaßt werden, den Kindern aber klar sein, eindeutige Verhaltensweisen erfordern und auch Konsequenzen nach sich ziehen.

Die Bewegungsstunden sollten immer so konzipiert sein, daß die Selbsttätigkeit der Kinder gefördert wird. Bewegungsaufgaben sollten daher so gestellt sein, daß jedes Kind eigene Lösungsmöglichkeiten finden kann.

Jede Übungsstunde sollte nach Möglichkeit Phasen enthalten, in denen die Kinder sich individuell und nach eigenen Vorstellungen mit Geräten auseinandersetzen und in denen sie auch in der Gruppe

Vgl. Kap. 8

handeln können (Spiele mit einfachen Regeln, Partner- oder Gruppenaufgaben).

Selbst geringe Erfolge bei der Bewältigung von Bewegungsaufgaben und kleinste Lernfortschritte sollten bekräftigt und dem Kind bewußt gemacht werden. Leistungsdruck und vor allem Leistungsvergleiche mit anderen sollten vermieden werden. Hierzu gehört auch der *Verzicht auf Wettkampfformen*, bei denen die Einzelleistung sichtbar und am Können der anderen gemessen wird. Statt dessen sollte der intraindividuelle Vergleich unterstützt werden: Bezugspunkt ist hier nicht, was ein Kind gemessen an einem anderen kann, sondern was es selbst dazugelernt hat.

Vgl. Kap. 3.6

Damit alle Kinder Erfolgserlebnisse haben können, sollten die Bewegungsangebote möglichst immer unterschiedliche Schwierigkeitsgrade besitzen. Die Kinder sollten selbst auswählen können, was sie sich zutrauen.

5. Brücken bauen

Das Gerät kommt zum Kind

Zu Beginn sollten vor allem Geräte eingesetzt werden, die *zum Kind* kommen (Luftballons, Bälle, Rollbretter etc.), so daß anfängliche Blockierungen (Angst, nicht mitmachen wollen) bei den Kindern vermieden werden. Jedem Kind – auch wenn es am Rand sitzt – sollte ein Gerät gegeben werden.

Im weiteren Verlauf der Übungsstunden werden dann Spiel- und Bewegungsangebote gemacht, die ein Erproben der eigenen Fähigkeiten (z. B. Gleichgewichtsfähigkeit, Anpassung an neue Geräte) und das Entwickeln eigener Spielideen ermöglichen (z. B. Bauen und Konstruieren mit Materialien).

6.2 Der äußere Rahmen

Zu den äußeren Rahmenbedingungen gehören die räumlichen Voraussetzungen, die Materialausstattung, zeitliche Vorgaben – wie lang soll eine Fördereinheit überhaupt dauern, wie kann eine Übungsstunde aufgebaut werden.

6.2.1 Bewegungsräume

Psychomotorische Förderung benötigt keine Turnhalle und ist auch ohne die typischen psychomotorischen Geräte durchführbar – obwohl das Vorhandensein beider die Durchführung erheblich erleichtert. Der Raum sollte eine auf die Bewegungsbedürfnisse von Kindern abgestimmte Größe haben. *Turnhallen* sind oft sehr groß, da die Gruppen nur eine begrenzte Anzahl von Teilnehmern umfassen, „verlieren" sich die Kinder manchmal in ihnen. Deswegen brauchen Kinder in großen Turnhallen oft Ecken und Nischen, in denen sie sich zurückziehen können; hier bauen sie mit Vorliebe „Buden", die ihrem Wunsch nach Geborgenheit entsprechen. Andererseits ermöglicht der weite Raum das ungehinderte Ausleben der Bewegungsbedürfnisse, z. B. beim Rollbrettfahren. Konflikte mit anderen sind hier seltener als in kleinen Räumen, man kann ihnen aus dem Wege gehen, allerdings ist aber auch die Möglichkeit der Begegnungen und der Kontakte untereinander begrenzt.

In einer Turnhalle sind häufig Klettermöglichkeiten und Vorrichtungen zum Anbringen von schaukelnden, schwingenden Geräten vorhanden. Außerdem ermöglichen die Großgeräte gerade in ihrer Kombination miteinander *Bewegungslandschaften*, die ein selbstgesteuertes Erproben und Üben sehr unterstützen. So werden die traditionellen Turngeräte oft zweckentfremdet und zu Spielsituationen im psychomotorischen Sinne umgebaut (vgl. hierzu auch Baumann/ Hundeloh 1998).

Raumgröße Die Mindestraumgröße ist abhängig von der Gruppenstärke. Eine kleine Gruppe bis zu vier Kindern kann in einem Raum von ca. 40 m^2 Bewegungsspiele durchführen, ist die Gruppe größer, muß natürlich mehr Spiel- und Bewegungsraum vorhanden sein.

Eine ausreichende Raumhöhe (mindestens 3,20 m) ist notwendig für den Aufbau von Klettergeräten. Die Decke sollte so stabil sein, daß das Anbringen von Haken an der Decke, an denen je nach Bedarf Schaukeln, Hängematten, Kletterseile oder Schaukeltücher befestigt werden können, möglich ist.

Materialraum Jeder Bewegungsraum sollte unbedingt einen Nebenraum für die Materialunterbringung haben, damit diese nicht im Bewegungsraum selbst aufbewahrt werden müssen und hier zu Konflikten führen. Ein

Bewegungsräume selbst gestalten

leerer Raum lädt im übrigen auch zur eigenen Gestaltung ein, hier können die Kinder dem Raum selbst Sinn und Bedeutung verleihen.

Außenräume

Räume für psychomotorische Förderung können aber auch Außenspielräume sein. Der Wald, ein Spielplatz oder eine Wiese geben natürliche Bewegungsanlässe, sie können ebenso für die psychomotorische Förderung genutzt werden, sofern ein entsprechendes Gelände zur Verfügung steht oder aufgesucht werden kann.

6.2.2 Geräte und Materialien

Psychomotorische Förderung wird meist auf Anhieb mit den sogenannten Psychomotorischen Geräten in Verbindung gebracht. Diese, in der Therapie Behinderter entwickelten, Geräte haben das Angebot an Bewegungs- und Sportgeräten zwar erheblich bereichert. Aufgrund ihrer aufeinander abgestimmten Farb- und Formgebungen und ihrer vielfältigen Möglichkeiten, Gleichgewicht, Koordination oder Wahrnehmung anzusprechen, sind sie für Kinder oft auch sehr viel motivierender als die aus dem Sportunterricht bekannten Geräte. Außerdem haben sie den Vorteil, daß sie zunächst gar nicht mit Unterricht und Üben, sondern eher mit Spiel und Spaß in Verbindung gebracht werden. Für die psychomotorische Praxis sind sie allerdings keine unumgängliche Voraussetzung. Viele der im Praxisteil dieses Buches verwendeten Geräte sind sogar eher den sogenannten Alltagsgeräten zuzuordnen.

Neben der üblichen Ausstattung von Bewegungsräumen mit Großgeräten und Materialien haben sich für die psychomotorische Förderung folgende Geräte sehr bewährt:

Beispiele für die Geräteausstattung

- *Material zum Bauen und Transportieren* (z. B. Schaumstoffteile in verschiedenen Größen, mit denen gebaut werden kann, die aber auch auf Rollbrettern transportiert oder als Hindernisse beim Fahren benutzt werden können. Sie sind variabel einzusetzen und können auch von den Kindern selbständig bewegt, transportiert und verändert werden);
- *Geräte zum Spiel mit dem Gleichgewicht* (drehbare Scheiben, Wakkelbretter, Balancierbalken, Rundhölzer);
- *Geräte zum Klettern, Hängen und Springen* (z. B. schwenkbare, herausklappbare Sprossenwände, an denen Leitern eingehängt

oder Seile zum Hangeln und Balancieren befestigt werden können; Kombinationsgeräte mit Leitern, Brettern und Stangen, aus denen eine ständig variierbare Balancier- und Kletterlandschaft entstehen kann);

Vgl. Praxisbeispiele Kap. 8

- *Fahr- und Rollgeräte* (Rollbretter, Skateboards, Pedalos);
- *Gerätekombinationen zum Rutschen und Rollen* (Bretter, die an Sprossenwände eingehängt werden, Tonnen, Röhren, Walzen);
- *Geräte zum individuellen Spiel der Kinder* (Luftballons, Seile, Sandsäckchen, Bälle, Pezzibälle);
- *Geräte, die das Zusammenspiel zweier Partner herausfordern* (Federball- oder Tischtennisschläger, Riesenluftballons);
- *Geräte zum Zusammenführen der ganzen Gruppe* (Schwungtuch, Fallschirm).

Insbesondere bei den Kleingeräten ist es notwendig, eine ausreichende Menge von jedem Material zur Verfügung zu haben.

Eine solche Aufstellung kann natürlich nur eine Auswahl an Gerätebeispielen enthalten. In der Fachliteratur sind jedoch gerade in den letzten Jahren viele Werke herausgegeben worden, die ausführliche Hinweise für eine Grundausstattung mit Sportgeräten, psychomotorischen Geräten und Alltagsmaterialien geben und Beispiele für die Verwendung der Geräte in der Praxis psychomotorischer Förderung enthalten (Beudels u. a. 1994, 1998, Keller/Fritz 1995, Kiphard 1980, Köckenberger 1997, Zimmer 1989, 1995).

6.2.3 Der zeitliche Rahmen

Häufigkeit, zeitliches Ausmaß und Gesamtdauer psychomotorischer Fördermaßnahmen sind abhängig vom Alter der Kinder, von ihrer spezifischen Problematik und insbesondere von der Institution, in der sie stattfinden. Im Kindergarten wird man eher kürzere, dafür aber häufigere Fördereinheiten bevorzugen, in der Schule werden die Fördermaßnahmen sich an die üblichen Stundeneinheiten (Einzel-/Doppelstunde) anpassen müssen.

Die folgenden Überlegungen sind für Psychomotorikgruppen gedacht, die nur zum Zweck der Förderung zusammenkommen und deren Gesamtdauer frei vereinbart werden kann.

Dauer In der Regel wird eine Übungsstunde einmal wöchentlich stattfinden und jeweils ca. 45 bis 60 Minuten dauern. In diese Zeit ist das Umziehen der Kinder, die Gespräche mit Eltern etc. *nicht* eingeschlossen.

Regelmäßigkeit Die Übungsstunden sollten regelmäßig an einem bestimmten Tag zu einer bestimmten Zeit stattfinden, Eltern und Kinder sollten auf die Notwendigkeit einer regelmäßigen Teilnahme hingewiesen werden. Auch für den Pädagogen ist es wichtig, möglichst keine Stunde ausfallen zu lassen, da sich bei jeder Unterbrechung wieder die Notwendigkeit der Eingewöhnung in die Gruppe ergibt und der Anschluß an bisher Erreichtes erschwert wird. Aus diesem Grund ist eine Betreuung von zwei Pädagogen sinnvoll, da hierdurch die kontinuierliche Weiterführung der Gruppe auch bei Krankheit oder Verhinderung eines Betreuers gewährleistet ist.

Über welchen Zeitraum sich die gesamte Fördermaßnahme erstreckt, ist von der Problemlage des Kindes und vom Fortschritt seiner Entwicklung abhängig.

Förderdauer Die *Mindestdauer* beträgt nach unseren Erfahrungen ein halbes Jahr (das sind unter Ausschluß der Ferienzeiten ca. 20 Stunden), in der Regel jedoch ein Jahr oder auch länger.

In unseren Psychomotorikgruppen gelten die ersten 3 Wochen als *Probezeiten.* In dieser Zeit findet eine intensive Beobachtung des Kindes statt, danach wird mit Kindern und Eltern darüber gesprochen, ob das Kind weiter in der Gruppe bleibt (oft läßt sich dies jedoch bereits nach der ersten Stunde sagen).

Nach weiteren vier Wochen der *Eingewöhnungszeit* wird dann zur Ergänzung der Beobachtung ein standardisiertes Testverfahren zur Erfassung des motorischen Entwicklungsstandes (MOT 4–6 bei den jüngeren Kindern, KTK bei den älteren) durchgeführt.

Vgl. Kap. 5.4

Dieser Test wird jeweils im Abstand von einem halben Jahr wiederholt, die Ergebnisse werden zusammen mit den *Bewegungs- und Verhaltensbeobachtungen* in die Entscheidung, ob die Fördermaßnahme beendet oder fortgeführt wird, einbezogen. In diese Entscheidung gehen natürlich auch die Erfahrungen der Eltern über die Entwicklung des Kindes und eventuell Verhaltensänderungen im Alltag ein.

Die Kinder in unseren Psychomotorikgruppen bleiben durchweg mindestens ein Jahr, manche Kinder, deren Entwicklung stärker beeinträchtigt ist, sind auch über den Zeitraum von zwei Jahren und länger in der Gruppe. Insbesondere bei den älteren ist es oft schwer, eine Folgegruppe zu finden. Sie brauchen aber eine kontinuierliche Weiterbetreuung, deswegen ist hier die Verweildauer besonders lang.

Der Zeitpunkt der Beendigung der Förderung ist dann gekommen, wenn die Symptome, derentwegen das Kind die Förderung begonnen hat, bearbeitet worden sind, spätestens aber dann, wenn das Kind selbst eine Beendigung wünscht.

6.3 Die Gestaltung der Psychomotorik-Stunden

Wie bezeichnet man eigentlich die psychomotorischen Fördermaßnahmen, als *Spiel-, als Übungsstunde*, als *Psychomotorikstunde?* Eigentlich trifft alles zu: Die Kinder spielen, das ist für sie der eigentliche Zweck, weswegen sie kommen. Für Eltern, Ärzte, Fachleute wäre dies aber zu wenig. Spielen kann man schließlich auch zu Hause, im Kindergarten oder auf dem Spielplatz, dafür muß man nicht den zeitlichen Aufwand, die Kosten, die festen Termine auf sich nehmen. Nicht jedem Beteiligten ist die Bedeutung des Spiels im Rahmen einer psychomotorischen Förderung, so wie es in Kapitel 4 beschrieben wurde, bewußt. Aber die Kinder üben ja auch: Sie üben sich in ihrer Bewegungssicherheit, in ihrer Koordinationsfähigkeit, sie üben ihr Gleichgewicht und ihre Auge-Hand-Koordination – auch wenn dies nach außen wie ein Spiel aussieht. Der Begriff Übungsstunde wäre also genauso angebracht wie die Bezeichnung Spielstunde, beide beinhalten jedoch auch Mißverständliches. Deswegen ziehe ich im folgenden die Bezeichnung „*Psychomotorikstunde*" vor, auch wenn dies fast wie Schule klingt; hin und wieder wird jedoch auch der Begriff „Übungsstunde" verwendet.

6.3.1 Einstieg in die psychomotorische Förderung

Die Kinder, die an einer Psychomotorikgruppe teilnehmen, haben dies nur selten von sich aus entschieden. In der Regel geht die Anmeldung von einem Erwachsenen aus: durch die Initiative der Eltern, die selbst festgestellt haben, daß ihr Kind eine besondere Förderung braucht, oder die vom Kinderarzt, Erzieherinnen oder Lehrern darauf aufmerksam gemacht wurden. Nicht immer sind die Eltern von der Notwendigkeit einer psychomotorischen Förderung überzeugt. Sie haben zwar der Empfehlung des Arztes oder der Erzieherin entsprochen, brauchen meist jedoch nähere Informationen über das, was die psychomotorische Förderung bei ihrem Kind bewirken soll, was inhaltlich hier stattfindet und warum dies ausgerechnet bei ihrem Kind notwendig ist. Wichtig ist hierbei auch, daß die Teilnahme an einer psychomotorischen Gruppe nicht als Makel betrachtet wird. Sie sollte vielmehr als eine Hilfsmaßnahme verstanden werden, durch die das Kind in seiner Entwicklung unterstützt werden kann.

Daß das Kind sich nicht selbst für die psychomotorische Förderung entscheidet, hat auch *Konsequenzen für die Selbstwahrnehmung* des Kindes. Manchmal fühlt es sich verunsichert, in seiner Identität bedroht. Die Motivation zur Teilnahme ist in solchen Fällen nicht immer sehr groß. Ausnahmen bilden die Kinder, die durch Freunde und Schulkameraden von den Gruppen gehört haben, denen von anderen berichtet worden ist, was in der Psychomotorikstunde an interessanten Dingen passiert (z. B. Trampolinspringen und Rollbrettfahren, der Erwerb eines Rollbrettführerscheins, der dann anderen Kindern gezeigt werden kann).

Motivation

Daraus folgt, daß die ersten Stunden in der Gruppe besonders wichtig sind und deswegen gut auf diese Problematik abgestimmt werden müssen.

Atmosphäre

Die Atmosphäre muß vor allem in der ersten Stunde so locker und heiter sein, daß das Kind ganz vergißt, danach zu fragen, warum es denn an dieser Gruppe teilnehmen müsse. Vor allem sollen die Kinder nicht das Gefühl haben, bei ihnen sei „etwas nicht richtig" und das sollte hier korrigiert werden. In den ersten Stunden sollten sie erkennen können, daß es gar nicht darum geht, was sie *nicht* können. Sie sollten vielmehr erkennen, daß sie hier die Möglichkeit haben, *neue Erfahrungen* mit sich selbst und mit anderen zu machen, Spiele zu erproben und neue Geräte auszuprobieren.

Wichtig für die psychomotorische Förderung ist, daß die Kinder Spaß daran haben, daß sie selbst einen Sinn in den Bewegungsangeboten sehen, daß sie – bei aller Ambivalenz – mit Freude teilnehmen. Entsprechend sollten auch die Übungsstunden gestaltet werden. Dies ist eine wichtige Basis für eine erfolgreiche Förderung.

Einstiegssituationen

Strukturierung der Beziehungen

Der erste Kontakt, die erste Begegnung mit dem Kind stellt bereits entscheidende Weichen für den Verlauf der Fördermaßnahme. Es werden nicht nur erste Informationen organisatorischer Art gegeben, Regeln abgesprochen, Abmachungen getroffen, „Verträge" geschlossen, sondern es finden in dem ersten *Kontakt* zwischen der Pädagogin und dem Kind auch entscheidende Motivationsprozesse statt. Es erfolgt eine *Struktrurierung* der *Beziehung* zwischen Kind und Erwachsenem, die den Verlauf und das Ergebnis der Fördermaßnahme entscheidend mitbeeinflußt.

In den meisten Fällen kommen die Kinder ohne Vorerwartungen in die Psychomotorikstunde. Sie wissen nicht, was sie erwartet, sind entweder neugierig und gespannt oder aber zurückhaltend und vielleicht sogar voller Abwehr. Mit beiden Verhaltensweisen muß die Gruppenleiterin rechnen, sie muß sich auf sie einstellen.

In den ersten Stunden werden auch erste Vorstellungen von dem erzeugt, was die Kinder mit den Übungsstunden verbinden. Die ersten Stunden beinhalten deswegen die Chance, daß die Kinder den Angeboten positiv gegenüberstehen, daß sie gerne weiter kommen wollen, sie bergen aber auch die Gefahr, daß Kinder sich z. B. nicht richtig angesprochen fühlen, daß sie sich in der Gruppe nicht wohlfühlen und deswegen nicht wiederkommen wollen.

Daher sind die in Abschnitt 6.1 erwähnten Absprachen – insbesondere bei Kindern, die nur sehr lustlos und mit Widerstand teilnehmen – wichtig:

> *„Du entscheidest, ob du an dieser Spiel-/Sportstunde teilnehmen willst. Wenn es dir überhaupt nicht gefällt, brauchst du nicht wiederzukommen. Damit du aber weißt, was wir hier alles machen, kannst du dreimal zur Probe kommen. Danach sprechen wir noch einmal darüber, ob es dir hier gefällt oder nicht."*

Absprachen

Solche Absprachen sind eine Art Vertrag, der mit Handschlag besiegelt wird und für alle – Gruppenleiter, Kinder, Eltern – bindend ist. Vor allem für ältere Kinder sind solche Abmachungen wichtig, denn sie sehen sich dadurch als Partner ernstgenommen.

Bei jüngeren Kindern (im vorschulischen Alter) sind die verbalen Abmachungen nicht von so großer Bedeutung, da die Kinder zum Teil überfordert sind, wenn sie nach so kurzer Zeit der Eingewöhnung die Entscheidung zur Teilnahme selbst treffen sollen. Aber auch hier gilt es für Gruppenleiter und Eltern, wachsam zu sein, ob die Angebote den Kindern auch wirklich Spaß bereiten. Wenn ein Kind über längere Zeit hinweg immer wieder aufs neue überredet werden muß, zur Übungsstunde zu kommen, sollten die Eltern und auch die Pädagogin mit ihm darüber sprechen, was es stört, warum es nicht gerne kommt und – sofern der Konflikt nicht zu lösen ist – die psychomotorische Förderung abbrechen (oder unterbrechen).

Zuweilen kann die freie Entscheidung des Kindes bereits der *Beginn des Heilungsprozesses sein:*

Jannis, ein 12jähriger Junge, wurde wegen seiner übermäßigen Zurückhaltung gegenüber Fremden, seiner Unselbständigkeit, Unsicherheit und wegen seines mangelnden Selbstvertrauens zu unserer Psychomotorikgruppe angemeldet. Bereits am Telefon kündigte mir die Mutter an, sie habe ja schon viel Gutes über unsere Arbeit gehört, aber ihr Sohn wolle partout nicht mitkommen. Ich erklärte ihr, daß in dem Alter ihres Sohnes die Kinder bei uns selbst entscheiden, ob diese Art der Förderung etwas für sie sei und daß sie Jannis darüber informieren solle, daß er bei den ersten Stunden einfach nur zuschauen dürfe.
Jannis kam! Mit der Mutter blieb er die ganze erste Stunde auf der Bank sitzen und schaute der Gruppe zu. In der zweiten und dritten Stunde hatte er Sportkleidung mitgebracht und machte – verhalten und ohne Kontakt mit den anderen Kindern aufzunehmen – mit. Ich war erleichtert, daß er – scheinbar so schnell – Bereitschaft zur Teilnahme gezeigt hatte, und so war meine Frage, ob Jannis jetzt nach Beendigung der Probezeit nun regelmäßig kommen wolle, fast schon eine rhetorische Frage, auf die ich ein eindeutiges „Ja“ erwar-

tete. Um so erstaunter war ich, als Jannis ganz klar mit „Nein“ antwortete. „Nein, ich will da nicht mitmachen.“ Auf meine Nachfrage, ob und was ihm denn nicht gefallen habe, meinte er: „Ja, eigentlich ist es ja ganz gut, aber mitmachen will ich nicht.“ Die Mutter schaute mich fragend an. So schnell wollte sie nicht aufgeben und versuchte Jannis zu überreden. Ich hielt sie davon ab: „Wir haben etwas abgemacht, und das gilt natürlich auch jetzt. Jannis, wenn du nicht mitmachen willst, du darfst entscheiden. Ich finde es schade, denn ich hätte dich gerne in der Gruppe gehabt, wenn es dir gar nicht gefällt, will ich dich aber nicht dazu zwingen.“ Erleichtert verabschiedete sich Jannis: „Komm jetzt, Mama, du hast gehört, was sie gesagt hat.“ Am Abend telefonierte ich mit der Mutter. Sie erwähnte, Jannis habe sich mit dieser Entscheidung wohl selbst bestraft. Im Grund habe er gerne teilnehmen wollen, aber er wollte ausprobieren, ob die Abmachung, „der Vertrag“ auch wirklich ernstgemeint war, er wollte testen, ob wir worthalten. Wir verblieben so, daß die Mutter Jannis nach ca. 3 Monaten noch einmal das Angebot auf einen Therapieplatz machen würde. Wenige Tage später rief sie mich erneut an: Jannis habe sich in seinem Verhalten sehr geändert, er sei selbständiger geworden, gehe jetzt alleine einkaufen, verabrede sich neuerdings auch nachmittags mit Freunden und ergreife zum ersten Mal selbst für etwas die Initiative.

Die Erfahrung, ernstgenommen zu werden, selbst etwas entscheiden zu können, hat für viele Kinder schon heilsamen Charakter.

6.3.2 Die Auswahl der Inhalte

Die inhaltliche Gestaltung einer Psychomotorikstunde erfordert von dem Pädagogen große Flexibilität. Die Bewegungsangebote sollten auf die *Interessen und Bedürfnisse* der Kinder ausgerichtet sein und ihnen Lust zum Spielen und Sich-Erproben machen. Das heißt, daß der Pädagoge spüren muß, wofür sich die Kinder interessieren. In einer Gruppe bedeutet dies auch immer, zwischen unterschiedlichen Interessen auswählen zu müssen, die Bedürfnisse einiger Kinder stärker berücksichtigen zu können als die anderer. Meist werden es Angebote sein, die für die ganze Gruppe gelten, manchmal sind sie je-

Berücksichtigung der Bedürfnisse

doch auf einzelne Kinder abgestimmt. Oft ist es daher notwendig, *Alternativangebote* zu machen. Ein Kind, das mit einem Pedalo noch nichts anfangen kann, das kein Interesse daran hat, seine Fahreigenschaften zu erkunden, muß Gelegenheit haben, ein für seine Voraussetzungen besser passendes Angebot vorzufinden.

Alternativangebote

Angebote dürfen aber auch abgelehnt werden – sonst sind es keine Angebote. Bei allen Herausforderungen zur Aktivität muß auch akzeptiert werden, wenn ein Kind nur zuschauen möchte, wenn es zunächst in Distanz zu den anderen bleibt.

> Die Spiel- und Bewegungsangebote sollten den Kindern neue (Bewegungs- und Selbst-) Erfahrungen ermöglichen und ihnen bisher vielleicht ungewohnte Handlungs- und Erlebnisräume eröffnen. Sie sollen ermutigt werden, sich auf neue Erfahrungen einzulassen, vielleicht sogar das Bild von sich selbst in Frage zu stellen.

Planung

Die Planung der Inhalte sollte mit den Kindern abgesprochen werden; das kann z. B. am Ende einer Stunde erfolgen, indem für die nächste Stunde Wünsche der Kinder erfragt werden. In der Regel greifen Kinder bei einer solchen Frage jedoch immer auf ihnen Bekanntes zurück. Um das Repertoire aber zu erweitern und das Spektrum der Spiel- und Bewegungsmöglichkeiten zu vergrößern, können daher auch von den Betreuern der Gruppe Bewegungsarrangements vorbereitet werden, die den Kindern Anlässe für weiterführende Spielideen geben.

Die Pädagogin muß über ein breites *Repertoire an Spielideen*, Übungsbeispielen, Gerätearrangements verfügen, auf die sie bei Bedarf zurückgreifen kann, die den Start in ein Bewegungsspiel erleichtern und die sie – auf die jeweilige Situation abgestimmt – einsetzen kann. Beispiele für solche Spielideen werden in Kapitel 8 gegeben.

Vgl. Kap. 8

Zum Teil sind auch größere Vorbereitungen hinsichtlich des Geräteaufbaus etc. notwendig, die ohne Kinder und bereits vor der Stunde getroffen werden. Sie sollten jedoch die Ausnahme sein: Grundsätzlich sollten alle Gerätearrangements gemeinsam mit den Kindern aufgebaut werden, damit es *ihr* Spiel ist.

Vorüberlegungen

Folgende Überlegungen sollte die Pädagogin vor Beginn der Psychomotorik-Stunde treffen, sie fließen in die Vorbereitung ein:

- Gibt es bestimmte Wünsche, die die Gruppe auszeichnen, Besonderheiten, die die Gruppe besonders gerne tut?
- Gibt es besonders schwierige Kinder in der Gruppe, die sich bei bestimmten Angeboten verweigern? Durch welche Spiele wären sie zu integrieren?

- Was interessiert die Teilnehmer besonders, wo liegen Vorlieben? Gibt es Geräte, die wenig Interesse finden oder sogar bei einzelnen Kindern auf Ablehnung stoßen (weil sie sie überfordern, weil sie wenig Phantasieentfaltung ermöglichen, keine Umdefinitionen zulassen)?
- Gibt es bei Kindern besondere Ängste, Widerstände?
- Wo können Erfolgserlebnisse besonders einfach vermittelt werden?

In unserer Praxis hat sich folgendes *Grundgerüst methodischen Vorgehens* und *zeitlicher Planung* als sinnvoll erwiesen:

Stundenaufbau

1. Einstimmungsphase (Anfangsritual: Sitzkreis. „Wer fehlt noch? Welche besonderen Wünsche gibt es? Was wurde in der vorhergehenden Stunde verabredet?“);
2. individuelle, bewegungsintensive Angebote (um den meist großen Bewegungsdrang der Kinder entgegenzukommen, um jedem Kind die individuelle Betätigung mit einem Gerät – meist Kleingerät – zu ermöglichen);
3. gruppenbezogene Angebote, die Erlebnisse des sozialen Miteinanders ermöglichen (Gerätekombinationen, die gemeinsam aufgebaut werden, an denen gemeinsames Spielen, Absprachen, Rücksichtnahme etc. möglich und nötig sind);
4. Abschlußphase, Entspannung (Ruhe-/Entspannungsspiel, Abschlußritual: Sitzkreis, Erfragen von Wünschen für die nächste Stunde, Verabschiedung).

Praktische Beispiele hierzu sind in Kapitel 8 beschrieben.

6.3.3 Rituale

Stundenbeginn

Rituale zu Beginn der Gruppenstunde, aber auch zur Beendigung ermöglichen Orientierungen, geben Vertrauen und Sicherheit. So kann jede Gruppenstunde mit einer kurzen *Gesprächsrunde* beginnen: Die Namen der anwesenden Kinder werden genannt, wer fehlt (sich bewußt werden, wer zur Gruppe gehört), wer ist heute nicht da, wer ist neu dazugekommen, wer ist eventuell heute das letzte Mal dabei? Damit wird der Bezug zur Gruppe gestärkt, die Kinder können sich aufeinander einstellen, sich die Namen einprägen.

Abschluß

Den Abschluß der Stunde kann eine kleine *Entspannungseinheit* bilden, sie findet bei unseren Psychomotorik-Gruppen immer auf einem großen Schwungtuch statt, einem gelben Tuch, dem die Kinder den Namen „Sonnentuch" gegeben haben (weil wir als Entspannungsspiel häufig die „Wetterkarte" gespielt haben).

In einem *Abschlußkreis* kann auch die Rückkoppelung des Gewesenen erfolgen: „Was hat mir gutgetan, was hat mir gar nicht gefallen?" Ein Ausblick auf die nächste Stunde kann mit der Frage verbunden werden: „Welche Wünsche habt ihr für die nächste Stunde?"

6.4 Die Förderung in einer Gruppe

Psychomotorische Förderung findet in der Regel in einer Gruppe statt. Zwar kann in besonderen Fällen auch für ein einzelnes Kind eine Fördermaßnahme eingerichtet werden, meist handelt es sich dabei aber um therapeutische Maßnahmen, die im Zusammenhang mit einer krankengymnastischen oder ergotherapeutischen Behandlung stattfinden.

Die Gruppe hat nicht nur organisatorische Vorteile, hier finden auch für das Kind wesentliche Interaktionen statt. Allerdings muß die Gruppenzusammensetzung gut bedacht werden.

6.4.1 Bedeutung der Gruppe

Die *Vorteile einer Gruppe* liegen auf verschiedenen Ebenen:

- Kinder verhalten sich in einer Gruppe ungezwungener, spontaner, sie fühlen sich weniger kontrolliert als in einer Einzelförderung.
- Wenn die ersten Psychomotorikstunden des Kindes als Probestunden gelten, ist es nur in einer Gruppe möglich, zuerst einmal zwanglos zuschauen, sich ein Bild über das, was in den Stunden passiert, machen zu können, zu sehen, wie die anderen Kinder sich beteiligen.

Dynamische Prozesse in der Gruppe

- Der Zugang zum Kind ist in einer Gruppe meist leichter und unauffälliger, das Kind kann sich der Zuwendung durch den Erwachsenen auch einmal entziehen, es kann das Gruppengeschehen sogar aus der Beobachterrolle verfolgen.

Auswirkungen der Gruppe

Die Gruppe hat aber auch eine eigene *Dynamik*, von der ebenfalls Wirkungen auf das Kind ausgehen. Jedes Kind hat seine eigene Geschichte, es kann sein, daß einzelne Persönlichkeiten einander anregen, sich unterstützen oder sich gegenseitig bestätigen.

Durch die dynamischen Prozesse in einer Gruppe werden manchmal aber auch akute Probleme zwischen den Kindern deutlich erkennbar. Ein zurückhaltendes, ängstliches Kind wird z. B. von einem anderen herausgefordert und muß nun darauf reagieren. Verhielt es sich vielleicht früher in solchen Situationen mit Rückzug und Abkapselung, so zeigt es plötzlich – unter Umständen bedingt durch das Modellverhalten anderer, eine größere Selbstsicherheit oder das Gefühl, einmal allein auf sich selbst gestellt zu sein – mehr Aktivität in seinem Verhalten: Es behauptet seine Rechte, verteidigt Spielgeräte und schlägt vielleicht auch einmal zurück, wenn es angegriffen wird. So können sich die Kinder im Rahmen der Gruppe auch gegenseitig unterstützen und so etwas wie Helferfunktionen wahrnehmen.

Integration des Gruppenleiters

In einer Gruppe sind die Kinder auch schneller bereit, den Erwachsenen zu integrieren und anzunehmen. Zwar ist das intensive Bemühen um das einzelne Kind und das Eingehen auf seine Probleme in einer Gruppe nicht so ohne weiteres möglich, es besteht jedoch weniger die Gefahr der übermäßigen Konzentration eines Kindes auf den Erwachsenen.

Das Kind erlebt sich immer auch im Kontext seines sozialen Bezugssystems. Nicht nur die Eltern, Erzieher und Lehrer oder der Pädagoge tragen zur Entstehung seines Bildes von sich selbst bei, eine ganz besonders wichtige Bedeutung haben auch die anderen Kinder. Die Entwicklung des Kindes hängt u. a. auch davon ab, ob es von der Gruppe aufgenommen oder ob es ausgegrenzt wird, ob es akzeptiert oder abgelehnt wird. Die Psychomotorik-Gruppe ermöglicht also auch neue Möglichkeiten der *Fremd- und Selbstwahrnehmung.*

Allerdings verlangt eine Gruppe vom Kind ein hohes Maß an Frustrationstoleranz und die Bereitschaft zum Verzicht auf die ungeteilte Zuwendung des Erwachsenen. Dafür erlebt das Kind in einer Gruppe aber wiederum Beziehungen zu anderen Kindern, die in einer Erwachsenen-Kind-Beziehung nicht möglich wären. Durch die Gruppe wird auch die Transferwirkung in den Alltag gefördert, denn viele Kinder haben ja gerade in sozialen Situationen Schwierigkeiten. So stellt die Gruppe ein natürliches Umfeld dar, denn im Alltag ist das Kind ja auch zum größten Teil mit anderen Kindern zusammen, es muß Regeln des Zusammenlebens beachten und sich mit anderen auseinandersetzen.

Regeln des Zusammenlebens

Der Gruppe ist daher in der Psychomotorik immer der Vorzug vor einer Einzelförderung zu geben, es sei denn, das Kind ist aufgrund seines Alters oder wegen seiner besonderen Problematik noch nicht in der Lage, sich in eine Gruppe einzuordnen. Die Aufnahme in eine Gruppe setzt voraus, daß sich das Kind auch ohne Eltern wohlfühlt, daß es zu anderen Bezugspersonen Kontakt aufnehmen kann. In der Regel sind Kinder ab 3 Jahren gruppenfähig.

6.4.2 Gruppenzusammensetzung

Heterogenität

Die Zusammensetzung der Gruppe sollte möglichst heterogen sein, um die Kinder die Vielfalt der Verhaltensmöglichkeiten erleben zu lassen. Bei einer homogenen Gruppenstruktur ist die Gefahr groß, daß Kinder sich selbst in ihrem Verhalten laufend verstärken, daß sie untereinander negative Verhaltensmodelle imitieren. So ist eine Gruppe, die nur aus hyperaktiven, aggressiven Kindern besteht, kaum zu lenken, da die Kinder sich selbst ständig als Bedrohung erleben. Ein oder zwei hyperaktive Kinder können dagegen als willkommene Belebung einer ansonsten ruhigen Gruppe wahrgenommen werden.

So ergibt sich z. B. für schüchterne, gehemmte Kinder in der Gruppensituation häufig die Gelegenheit, daß die anderen stellvertretend für sie Erfahrungen machen (z. B. den Pädagogen herauszufordern oder sich an eine neue schwierige Situation heranzuwagen, die die eigenen Kräfte scheinbar übersteigt), die sie auf ihr eigenes Verhalten übertragen können.

Modellverhalten

Sind in einer Gruppe Kinder mit unterschiedlichen Verhaltensproblemen und Entwicklungsbesonderheiten vertreten, ist es am ehesten möglich, daß sie voneinander lernen. So können sich positive Verhaltensweisen übertragen, die Gefahr einer gegenseitigen Störung durch ähnliches Verhalten der Gruppenmitglieder ist weniger gegeben.

Allerdings sollten die Kinder in ihrem *Entwicklungsniveau* zueinander passen, also auch in den Altersstufen nicht allzu weit auseinander liegen. Ein Dreizehnjähriger fühlt sich häufig unterfordert, wenn er mit Siebenjährigen zusammen in einer Gruppe ist. Auch wenn er ihnen vielleicht sogar motorisch unterlegen ist (oder gerade deswegen), ist es doch unter seiner Würde, mit „den Kleinen“ zusammenzuspielen.

Ebenso ist es für Kinder, bei denen die Einschulung in Kürze ansteht, sinnvoll, sie mit altersgleichen Kindern in eine Gruppe zu bringen, damit die Auseinandersetzung mit der Gleichaltrigengruppe geübt werden kann.

Es gibt jedoch auch Ausnahmen von dieser Regel: Wenn ein Kind z. B. stets überfordert ist, sich dauernd in Konkurrenz zu Gleichaltrigen sieht, kann es für dieses Kind erleichternd sein, sich in einer jüngeren Gruppe nicht dauernd beweisen zu müssen.

6.4.3 Geschlossene und halboffene Gruppen

Gruppen können zum gleichen Zeitpunkt beginnen und auch gemeinsam aufhören (Kurssystem, *geschlossene Gruppen*), sie können jedoch in ihrer Zusammensetzung fluktuieren, d. h., es werden schrittweise neue Kinder in eine feste, bestehende Gruppe aufgenommen. Wenn ein Platz frei wird durch ein Kind, das die Förderung beendet, wird ein neues aufgenommen (*halboffene Gruppen*).

Aufnahme neuer Kinder

Bei dieser letztgenannten Form können neue Gruppenmitglieder behutsam eingeführt werden. Außerdem kann der Förderzeitraum bei jedem Kind individuell festgelegt werden.

In der halboffenen Gruppe sind die „alten" Kinder schon so etwas wie „Experten", es kann für sie ein befriedigendes Gefühl sein, daß sie nun schon alle Rituale kennen, daß sie den neuen vielleicht sogar Hilfen geben können.

6.4.4 Gruppengröße

Die Anzahl der Kinder, die in eine Gruppe aufgenommen werden, hängt ab von den räumlichen Bedingungen, unter denen die psychomotorische Förderung durchgeführt wird, insbesondere aber auch von den individuellen Problemen der Kinder, der Anzahl der Betreuer und vom Alter der Kinder.

Wird die Gruppe von *einem* Pädagogen betreut, liegt die optimale Gruppengröße bei 4 bis 6 Kindern. Sind zwei Betreuer vorhanden, kann die Gruppe auf 8 bis 10 Kinder erweitert werden.

In einer größeren Gruppe ist die Bereitschaft, störende Verhaltensweisen anderer Kinder zu ertragen, meist eher vorhanden. Man kann sich auch verstecken, ist anonymer und fühlt sich weniger beobachtet (durch den Pädagogen oder durch die anderen).

6.5 Zum Verhalten der Pädagogin

Bei jeder Fördermaßnahme und bei jedem pädagogischen wie therapeutischen Prozeß ist die Beziehung zwischen dem Erwachsenen und dem Kind von entscheidender Bedeutung. Sie ist sowohl notwendige Vorbedingung für den erfolgreichen Einstieg in die Förderung, es ist aber auch die Beziehung selbst, die sich auf den Erfolg auswirkt (Rogers 1973). In diesem Zusammenhang spielt natürlich die Person der Pädagogin eine große Rolle. Sie soll im folgenden näher betrachtet werden.

6.5.1 Rolle der Pädagogin

In einer Gruppe hat die Pädagogin einerseits die Rolle der Beobachterin (sie hat alle Kinder im Blick, mischt sich möglichst wenig in die Interaktionen der Kinder ein), andererseits stellt sie aber auch zu jedem Kind eine persönliche Beziehung her.

Dem Kind soll deutlich werden, daß sie sich freut, daß das Kind in die Übungsstunde gekommen ist und daß sie sich für das Kind interessiert. Es sollte in jeder Stunde eine möglichst intensive Begegnung zwischen Erwachsenen und dem Kind stattfinden.

Auch wenn sich der Erwachsene direkter Intervention und Einflußnahmen enthält, wenn er sich zurückhält und sich selbst mehr in den Hintergrund stellt, ist er doch immer als Person anwesend. Er hat die Spielsituation arrangiert, er ist Ansprechpartner für die Kinder, von ihm wird erwartet, daß er Streit schlichtet oder bei Konflikten eingreift, daß er Anweisungen gibt oder Hilfe bereitstellt.

Die Pädagogin muß sich bewußt darüber sein, welche Rolle sie in der Gruppe spielt, welchen Status sie hat, wie ihre Persönlichkeit von den Kindern erlebt wird.

- Sie verstärkt das Verhalten der Kinder, macht Erfolg bewußt.
- Sie belebt die Aktivitäten.
- Sie bringt sich ein, wo Initiative in der Gruppe entfaltet werden muß.
- Sie zieht sich zurück, wo die Gruppe selbst aktiv wird.
- Sie begleitet das Kind auf dem Weg zur Selbständigkeit.
- Sie gibt Schutz, wo dies notwendig ist.

Entscheidend ist die Beziehungsebene

6.5.2 Verhaltensmerkmale für die Leitung von Gruppen

Die psychomotorische Förderung weist deutliche Parallelen zur klientenzentrierten Spieltherapie, wie sie von V. Axline entwickelt und später von Schmidtchen fortgeführt wurde. Parallelen sind auch hinsichtlich des Therapeuten- bzw. Pädagogenverhaltens zu erkennen.

Die folgenden Verhaltensmerkmale sind angelehnt an die klientenzentrierte Spieltherapie (Schmidtchen, 1991), sie sind jedoch für psychomotorische Fördermaßnahmen modifiziert worden:

1. Aufmerksamkeit und Wachheit für die momentane Situation

Der Pädagoge sollte die Gruppe sehr genau und aufmerksam beobachten und die momentanen Handlungen und Gefühle der Kinder verfolgen. Nur so kann er schnell auf Handlungen und Äußerungen der Kinder reagieren, sich an ihrem aktuellen Verhalten orientieren. Wichtig ist nicht, was gestern oder immer war, sondern was im Augenblick geschieht, wie sich das Kind mit einer Spielsituation auseinandersetzt, wie es auf andere zugeht oder sich verschließt. Die *Situation im Hier und Jetzt* steht im Vordergrund.

2. Ruhe und Zuversicht

Der Pädagoge sollte auch in kritischen Situationen die Ruhe bewahren, entspannt und zuversichtlich bleiben. Er sollte sich immer in seinen Reaktionen unter Kontrolle haben und sich der besonderen Verantwortung seiner Betreuerrolle bewußt sein. Auch bei möglichen Aggressionen und Zuwiderhandlungen gegen die Regeln durch einzelne Kinder darf er nicht „aus der Rolle fallen", sondern muß sich bewußt machen, daß die Kinder ja wegen ihrer Schwierigkeiten zu der Förderung kommen und nicht, weil sie ein gut angepaßtes Verhalten zeigen. Angriffe und Konflikte dürfen von ihm nicht als Angriffe auf die eigene Person wahrgenommen werden, sondern als notwendige Ausdrucksformen des Kindes.

Grenzüberschreitungen sollte er ruhig und konsequent unterbinden, ohne dabei die Wertschätzung des Kindes aufzugeben.

3. Regulierung der Nähe

Akzeptanz von Nähe und Distanz

Die Persönlichkeit des Kindes muß unter allen Umständen respektiert, die vom Kind gewünschte Distanz beachtet werden. Gerade in Bewegungssituationen darf der Pädagoge das Kind physisch nicht bedrängen, es nicht durch körperliche Unterstützung zu Bewegungsaktivitäten zwingen, zu denen das Kind nicht von sich aus bereit ist („beturnt" werden). Der *Kontakt* kann auch über Blickkontakt, freundliches Sprechen und aufmerksames Beobachten erhalten bleiben.

Das Kind hat das Recht, sich zurückzuziehen, das Maß seiner Beteiligung an den Bewegungsangeboten selbst zu bestimmen und auch das Tempo seines Vorgehens selbst zu regulieren.

4. Nicht-direktives Verhalten

Der Pädagoge lenkt die Bewegungsspiele möglichst wenig direkt, er läßt sich eher von den Impulsen der Kinder leiten und begleitet diese. Die Hauptaktivitäten liegen bei den Kindern, sie bestimmen den Verlauf der Bewegungsstunde, auch wenn bestimmte Vorstrukturierungen vom Erwachsenen getroffen wurden. Diese sind jedoch eher als Angebote zu verstehen, die die Kinder annehmen können oder auch nicht. Im Vordergrund steht das kreative, selbständige Spiel und das Sich-selbst-Erproben der Kinder.

5. Reflexion von Gefühlen und Problemlösungsverhalten

Verbales Bewußtmachen von Verhaltensweisen

Der Pädagoge verbalisiert das Verhalten des Kindes, wenn diesem z. B. eine Bewegungsaufgabe gelingt oder es einen eigenen Weg zur Lösung eines Problems gefunden hat. Dadurch wird dem Kind bewußt, was es geschafft hat, auch kleinste Fortschritte geraten eher in sein Bewußtsein.

Dies sind indirekte Bewertungen, sie stehen anstelle von Lob und direkter Verstärkung.

6.5.3 Team Teaching

Wenn die Möglichkeit besteht, daß eine Psychomotorik-Gruppe durch zwei Pädagoginnen betreut wird, ergeben sich besondere Fördermöglichkeiten. Zumindest ist es hilfreich, wenn neben dem

Gruppenleiter ein Helfer zugegen ist. So ist auch in einer Gruppe bei Bedarf eine intensivere Betreuung einzelner Kinder möglich. Einer der Erwachsenen kann dann ein Kind aufmerksam in seinen Versuchen, sich mit einer schwierigen Bewegungsaufgabe auseinanderzusetzen, begleiten, er kann es behutsam unterstützen, Erfolge bewußt machen, der andere kann sich mehr der Gruppe widmen.

Insbesondere wenn neue Kinder aufgenommen werden, brauchen sie in den ersten Stunden eine intensivere Zuwendung. In solchen Situationen kann sich also einer der Betreuer individuell mit einem Kind beschäftigen, ohne daß die Gruppe vernachlässigt wird. Die intensive Beschäftigung mit einem einzelnen Kind unterscheidet sich aber erheblich von einer Einzelförderung, da das Kind sich jederzeit aus der unmittelbaren Zuwendung durch den Erwachsenen lösen kann, es hat die Nähe der anderen Kinder und kann in seinen Interaktionen nahtlos sich an sie anschließen. Situative Schwierigkeiten einzelner Kinder können bei einem solchen „*Team Teaching*" besser aufgefangen werden.

Weibliche / männliche Betreuer/in

Bei Gruppen mit älteren Kindern hat es sich als sinnvoll erwiesen, daß die Gruppenleitung aus jeweils einem *männlichen* und einem *weiblichen Betreuer/in* besteht. Dies ist besonders wichtig, wenn die Gruppenzusammensetzung gemischt ist. Jungen können sich häufig mit einem männlichen Betreuer besser identifizieren; die Spiele, die er ihnen anbietet, sind vielleicht körperbetonter, vielleicht sogar etwas „rauher"; sofern sich Jungen dadurch nicht angesprochen fühlen, können sie bei der weiblichen Betreuerin einen Ausgleich finden.

Die Leitung der Gruppe durch zwei Erwachsene hat jedoch nicht nur Vorteile. Probleme entstehen manchmal aufgrund unterschiedlicher Auffassungen über den Umgang mit einzelnen Kindern, über die Art und Weise der Lösung von Konflikten oder über die inhaltliche Gestaltung der Stunde. Auch wenn zuvor klare Absprachen getroffen wurden, können durch die unterschiedlichen Persönlichkeiten der Betreuer Unstimmigkeiten entstehen. Daher kann es hilfreich sein, wenn zuvor klar festgelegt wird, wer die Leitung der Gruppe hat und wer assistiert.

Leitungshierarchie

Bei zwei gleich kompetenten Betreuern kann diese Rollenaufteilung z. B. bei mehreren Gruppen dann unterschiedlich sein. Einer ist der *Leiter*, der andere der „*Assistent*". Eine solche Aufgabenverteilung entsteht automatisch, wenn einer der Gruppenleiter der erfahrenere ist und der andere sich in die psychomotorische Förderung einarbeiten möchte. In jedem Fall sollte bei den Nachbesprechungen auf die unterschiedliche Wahrnehmung des Gruppengeschehens durch die Betreuer eingegangen werden: Gab es Situationen, in denen sich der eine durch den anderen bevormundet fühlte, in denen einer von beiden bei Konflikten anders entschieden hätte, in denen widersprüchliche Verhaltensweisen auftraten oder in denen es zu Konkurrenz kam?

Die Leitung einer Gruppe durch ein Team hat neben den oben genannten Vorzügen auch den Vorteil, daß mehr Kontinuität in der Betreuungsmöglichkeit besteht: Die Psychomotorik-Stunde muß nicht ausfallen, wenn einer der Erwachsenen verhindert ist.

6.6 Interventionsstrategien

Ziel psychomotorischer Förderung ist einerseits die Stärkung der kindlichen Persönlichkeit, die Unterstützung der personalen Ressourcen des Kindes, um sich mit den Anforderungen durch die Umwelt auseinandersetzen zu können, andererseits aber auch die Bearbeitung von Verhaltensproblemen.

Bewältigung des Störverhaltens

Dabei geht es weniger um die Vermeidung von Störungen, sondern vielmehr um die *Bewältigung des Störverhaltens und den Aufbau alternativer Verhaltensmöglichkeiten.*

Eingefahrene Verhaltensmuster, konstante Verweigerung oder bewußtes Stören der Interaktionen der Gruppe durch ein einzelnes Kind bedürfen der besonderen Aufmerksamkeit der Pädagogin. Hier hilft ein nicht-direktives Vorgehen oft nicht weiter, sie muß nach Strategien suchen, dem Kind, das sich ja oft auch selber durch dieses Verhalten gestört fühlt, Hilfen zu geben.

Dabei muß allerdings auch bedacht werden, daß das, was als Verhaltensstörung gilt, oft ein Ausdruck davon ist, daß die Aneignung und die Auseinandersetzung des Kindes mit seiner Umwelt nicht in einer von der Umwelt akzeptierten Form geschieht.

Aus dem Mißverhältnis zwischen Situationsanforderungen und den eigenen Verhaltensmöglichkeiten entwickeln die Kinder „*Überle-*

bensstrategien", die von der Umwelt als Störung oder als abweichend definiert werden. Hier stellt sich jedoch auch die Frage, welche Ressourcen und welche Bewältigungsstrategien Kindern zur Verfügung stehen, um mit Problemsituationen und Belastungen umgehen zu können.

Subjektive Wahrnehmung von Störungen

Ob ein konkretes Verhalten eines Kindes als Verhaltensstörung gesehen wird oder als die ihm eigene Art und Weise einer Problemlösung (mit den ihm zur Verfügung stehenden Mitteln), liegt auch an der subjektiven Wahrnehmung der Erwachsenen.

Wichtig ist dabei auch zu erkennen, was das Kind aus einer „Störung" macht, wie es damit umgeht, welche Anstrengungen es unternimmt, um den grundlegenden Mangel zu kaschieren, welche Hilfskonstruktionen es wählt, um trotzdem das Leben zu bewältigen.

6.6.1 Umgang mit Störverhalten

Zunächst sollte sich die Pädagogin fragen, was das Kind mit seinen Störungen erreichen will, was es mit seinen Verhaltensweisen beabsichtigt, ob sie regelmäßig in ganz bestimmten Situationen auftreten oder eher zufallsbedingt zu sein scheinen. Schmidtchen (1989, 118 f.) schlägt im Rahmen der Kinderpsychotherapie vor, den „Erwerb eines Störungsersatzverhaltens" anzustreben.

Es gilt, möglichst viele Alternativverhaltensweisen zu finden, damit das Kind ein größeres Verhaltensrepertoire erwerben kann.

Was sollen Störungen bewirken?

Störungen können auch Ausdruck einer mangelhaften oder fehlerhaften Bedürfnisbefriedigung sein. Ein Kind möchte z. B. Aufmerksamkeit bei dem Erwachsenen, den Betreuern der Gruppe oder bei den anderen Kindern erreichen. Seine Bewegungsmöglichkeiten sind eher eingeschränkt (jedenfalls empfindet das Kind dies so), mit besonderen Leistungen kann es also nicht hervortreten. Es wertet daher die Aktivitäten der anderen ab, um so – wenn nicht Anerkennung – dann doch wenigstens Aufmerksamkeit zu erzeugen.

So z. B. Daniel. Er ist sechseinhalb Jahre alt und wurde von der Schule zurückgestellt. Alle anderen mit ihm befreundeten Gleichaltrigen wurden eingeschult, er kam wegen seiner mangelnden Fähig-

keit, sich in einer Gruppe einzuordnen, wegen seiner sehr reduzierten Konzentrationsfähigkeit und motorischen Ungeschicklichkeit in die Vorschule.
Zum gleichen Zeitpunkt wurde er auch in unsere Psychomotorik-Gruppe aufgenommen. Hier äußerte er offensichtliche Lustlosigkeit: „Ist das langweilig“, war sein Lieblingsausspruch. „Können wir denn nicht was anderes machen, das ist ja alles sooo langweilig.“ Er kam zwar gerne, das bestätigte jedenfalls die Mutter, war er aber dann in der Gruppe, störte er häufig durch lautes Schreien, warf sich unvermittelt auf den Boden, versperrte anderen Kindern den Weg zu den Geräten oder äußerte in oben geschilderter Form seinen Unmut. Ich fragte, was er denn lieber machen wolle, ein bestimmtes Spiel oder mit einem bestimmten Gerät arbeiten. Zunächst ließ er sich darauf gar nicht ein, schien nicht zu hören, was ich fragte. Ich merkte jedoch, daß er Spaß an allem hatte, was mit Bauen zusammenhing. Also schlug ich ihm vor, doch gemeinsam mit mir einen Tunnel für die Rollbrettfahrer zu bauen. „Ach, das geht doch alles nicht, dafür habt ihr ja hier gar nicht die Sachen, das ist ja sowieso alles Kinderkram.“ Ich nahm ihn mit in den Geräteraum und ließ mich von ihm beraten: Was braucht man denn für einen Tunnel? Er entschied sich für zwei hohe Stehleitern, die mir zwar für einen Tunnel völlig ungeeignet erschienen, wir schleppten sie trotzdem heraus. Seine weiteren Aufbauten führten zu einem Sammelsurium von Geräten, die zwar alle groß und hoch waren, aber keine typische Tunnelsituation ergaben. Ich schlug ihm dann vor, über alles ein großes Schwungtuch zu legen, dann könnten die „Autos“ unter dem Tuch und zwischen den Geräten durchfahren. „Oh ja“, meinte er, „dann ist es in dem Tunnel auch richtig dunkel und keiner kann mehr was sehen.“ Dann plazierte er sich vor den Tunnel und kassierte Eintritt. Jeder, der durchfahren sollte, mußte ihm auf seine ausgestreckte Hand 10 Mark „zahlen“ (per Handschlag). Der Tunnel wurde begeistert von den anderen Kindern angenommen, sie nahmen auch die Idee des „Eintrittsgelds“ an.

Schon in der nächsten Woche kam Daniel zehn Minuten zu früh in die Stunde. „Können wir heute wieder was aufbauen?“ war seine erste Frage. Ich bezog ihn immer ganz besonders in die Geräteaufbauten ein, in diesen Wochen machten wir auch viele Großaufbauten, in denen Daniel zunehmend besser einschätzen konnte, welche Geräte für die Klettertürme, Balancierwege etc. notwendig waren. Nur noch ganz selten war es ihm „langweilig“, auch sein Störverhalten gegenüber den anderen Kindern nahm ab. Als anerkannter „Baumeister“, wie ich ihn titulierte, hatte er eine besondere Stellung in der Gruppe, bekam Anerkennung und Aufmerksamkeit.

6.6.2 Paradoxe Intentionen

Problemverhalten kann auch das Ergebnis von Angst- und Verdrängungsprozessen sein (Schmidtchen 1989, 120). Das störende Verhalten gilt dann der Angstabwehr. Hier sollten im Rahmen der psychomotorischen Förderung Gelegenheiten gegeben werden, aktiv mit der Angst umzugehen, sie nicht verdrängen zu müssen.

Auch hier ist es wichtig – so wie es in den Grundprinzipien einer kindzentrierten psychomotorischen Entwicklungsförderung formuliert wurde (Kapitel 2.4) –, eine eher indirekte Hilfe zur Bewältigung des Problemverhaltens zu geben, beim Kind also *Selbstheilungskräfte* freizusetzen.

Eine Langbank liegt auf zwei Rollbrettern und kann so durch den Raum geschoben werden. Die bei den Kindern beliebte Gerätekombination stellt für sie einen Bus dar, sie sitzen auf der Bank und sind die Fahrgäste, ich bin der Busfahrer. Ich provoziere: „Na, in diesem Bus gibt es wohl nur Sitzplätze, klar, die Fahrgäste trauen sich ja auch nicht, sich hinzustellen, sie haben Angst, hinzufallen!“ Felix klettert langsam auf die Knie, schaut mich verschmitzt an … „Was, da steigt ein Fahrgast von seinem Sitz auf, der soll sich aber bloß nicht hinstellen, das sieht der Busfahrer gar nicht gerne, hier gibt es keine Stehplätze.“ Schon folgen andere Kinder nach … einige knien auf der Bank, andere stellen sich hin. Ich „schimpfe“ weiter: „Diese ungehorsamen Fahrgäste. Sollen doch auf ihren Sitzen sitzen bleiben. Aber gleich werden sie umfallen, das ist die Strafe, wenn sie schon nicht auf den Busfahrer hören …“
Ich schiebe die Bank etwas ruckartiger um die Kurve, tatsächlich, jetzt müssen einige Kinder abspringen, sie tun es mit Gelächter, steigen aber gleich wieder auf.

„Das gibt's doch wohl nicht, jetzt springen diese ungehorsamen Fahrgäste auch noch auf den fahrenden Bus auf. Warten Sie gefälligst, bis wir zur nächsten Haltestelle kommen ..."
Es entsteht ein laufendes Aufsteigen auf die Bank und Herunterspringen von der Bank. Daran beteiligen sich auch sonst sehr ängstliche Kinder. Wie z. B. Felix, der eigentlich eher vorsichtig auf alle Verunsicherungen seines Gleichgewichts reagiert und Situationen meidet, in denen er keinen festen Halt findet.

Die übliche Reaktion, wenn ein Kind sich nicht traut, Angst vor der Bewältigung einer Aufgabe hat, sich verweigert oder auch nur zögert, ist die Versicherung des Pädagogen: „Das ist doch ganz leicht, das schaffst du bestimmt, es kann ja gar nichts passieren, ich passe auch gut auf ..." Gutgemeinte Ratschläge und ermunternde Aufforderungen, die aber oft genau das Gegenteil der erhofften Wirkungen zur Folge haben. Das Kind empfindet die Erwartungshaltung als Druck, es traut sich selbst nicht zu, die Aufgabe zu bewältigen, seine Angst wird um so größer, je mehr ihm vermittelt wird, daß diese Angst eigentlich unbegründet ist. Das subjektive Empfinden der Überforderung, das Gefühl, die Aufgabe nicht bewältigen zu können, ist nicht durch eine Bewußtmachung der objektiven Bedingungen aufzuheben. Es ist nicht der objektive Schwierigkeitsgrad (dieser wäre leicht zu verändern, indem die Balancierfläche verbreitert, niedrigere Klettergeräte aufgebaut würden), der dem Kind unüberwindbar erscheint, sondern die *subjektive Wahrnehmung der Situation* (und der eigenen Fähigkeiten). Das Kind fühlt sich nicht imstande, obwohl es durchaus imstande ist.

Teufelskreis der Erwartungsangst

Wer befangen ist in der angstbesetzten Erwartung, eine Anforderung nicht bewältigen zu können, dem wird auch das wohlgemeinte verbale Zureden des Pädagogen nicht helfen. Es wird seine Angst nur noch verstärken. Es gilt vielmehr, *den Teufelskreis der Erwartungsangst zu sprengen*, indem dem Kind gegenüber z. B. genau das geäußert wird, was es selbst befürchtet: „Da fällst du doch gleich um, das wackelt ja so sehr, da kann man ja gar nicht stehenbleiben ..." Indem die verborgene Befürchtung offen ausgesprochen wird, verschwindet die Angst, die sie ausgelöst hat.

„Da fällst du doch gleich um"

Wenn ich von jemandem höre, daß die Aufgabe so furchtbar schwer ist, daß ich sie nicht bewältigen kann, brauche ich keine Angst mehr davor zu haben, zu versagen. Der *negativen Erwartungsangst* wird der Wind aus den Segeln genommen. Nun kann ich meine Energie dazu einsetzen, dem anderen vielleicht doch zu zeigen, daß es gar nicht so ist, wie er behauptet. Ich kann sehr wohl auf der wackelnden Bank stehen, jedenfalls werde ich es versuchen, um ihm zu zeigen, daß er Unrecht hat. Na – und wenn ich herunterfalle, ist es ja auch nicht schlimm, denn der Erwachsene hat ja schon angekündigt, daß die Aufgabe nicht zu schaffen ist.

In der Spielsituation wird das Kind dazu angehalten, genau das zu tun, wovor es Angst hat, nämlich herunterzufallen, das Gleichgewicht nicht halten zu können …

Sich vornehmen, wovor man sich fürchtet

Diese Vorgehensweise ist an die sogenannte *„paradoxe Intention"* angelehnt. Hier handelt es sich um eine von Viktor Frankl begründete Methode zur Bearbeitung von Phobien, Ängsten und Neurosen. Sie basiert auf dem heilsamen Einfluß des Versuches des Patienten, sich das zu wünschen, wovor er sich eigentlich fürchtet. So berichtet Frankl, daß er die Methode der paradoxen Intention in einer klinischen Vorlesung vorgetragen habe. Kurze Zeit später kam eine junge angehende Ärztin zu ihm und berichtete, sie habe die Therapie selbständig auf sich selbst angewendet. Sie litt unter einer Tremorphobie. Immer wenn sie vor einer Sezierübung stand, hatte sie furchtbare Angst, zittern zu müssen. Nachdem sie Frankls Vortrag gehört hatte, nahm sie sich jedesmal, wenn der Professor kam, um ihr beim Sezieren zuzusehen, vor: „Dem werd ich jetzt mal was vorzittern, der soll nur sehen, wie gut ich zittern kann." Darauf war sowohl die Tremorphobie als auch das Zittern selbst prompt gewichen. (Frankl 1997, 231 f.).

„Symptom-verschreibung"

Heute wird die paradoxe Intention vermehrt im Rahmen kognitiver Verhaltens- und Komunikationstherapien eingesetzt – häufig unter der Bezeichnung „*Symptomverschreibung*". Die Wirkungsweise läßt sich am besten in Zusammenhang mit der „Erwartungsangst" erläutern: Mit dem Begriff „Erwartungsangst" wird die neurotisch-ängstliche Erwartung gekennzeichnet, ein bestimmtes Ereignis könne eintreten. Damit bewirkt die Erwartungsangst aber meist das Symptom, vor dem der Betroffene sich fürchtet (es entsteht Angst vor der Angst).

Die Person wird angehalten, die befürchteten Symptome herbeizuwünschen bzw. sie sich vorzunehmen. Die paradoxe Intention soll dabei so humoristisch wie möglich gegeben werden, Humor ist ein hervorragendes Mittel, den Menschen von sich selbst – und damit auch von seinen Ängsten und deren Umklammerungen – zu distanzieren (z. B. kann man sich bei Schlaflosigkeit zum Wachsein zwingen, nur ja nicht die Augen schließen …).

Humorvolle Atmosphäre

Für das Gelingen paradoxer Intentionen ist daher eine humorvolle Atmosphäre erforderlich, in der deutlich wird, daß Aussagen, Formulierungen, Herausforderungen den Charakter von Provokationen haben, daß Lachen erlaubt ist, daß die Aufforderung nicht endgültig und ernsthaft gemeint ist.

Wenn das Kind es schafft, über sich selbst einfach einmal zu lachen, befindet es sich auf dem Weg der Heilung.

Dazu kann der Pädagoge beitragen, indem er z. B. das Kind begrüßt: „Was, du willst heute aufs Trampolin, das kommt gar nicht in

Frage, sowas Schweres wird hier nicht gemacht ..." Die Befürchtungen, die das Kind schon beim Betreten der Turnhalle hat („Hier muß ich wieder was tun, was ich nicht kann, die wollen was von mir, ich will aber gar nicht ...") werden ihm so von vornherein genommen.

Vgl. Praxisbeispiel M5

Ich begleite das Ziehen des Schwungtuches mit den Worten: „Ihr fallt sofort um, keiner bleibt stehen, auf diesem wackeligen Tuch muß man doch umfallen. Seht ihr, jetzt wackelt Jonas schon, gleich fällt er runter ..." Jonas liegt auf dem Tuch und hält sich krampfhaft an einer Stoffalte fest.
„Klar, im Liegen schafft ihr das, aber aufstehen kann keiner, dann fallt ihr nämlich sofort um." Jonas hockt sich hin, zuerst in den Kniesitz. Ich fahre fort: „Jonas, im Knien geht das ja gerade noch, aber gleich fällst du um, im Stehen muß man doch umfallen, so ein wackeliges Tuch, jetzt geht es auch noch um die Kurve, gleich liegt ihr alle da. Was – ihr bleibt stehen, das gibt's doch wohl nicht, da müssen wir noch ein bißchen schneller in die Kurve ziehen ..."

Anstelle des Denkens: „Ich habe Angst, daß ich es nicht kann" tritt in solchen Situationen die Einstellung: „Ich will es können." Der Teufelskreis der Erwartungsangst wurde ins Wanken gebracht. Jonas wollte selbst versuchen, auf dem Tuch zu stehen. Was sich geändert hat, ist nicht die Situation selbst, sondern die *Einstellung* des Kindes. Es nimmt anders wahr als bisher. Dies ist der auslösende Moment zur Veränderung des Verhaltens.

Entlastet vom Druck der Erwartungshaltung, wie sie von seiten der Erwachsenen bisher an das Kind herangetragen wurde und die es selbst auch übernommen hat, kann es nun seine Aufmerksamkeit neu lenken und die Situation neu bewerten.

6.7 Die Familie als Bezugssystem

Die Familie ist der primäre Lebensraum des Kindes, hier lernt es erste Verhaltensregeln und erwirbt erste Denkmuster, hier bauen sich sein Selbst- und sein Weltbild auf, hier finden die ersten zwischenmenschlichen Beziehungen statt. Die Eltern sind die wichtigsten, frühesten und dauerhaftesten Bezugspersonen des Kindes, sie können in unvergleichbarem Maße die Entwicklung ihrer Kinder unterstützen, sie können sie aber auch behindern. Die einzelnen Familienmitglieder sind miteinander vernetzt, oft nehmen sie *komplementäre Rollen ein.* Jede psychomotorische Förderung eines Kindes muß daher auch die Rolle seiner Eltern und seiner Geschwister beachten. Zwischen ihnen haben sich Beziehungsstrukturen gebildet, die sowohl das Selbstkonzept des Kindes als auch sein Körperbild und sein Bewegungsverhalten beeinflussen können. So erfahren behinderte Kinder in ihrer Familie oft eine besondere Behandlung: Die Beeinträchtigung ihrer Entwicklung löst bei Eltern und Geschwistern Tendenzen zur Überbehütung aus, diese wiederum schränken die Selbständigkeitsentwicklung des Kindes ein. Je mehr aber das Kind Hilfe zu benötigen scheint, um so mehr wird es von den anderen Familienmitgliedern behütet, ein Kreislauf also, in dem einem ohnehin in seiner Entwicklung beeinträchtigten Kind der Weg zu mehr Selbständigkeit verwehrt wird, indem aber auch jeder den anderen braucht, um seine eigene Stärke bzw. Schwäche zu erleben.

Komplementäre Rollen

Besondere Rolle behinderter Kinder

Diese wechselseitige Beeinflussung gilt es auch in der psychomotorischen Förderung zu berücksichtigen.

Die Eltern sollten unterstützt werden, damit sie die Entwicklungsbeeinträchtigungen ihrer Kinder akzeptieren können und mit den daraus resultierenden Schwierigkeiten in Kindergarten oder Schule umgehen lernen.

6.7.1 Eltern-Kind-Gruppen

Grundsätzlich gibt es auch in der Psychomotorik die Möglichkeit, mit Kindern und Eltern gemeinsam zu arbeiten, also *Bewegungsangebote für Eltern und Kinder* durchzuführen. Dies ist insbesondere bei sehr jungen Kindern sinnvoll, bei denen die Anwesenheit von Vater oder Mutter die Voraussetzung dafür ist, daß sie überhaupt an einer Gruppe teilnehmen. Bis zum 3. Lebensjahr wird dies die Regel sein. Hier sind die Eltern Spielpartner, Vertraute und Helfer, wobei der Pädagoge immer darauf achten sollte, daß Eltern in ihren Helferrollen die Aktivität und die Eigentätigkeit des Kindes nicht einengen, indem sie vorschnell Hilfe leisten. Im Sinne einer psychomotorischen Förderung kann es nicht darum gehen, die Kinder durch die elterliche Unterstützung zu bestimmten Bewegungsleistungen zu animieren, hier geht es vielmehr darum, Eltern und Kindern über Bewegung ein Feld intensiver Kommunikation zu geben. Die Anwesenheit einer vertrauten Bezugsperson vermittelt dem Kind die Sicherheit, sich mit neuen Anforderungen auseinandersetzen zu können. Durch gemeinsame Bewegungsspiele kann die *Beziehung zwischen Eltern und Kindern* intensiviert werden, das Beobachtungs- und Einfühlungsvermögen der Eltern für die Entwicklung und für die Bedürfnisse ihrer Kinder wird gestärkt. Bei gemeinsamen Bewegungsspielen mit ihren Kindern haben Eltern auch die Chance, ihr Kind aus einer neuen *Perspektive* kennenzulernen, es im Spiel mit anderen zu erleben, ihm Vertrauen bei der Eroberung neuer Bewegungsräume und damit auch bei der Erweiterung seines Handlungsspielraumes zu geben.

Gemeinsame Bewegungsspiele

Gleichzeitig lernen Eltern in einer Gruppe auch, ihre Kinder nicht zu sehr einzuengen; sie trauen ihnen hier oft mehr zu, als dies im häuslichen Umfeld der Fall ist, weil sie sich zum Teil auch am Verhalten anderer Eltern orientieren können.

Das Kind aus einer neuen Perspektive sehen

Der Vorteil von Eltern-Kind-Gruppen liegt auch darin, daß die Eltern hier *psychomotorische Selbsterfahrungen* machen können. Ängstliche Kinder haben oft auch ängstliche Eltern, so kann es auch Eltern guttun, wenn sie über den Weg der Bewegungsspiele mit ihren Kindern vielleicht selbst neue, positive Körpererfahrungen machen.

So ergab sich in einer unserer Psychomotorik-Gruppen folgende Situation:

Im Anschluß an eine Psychomotorikstunde (mit 3- bis 5jährigen Kindern) baten wir die auf ihre Kinder wartenden Eltern in die Turnhalle; die Kinder wollten gerne zeigen, was sie sich auf dem Trampolin alles schon zutrauten. Philipp, ein fünfjähriges Kind mit Down-Syndrom, liebte es besonders, mit einer der beiden Betreuerinnen auf dem Trampolin zu springen. Als er nun an der Reihe war, sagte er zu seiner am Rand des Trampolins stehenden Mutter: „Komm". Die Mutter wehrte ab: „Aber ich kann doch gar nicht springen, ich war noch nie auf einem Trampolin." Philipp ließ nicht locker. „Komm, komm", wiederholte er.

Ich beruhigte sie und sagte, daß sie sich ja einfach einmal zusammen mit Philipp auf das Trampolin stellen könne. Sie zog die Schuhe aus, stieg über die Kastentreppe auf das Trampolin und ging vorsichtig auf das Tuch. Philipp nahm sie an den Händen und fing an zu springen. Die Federwirkung des Trampolins ließ auch Frau G. leicht wippen, das unterschiedliche Gewicht der beiden führte dazu, daß immer dann, wenn Philipp auf dem Tuch aufkam, die Mutter nach oben federte.

Als die beiden das Gerät verließen, war die Mutter nicht nur erleichtert, sondern ganz stolz: „Daß ich mich das trauen würde, das hätte ich nie gedacht." Auch bei der zweiten Runde nahm Philipp sie mit, diesmal war sie selbst schon etwas mutiger, unterstützte das Federn, so wie sie es bei den anderen Kindern gesehen hatte.

Als wir dann in einer der nächsten Stunden wieder das Trampolin aufgebaut hatten, ließ Philipp, der sich sonst problemlos von der Mutter trennte und in den Psychomotorikstunden ganz selbständig agierte, Frau G. gar nicht gehen. „Mama bleiben", meinte er. Zuerst wehrte sie entschieden ab, nach einem fragenden, auf mich gerichteten Blick ermunterte ich sie, diesmal doch einfach einmal dabeizubleiben und sich sozusagen als Aufsicht mit an den Rand des Gerätes zu stellen. Aber Philipp war anderer Ansicht: Bei jedem Springversuch zog er seine Mutter mit, und sie fand sichtlich Spaß daran, wurde zusehends mutiger, konnte sich auf die Bewegungen von Philipp einstellen. Philipp und sie sprangen zeitweise auch alleine. Sie standen gleichzeitig auf dem Trampolin, faßten sich jedoch nicht mehr an und sprangen im Wechsel auf und ab.

Am Ende der Stunde erzählte Frau G. einer draußen stehenden Mutter ganz aufgeregt: „Ich war doch noch nie auf einem Trampolin gewesen, in der Schule habe ich mich vor solchen Sachen im Sportunterricht immer gedrückt; das macht ja richtigen Spaß – und wie schnell man das lernen kann …"

Bleibt noch zu berichten, wie Philipp das Ereignis genoß. In der Regel äußerte er sich sprachlich eher wenig, kommunizierte mit Kindern fast gar nicht und mit uns Erwachsenen nur, wenn er es für notwendig hielt. In dieser Stunde gluckste er auf dem Trampolin fast ununterbrochen, stieß Laute der Lust aus, lachte und freute sich bei jedem Sprung.

6.7.2 Elternarbeit in der Psychomotorik

Die übliche Form der Elternarbeit wird im Rahmen einer psychomotorischen Förderung in der Beratung der Eltern liegen, in Gesprächen über die Entwicklung des Kindes und in der Durchführung von Elternabenden.

Beratung bezieht sich auf Situationen, in denen Eltern unsicher sind, ob ihr Kind überhaupt einer psychomotorischen Förderung bedarf. Hier kann ein Gespräch über die bisherige Entwicklung, über besondere Probleme des Kindes, über sein Verhalten in Kindergarten, Schule oder der Spielgruppe eine erste Klärung bringen. Die Pädagogin hat die Möglichkeit, vor oder anläßlich der Anmeldung über die Zielsetzungen einer psychomotorischen Förderung zu informieren und die probeweise Teilnahme des Kindes an der Psychomotorikgruppe zu vereinbaren. Ebenso besteht jedoch auch die Chance, den Eltern Alternativen für eine Unterstützung der Entwicklung ihrer Kinder zu empfehlen, zum Beispiel den Besuch eines Sportvereins, wenn sie der Meinung sind, ihr Kind brauche einfach eine Gelegenheit, einmal „Dampf abzulassen", sich auszutoben oder sportlich gefördert zu werden.

Elternabende sind im Rahmen einer psychomotorischen Gruppenförderung dann angebracht, wenn eine größere Gruppe von Kindern neu beginnt oder wenn im Laufe der Fördermaßnahme ein gemeinsamer Erfahrungsaustausch sinnvoll erscheint. Hier können allgemeine Informationen über organisatorische Fragen und ein Überblick über die Ziele und Inhalte der psychomotorischen Förderung gegeben werden. Zur Veranschaulichung kann auch ein Videofilm über die Bedeutung der Bewegung gezeigt oder durch Videoaufnahmen aus den Psychomotorik-Gruppen ein Einblick in die konkrete praktische Arbeit vermittelt werden. Hilfreich ist es auch, wenn in den Gruppen häufiger Videoaufnahmen gemacht und dann im Rahmen eines Elternabends Ausschnitte gezeigt werden, durch die die Entwicklungsprozesse der Kinder verdeutlicht werden können.

Hier sollte auch Raum für den Austausch der Eltern untereinander gegeben werden; auf diese Weise kann es Eltern gelingen, das

Verständnis für die Probleme ihres Kindes zu erweitern und sie vielleicht in einem anderen Licht zu sehen.

Individuelle Elterngespräche sind dann erforderlich, wenn ein Kind in eine Gruppe aufgenommen ist und nach einigen Wochen der Eingewöhnung ein Austausch über Entwicklungsfortschritte erfolgen soll, wenn Entscheidungen für das Kind anstehen (z. B. Einschulung, Schulwechsel), bei denen die Pädagogin durch ihre Beurteilung der Entwicklung des Kindes, durch ihre Beobachtungen und Erfahrungen Eltern Rat geben kann. Eventuell kann es ja auch sinnvoll sein, daß neben der psychomotorischen Förderung zusätzliche Maßnahmen angegangen werden (z. B. Sprachtherapie bzw. Logopädie bei Sprachstörungen oder Krankengymnastik bei spezifischen Bewegungsauffälligkeiten). Ebenso ist es angebracht, nach der Durchführung motorischer Tests oder anderer diagnostischer Verfahren bei dem einzelnen Kind den Eltern Rückmeldung über die Ergebnisse zu geben und das weitere Vorgehen mit ihnen abzusprechen (z. B. Fortführung der Förderung, Beendigung).

Auch wenn zu Hause, im Kindergarten oder in der Schule plötzlich Konflikte auftauchen, sollten sich die Eltern an die Pädagogin wenden können, um in einem persönlichen Gespräch darüber zu reden. Hier kann in besonderen Fällen auf die Hilfe durch eine Erziehungsberatungsstelle hingewiesen oder der Kontakt zu Therapeuten vermittelt werden.

7 Zielgruppen und Einsatzbereiche psychomotorischer Förderung

Zwar ist die Psychomotorik in einer klinisch-heilpädagogischen Einrichtung entstanden, der Begriff Übungs*behandlung* legt auch nahe, daß es sich hier um eine medizinisch-therapeutische Maßnahme handelt, ihr Anspruch einer ganzheitlichen Entwicklungsförderung ist jedoch ohne weiteres auch auf pädagogische Handlungsfelder übertragbar.

Im folgenden sollen die wichtigsten Einsatzbereiche psychomotorischer Förderung vorgestellt werden. Ich beschränke mich dabei auf das Kindesalter, da hier am ehesten der Begriff „Entwicklungsförde-

Abb. 10: Psychomotorik in pädagogischen und therapeutischen Handlungsfeldern

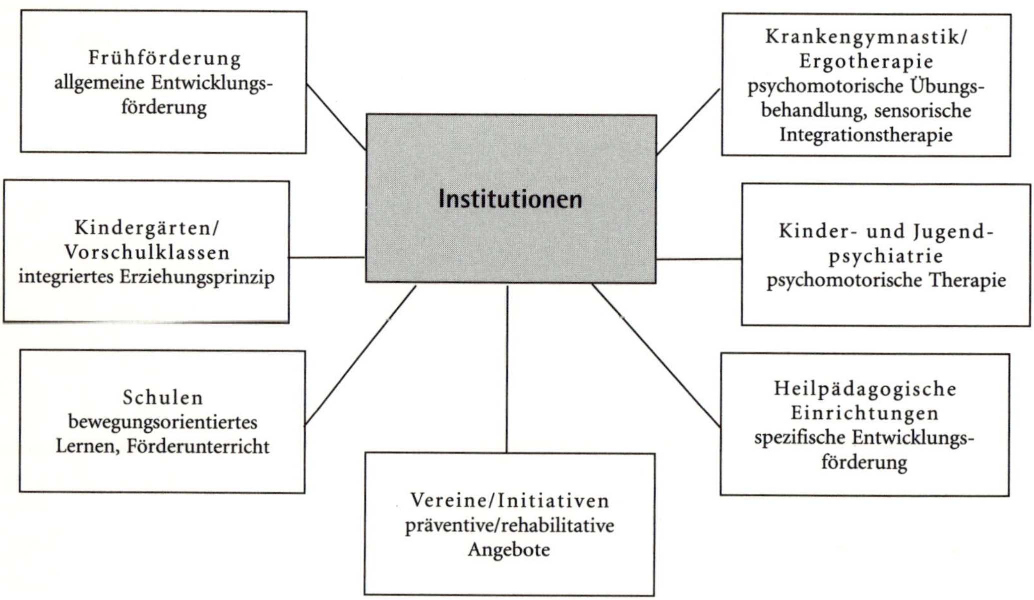

rung“ angebracht ist. Je jünger Kinder sind, um so eher kann von einer zwar unspezifischen, aber sehr weitreichenden Beeinflussung der gesamten Entwicklung ausgegangen werden.

Nicht alle in Abbildung 10 aufgeführten Institutionen werden im folgenden näher erläutert. Es gibt Überschneidungen zwischen den Institutionen, ebenso gibt es Einsatzbereiche, in denen Psychomorik zwar als Angebot einbezogen wird, aber mehr als eine Methode neben vielen anderen betrachtet wird.

7.1 Psychomotorik in der Frühförderung

Zielgruppen

Der Begriff „Frühförderung“ umfaßt alle institutionellen Hilfen pädagogischer wie auch therapeutischer Art, die die Förderung behinderter und von Behinderung bedrohter Kinder zum Ziel haben. Sie beinhalten die Frühdiagnostik, Frühberatung, Früherziehung und Frühtherapie von Kindern und sind meist *interdisziplinär* ausgerichtet.

Die Bundesvereinigung für Lebenshilfe bezeichnet die Frühförderung als ein „offenes, ganzheitliches, interdisziplinäres System von Hilfen aller dem entwicklungsverzögerten oder behinderten Kind verpflichteten Berufsgruppen“. Die Förderung sollte frühestmöglich einsetzen und reicht in der Regel bis zum 4. Lebensjahr, wobei weniger das kalendarische Alter als das Entwicklungsalter zählt.

Ziele

Ziel der Frühförderung ist es, im Zusammenwirken zwischen Eltern und Fachleuten die Entwicklung und Erziehung des förderbedürftigen Kindes in seiner unmittelbaren Umgebung anzuregen und sicherzustellen. *Drohende Behinderung* soll vermieden und eingetretene *Beeinträchtigung* soweit gemindert werden, daß eine möglichst reibungslose Eingliederung in das Alltagsleben der Familie und ein „normaler“ Lebensweg möglich sind. (Bundesvereinigung Lebenshilfe 1985, 4).

Die Frühförderung endet dann, wenn die Kinder keiner zusätzlichen Hilfen mehr bedürfen oder wenn sie von einer anderen Einrichtung, in der Regel einer vorschulischen, angemessen gefördert werden können (ebd. S. 4 f.).

Frühförderstellen

Institutionen der Frühförderung sind sogenannte „Frühförderstellen“ oder auch sozialpädiatrische Zentren, in denen meist ein interdisziplinär zusammengesetztes Team (Psychologen, Krankengymnasten, Heilpädagogen, Ergotherapeuten, Logopäden, Motopäden, Sozialpädagogen) arbeitet. Häufig werden auch Angebote zur *mobilen Hausfrühförderung* gemacht, bei der entwicklungsverzögerte Kleinkinder Betreuung im häuslichen Umfeld und ihre Eltern gleichzeitig auch eine intensive Beratung erhalten.

War die Frühförderung zunächst vorwiegend medizinisch orientiert, so haben sich im Laufe der letzten Jahre auch Kritiker an einem rein medizinischen Modell geäußert und Frühförderung eher als ein Feld betrachtet, das eine intensive Zusammenarbeit von Therapeuten und Pädagogen notwendig macht (vgl. Fischer 1989).

Bewegungsförderung steht zwar seit jeher im Zentrum der Maßnahmen, mit denen die Entwicklung der Kinder im frühen Kindesalter gefördert werden soll, diese sind allerdings häufig auf krankengymnastische und ergotherapeutische Methoden begrenzt. Das Kind wird „behandelt".

Bedeutung eigener Aktivitäten

Gerade in den ersten Lebensjahren muß dem Medium Bewegung aber eine über die Körperbeherrschung hinausgehende Bedeutung beigemessen werden, da sich das Kind über seinen *Körper*, seine *Sinne*, insbesondere aber über seine *eigene Aktivität* die Welt aneignet. Diesen Aspekt betont auch Schlack (1996), wenn er neue Konzepte der Frühbehandlung und Frühförderung vorstellt. Er hebt hervor,

> *„daß das behinderte wie auch das nicht behinderte Kind sich in erster Linie durch eigene Aktivität entwickelt, daß es nur solche therapeutischen Anregungen in funktionelle Fortschritte umsetzt, die seiner Motivation und seinem Handlungsrepertoire gemäß sind"* (1996, 16).

Dies ist im Grunde ein Plädoyer für eine stärkere Berücksichtigung psychomotorischer Anteile im Rahmen der Frühförderkonzepte.

Psychomotorik will das Kind zur *aktiven Auseinandersetzung mit seiner Umwelt* anregen, will es in seinem Bedürfnis, sich die Welt handelnd zu erschließen, unterstützen. Dabei geht es weniger um Trainingsprogramme, die zum Abbau diagnostizierter Defizite dienen sollen, im Vordergrund stehen vielmehr Spiel- und Bewegungsgele-

Wege des Lernens

genheiten, die dem Kind individuelle Handlungsmöglichkeiten erlauben.

Dies beginnt mit dem Bereitstellen einer förderlichen Umwelt, in der das Kind Geräte, Spielmaterial, Gegenstände vorfindet, die es zum Erproben seiner Geschicklichkeit, zum Experimentieren herausfordert, die ihm aber auch Zeit und Raum geben, sich lange genug mit einer Sache auseinanderzusetzen, Handlungen zu wiederholen, in immer wieder neuen Versuchen das bisher Erreichte zu festigen. Gelegenheiten zum Schaukeln, Rutschen, Klettern, Springen, Wälzen, Rollen, Hangeln, aber auch zum Bauen, Toben, sich Ausruhen, Genießen und Zuschauen beim Spiel der anderen ermöglichen es den Kindern, selbst Wege des Lernens über Beobachten, Nachmachen, Experimentieren und Erproben zu wählen.

Kleingruppen

Psychomotorik wird in der Frühförderung in *Kleingruppen* mit maximal 2–4 Kindern angeboten werden, damit in einer kleinen überschaubaren Gruppe sich auch Kontakte zwischen den Kindern entwickeln können. Wenn möglich, sollten auch die Eltern einbezogen werden. Die Begleitung durch eine vertraute Bezugsperson wird das Kind ermutigen, sich auch auf neue, unbekannte Situationen einzulassen.

Die Schwerpunkte der psychomotorischen Angebote in der Frühförderung sollten auf folgenden Bereichen liegen:

Inhalte/Ziele

- elementare Wahrnehmungserfahrungen, insbesondere hinsichtlich der Basissinne (taktile, kinästhetische, vestibuläre Wahrnehmung);
- Förderung der Grundbewegungsformen (gehen, laufen, kriechen, klettern, springen, rutschen, rollen etc.);
- Unterstützung der sozialen Aktivitäten innerhalb der Kindergruppe; Spiele, die das Miteinander und Kontakte der Kinder untereinander ermöglichen;
- Erfahrungen der eigenen Selbstwirksamkeit, selbst etwas verändern, bewirken, kontrollieren zu können. Bewußtmachen des eigenen Könnens.

Bei allen Bewegungs- und Spielangeboten sollte bedacht werden, daß gerade in den ersten Lebensjahren die Grundlagen für den Aufbau eines positiven Selbstkonzeptes gelegt werden. Auch behinderte Kinder können Vertrauen in die eigenen Fähigkeiten gewinnen, können sich subjektiv als kompetent und leistungsfähig erfahren, wenn ihnen ein entsprechender Erfahrungsraum zur Verfügung steht. Selbständigkeit kann aber nur dann aufgebaut werden, wenn dem

Kind nicht durch vorschnelle Hilfe und (zu) gutgemeinte Unterstützung die Erfahrung von Selbstwirksamkeit genommen wird.

Zusammenarbeit von Kindergarten und Frühförderung

Fischer (1992, 220 ff.) plädiert für eine stärkere Zusammenarbeit von Kindergarten und Frühförderung mit dem Ziel, durch die in der Frühförderung tätigen Fachkräfte Beratung und Förderung im Kindergarten zu institutionalisieren und dadurch auch die selbständige Arbeit der Erzieherinnen auf dem Gebiet der Psychomotorik anzuregen. Folgende *Aufgabenschwerpunkte* könnten dabei von der Frühförderung übernommen werden:

1. Betreuung regelmäßig stattfindender Psychomotorik-Gruppen in den Räumlichkeiten der Kindergärten;
2. Elternarbeit: In Gesprächen werden Eltern über die Entwicklung ihrer Kinder beraten (insbesondere in Fällen, in denen Entwicklungsbeeinträchtigungen vorliegen);
3. Durchführung von Eltern-Kind-Nachmittagen zum Thema Psychomotorik (mit praktischen Bewegungsangeboten);
4. Beratung der Erzieherinnen im Umgang mit einzelnen Kindern; themenspezifische Fortbildungsangebote (Entwicklungsauffälligkeiten, Wahrnehmungsstörungen, Integration behinderter Kinder).

Integration

Die *Integration behinderter Kinder* in den Regelkindergarten wird inzwischen in fast allen Bundesländern angestrebt. Erzieherinnen sind aber häufig in ihrer Ausbildung nicht auf die damit verbundenen neuen Anforderungen vorbereitet worden, die Zusammenarbeit mit einer Frühförderstelle könnte daher einerseits einen wichtigen Beitrag zur Erweiterung der pädagogischen Kompetenzen der Erzieherinnen leisten, andererseits ist aber die Kindertagesstätte auch für die Fachkräfte der Frühförderung ein Ort, an dem bereits begonnene Frühfördermaßnahmen fortgesetzt und therapeutische Maßnahmen in das pädagogische Alltagsgeschehen integriert werden können. Die psychomotorische Förderung ist ein hervorragend geeignetes Verbindungsglied für die Vernetzung der beiden Institutionen.

7.2 Psychomotorik als Erziehungsprinzip im Kindergarten

Der Kindergarten stellt die Elementarstufe des Bildungssystems dar, auf der alle weiteren Institutionen aufbauen. Er ist meistens die erste öffentliche Erziehungsinstitution, die Kinder besuchen, und gehört daher zu einem wichtigen Teil der Lebenswelt von Kindern. Ebenso wie das Elternhaus beeinflussen die hier gemachten Erfahrungen das Bewegungsverhalten in nachhaltiger Weise. Durch regelmäßige Bewegungsangebote können die Möglichkeiten der Familien ergänzt und gegebenenfalls auch ausgleichend erweitert werden.

Kaum eine andere Erziehungsinstitution kann eine so individuelle und umfassende Betreuung von Kindern bieten, hat einen so engen Kontakt mit dem Elternhaus und kann durch die Heterogenität der Altersgruppen in so hohem Maße soziales Lernen unterstützen.

Förder-möglichkeiten

Da der Kindergarten von nahezu allen Kindern im vorschulischen Alter und auch bereits von einem großen Teil der Dreijährigen besucht wird, ergeben sich hier auch viele Anlässe, auf *Kinder mit Entwicklungsbeeinträchtigungen und Verhaltensproblemen* aufmerksam zu werden und ihnen eine besondere Förderung zukommen zu lassen.

So hat auch die zunehmende Anzahl von Kindern mit Entwicklungsproblemen Erzieherinnen auf die Notwendigkeit einer psychomotorischen Erziehung aufmerksam gemacht. Pädagogische Konzepte der Kindergartenarbeit, die das jeweilige Profil der Kindertagesstätte verdeutlichen und die inzwischen von fast allen Trägern von ihren Einrichtungen erwartet werden, verdeutlichen, daß die Bedeutung von Bewegung und Wahrnehmung für die Entwicklung von Kindern zunehmend anerkannt wird. So wird der Bewegungserziehung heutzutage ein bedeutend höherer Stellenwert beigemessen als bisher. Zwar hat sich die grundlegende Forderung, Wahrnehmung und Bewegung zum integrierten Bestandteil der pädagogischen Arbeit des Kindergartenalltags zu machen (MAGS 1991, Zimmer 1989, 1993,1997), in der Praxis noch nicht durchgängig durchgesetzt, es gibt jedoch immer mehr Einrichtungen, die ihre Gesamtkonzeption auf die veränderten Bewegungs- und Spielbedürfnisse der Kinder eingestellt haben.

Dies zeigt sich auch in den zur Zeit aktuellen Konzepten der Kindergartenpädagogik wie dem situationsorientierten Ansatz und den neuen Formen „offener Kindergartenarbeit".

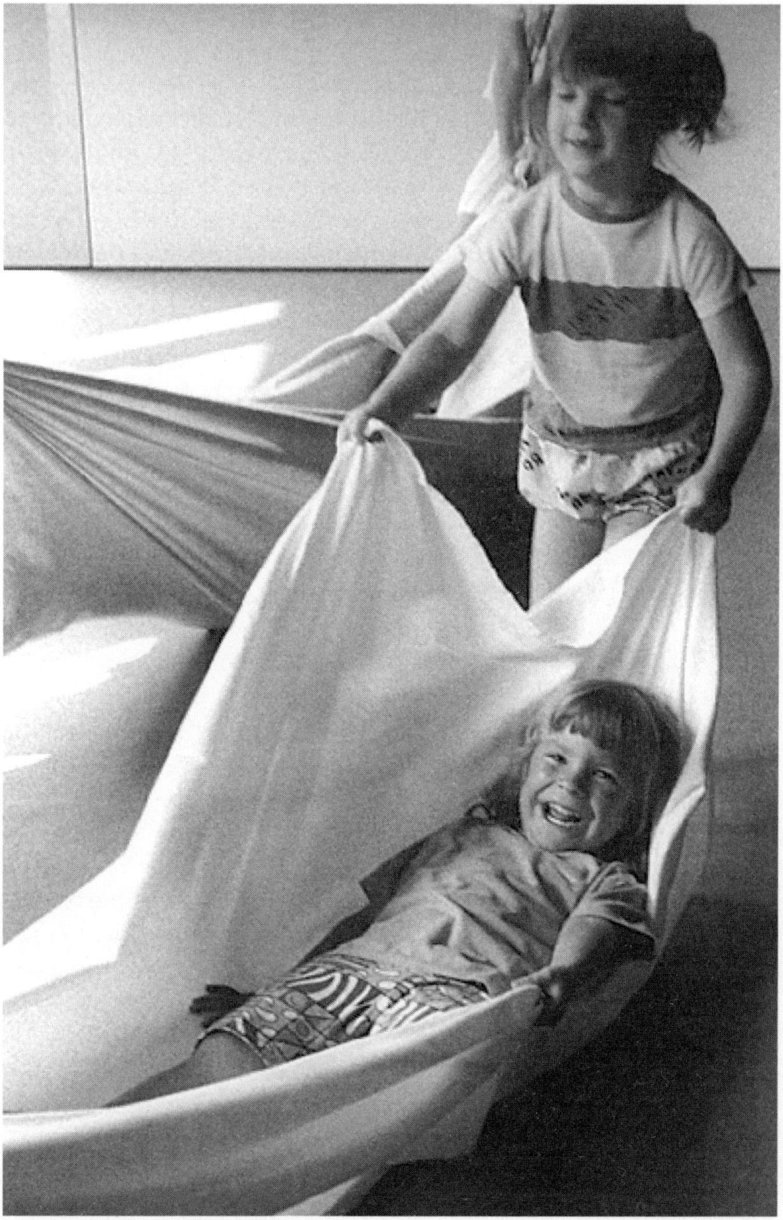

Soziales Lernen

7.2.1 Situationsorientierter Ansatz

Das Ziel, Kinder für das Handeln in Lebenssituationen zu qualifizieren, kennzeichnete den situationsorientierten Ansatz (Arbeitsgruppe Vorschulerziehung 1974). Kinder sollten die Fähigkeit erlangen, in Situationen ihres gegenwärtigen und zukünftigen Lebens zunehmend selbstbestimmt und selbsttätig zu handeln. Über die Analyse und Beschreibung von Lebenssituationen, die für Kinder Bedeutung haben und ihre individuelle Lebens- und Lerngeschichte berücksichtigten, wurden Qualifikationen beschrieben, die im Rahmen „didaktischer Einheiten" angesprochen werden sollten. Die Qualifikationen beinhalteten wünschenswerte Fertigkeiten, Fähigkeiten und Verhaltensweisen, die Kindern die Bewältigung der Anforderungen durch die Umwelt ermöglichen sollten.

Bei diesen *didaktischen Einheiten* handelte es sich jedoch nicht um Lernprogramme, die zu bestimmten Zeiten im Kindergarten zu „behandeln" waren; Lernen sollte vielmehr auf dem Hintergrund von Erlebnissen der Kinder geschehen; die Spiel- und Lernangebote gingen nicht von fachlichen Lernzielen, sondern von Lebenssituationen aus (vgl. Liegle 1988).

Bewegung wurde hier zwar grundsätzlich als wichtig erkannt, es dauerte jedoch bis in die 80er Jahre, bis eine vom Hessischen Sozialministerium initiierte Arbeitsgruppe konkrete Vorschläge für die Einbindung von Bewegung, Sport und Spiel in den Kindergartenalltag formulierte (Hessisches Sozialministerium 1983). Der Begriff „Psychomotorik" war hier zwar noch nicht zu finden, die Inhalte psychomotorischer Erziehung wurden jedoch ebenso berücksichtigt wie ausdrücklich auf den Zusammenhang von Bewegungssicherheit und Selbstwertgefühl hingewiesen wurde (S. 37 ff.). Thematisiert wurde die *Psychomotorische Erziehung* in offiziellen Curricula der Länder zum ersten Mal im Zusammenhang mit der Rahmenkonzeption „Bewegungserziehung im Kindergarten", die in Nordrhein-Westfalen entwickelt und erprobt wurde (Mags 1992) und derzeit zu den Grundlagen der pädagogischen Arbeit in dem größten Bundesland gehört; Modellversuche und Projekte in anderen Bundesländern folgten (vgl. u. a. AWO Thüringen e.V.).

7.2.2 Bewegung im Rahmen „offener Kindergartenarbeit"

In den letzten Jahren hat sich eine neue Alternative konzeptioneller Arbeit entwickelt, die als „offene Kindergartenarbeit“ verstanden werden kann. Regional zwar noch sehr unterschiedlich verbreitet, löste sie in Fachkreisen der Erzieherinnen sehr kontroverse Diskussionen und häufig auch ein entschiedenes Für oder Wider aus (vgl. Huppertz 1992).

Der „offene Kindergarten“ kann als ein Lebens- und Erfahrungsraum für Kinder beschrieben werden, in dem sie weitgehend selbstbestimmt lernen und handeln können, in dem gruppenübergreifend gearbeitet wird und in dem bedürfnisorientiertes Freispiel und vorbereitete Angebote sich abwechseln.

Veränderungen zur traditionellen Kindergartenarbeit zeigen sich am deutlichsten in der teilweisen Auflösung der Gruppen und der konsequenten Umgestaltung der Räume. Anstelle der üblichen Gruppenräume mit unterschiedlichen Funktionsecken gibt es hier sogenannte „Erfahrungsräume“, je nach Raumsituation im Kindergarten z. B. einen „Bewegungsraum“, einen „Ruheraum“, einen „Raum mit Werkstattcharakter“ und einen „Kommunikationsraum“ (vgl. Büchsenschütz/Regel 1992). Betätigungsbereiche, die normalerweise also in jedem Gruppenraum gleichzeitig eingerichtet sind, werden nun auf unterschiedliche Räume verteilt, so daß die Kinder sich nicht gegenseitig in ihren Aktivitäten stören. Jedes Kind bestimmt, welchen Raum es für das Freispiel aufsucht und mit wem es spielen will.

Gruppenübergreifend werden nach einer zeitlich begrenzten Freispielphase von den Erzieherinnen unterschiedliche Angebote unterbreitet, für die sich die Kinder selbst entscheiden können. In der Zwischenzeit haben sich mehrere Modifikationen des „offenen Angebotskindergartens“ (Büchsenschütz/Regel 1992, 24) herausgebildet, da die Auflösung der Gruppen und damit der gewohnten Struktur des Kindergartens mancherorts auf Widerstand stieß.

Stellenwert von Bewegung

Hervorzuheben ist vor allem der besondere Stellenwert, der dem Bereich der *Bewegung* im offenen Kindergarten eingeräumt wird. Ausdrücklich hingewiesen wird auf einen jederzeit verfügbaren Bewegungsraum, in dem Kinder Materialien erproben, mit großräumigen Geräten bauen, aber auch einmal ungestört toben und Bewegungsspiele mit anderen erfinden können. Für Kindergärten ohne spezielle Bewegungsräume kann eine so veränderte Raumstruktur wesentliche Hilfen zur Erfüllung eines elementaren Bedürfnisses von Kindern geben.

Besondere Beachtung müßten im offenen Kindergarten die Kinder finden, die sich unter Umständen vor den Bewegungsangeboten „drücken", die sie umgehen, Bewegungsräume eher meiden. Es ist wichtig, sie nicht durch das grobmaschige Netz der „Offenheit" fallen zu lassen, sondern zu beobachten, woran ihre Bewegungsabstinenz liegen könnte. Oft brauchen die Kinder Begleitung durch die Erzieherin, brauchen eine vertraute Person, die ihr Vertrauen in die eigenen Fähigkeiten stärkt. Auch offene Kindergartenarbeit kann nicht auf geschützte, betreute psychomotorische Angebote verzichten.

7.2.3 Psychomotorik als allgemeine Bewegungserziehung und als spezifisches Förderangebot

Ein kindzentriertes Konzept der Bewegungserziehung – so wie es in einer Vielzahl der neueren Veröffentlichungen zum Ausdruck kommt – entspricht dem Erziehungskonzept der Psychomotorik (vgl. AWO Thüringen 1997, Regel/Wieland 1984, Zimmer 1989, 1993). Bewegung ist hier kein fachspezifisches Anliegen, sondern ein grundlegendes *Medium der Entwicklungsförderung*, das täglich berücksichtigt werden muß. Über Bewegungs- und Wahrnehmungserfahrungen werden grundlegende Lernprozesse in Gang gesetzt, die die Auseinandersetzung des Kindes mit seinem Körper, seiner dinglichen und sozialen Umwelt unterstützen. Bewegungserziehung im Kindergarten sollte also auch immer psychomotorische Erziehung sein, sie sollte – unabhängig von der pädagogischen Konzeption – in jeder Einrichtung des Elementarbereichs Berücksichtigung finden. Das kann in unterschiedlicher Weise geschehen:

Räume

- Durch eine Raumgestaltung, die Bewegung nicht behindert oder zum gefährlichen Wagnis werden läßt; Räume sollten so gestaltet sein, daß *Raum für Bewegung* bleibt, daß sie auch über die Festlegung ihrer Funktionen hinaus für Bewegung genutzt werden können: Eine Treppe zum Springen, ein Flur zum Schlittern oder Pedalofahren, eine Garderobennische als Entspannungsinsel;

Allgemeine Bewegungsangebote

- durch *offene Bewegungsangebote*, die jedes Kind in seiner individuellen Eigenart erreichen, und durch *regelmäßige, geplante Bewegungsstunden*, die eine Erweiterung der Körper- und Bewegungserfahrungen und des Spielerepertoires der Kinder ermöglichen;

Psychomotorik

- durch besondere *psychomotorische Angebote* für Kinder mit besonderen Bedürfnissen; auch zurückhaltende Kinder müssen Gelegenheit haben, sich in kleinen, überschaubaren Gruppen selbständig mit ihren körperlichen Fähigkeiten auseinandersetzen zu können; unkonzentrierte Kinder können lernen, wie man zur Ruhe kommt;

Erzieherin

- durch Erzieherinnen, die an den Bewegungshandlungen der Kinder Anteil nehmen, die *anregen,* aber nicht überreden, die gleichwertiger *Spielpartner* sind, aber das Kind selbst aktiv werden lassen, die Freiheit gewähren und Grenzen setzen, die da sind, wenn sie gebraucht werden, aber nicht einengen und überbehüten;

Spielideen

- durch Lernen in *Sinnzusammenhängen:* Indem Kinder im Rahmen der Bewegungsangebote Spielideen entwickeln können, denen sie eine eigene Bedeutung geben und diese auch von der Erzieherin verstanden und angenommen wird;

Eltern

- durch die *Einbindung der Eltern* in die Kindergartenarbeit (gegebenenfalls Nutzung der Fachkompetenz von Eltern, Elternabende zum Thema Bewegung, Bewegungsspielnachmittage für Eltern und Kinder).

7.3 Bewegungsorientiertes Lernen in der Schule

Die veränderte Lebenssituation von Kindern, die Reduzierung ihrer Erfahrungsmöglichkeiten stellt die Grundschule vor das Problem, daß Kinder heute oft die Voraussetzungen für schulisches Lernen nicht mehr mitbringen, sondern daß diese erst in der Schule erworben bzw. nachgeholt werden müssen. So klagen Lehrerinnen über zunehmende Konzentrationsschwächen bei ihren Schülerinnen und Schülern, über Bewegungsunruhe und wachsende Lernstörungen vielfältiger Art.

Lernschwierigkeiten lassen sich heute nicht mehr einfach mit kognitiv orientierten Fördermaßnahmen beheben, sie setzen meist auf einer tieferen Ebene an: sie werden z. B. ausgelöst durch einen tiefgreifenden Identitätsverlust bei Kindern bereits im frühen Lebensalter infolge familiärer Belastungen, aber auch durch die mangelnde Verarbeitung von Sinneseindrücken und die Einschränkung der kindlichen Handlungs- und Bewegungsmöglichkeiten.

Veränderung der Lebenswelt

Die Schule muß auf die Veränderung der kindlichen Lebenswelt infolge des Verlusts an Eigentätigkeit reagieren, sie muß Sinnverlust und einseitige Sinneserfahrungen ausgleichen und Gegenstrategien zu einer zunehmend von Medien und Technik beherrschten Umwelt bieten. Hier kann Psychomotorik Hilfen anbieten, indem Grundlagen für das Lernen vermittelt und über elementare Wahrnehmungserfahrungen u. a. auch die Voraussetzungen für Lesen, Schreiben und Rechnen geschaffen werden.

Psychomotorische Erziehung kann in der Schule auf unterschiedlichen Ebenen ansetzen:

1. als Bereicherung und Ergänzung des Sportunterrichts;
2. als spezielle Förderung von Kindern mit Lern- und Entwicklungsbeeinträchtigungen;
3. als grundlegendes, fach- und fächerübergreifendes Arbeitsprinzip.

7.3.1 Psychomotorik als Bereicherung und Ergänzung des Sportunterrichts

Insbesondere in der Grundschule sollten im Sportunterricht möglichst vielseitige, spielerische Bewegungserlebnisse vermittelt werden. Zwar werden hier bereits erste Fertigkeiten erworben und damit auch die Grundlage für das an Sportarten ausgerichtete Sporttreiben gelegt, darüber hinaus muß jedoch die Breite der Erlebnisinhalte von Sport und Bewegung genauso berücksichtigt werden wie die Vielfalt der Orientierungsmöglichkeiten, die Bewegung und Sport für Kinder haben können.

Auch *Inhalte des traditionellen Sports* können im Sinne der Psychomotorik angeboten werden. So baut z. B. die Leichtathletik auf den Grundbewegungsformen des Menschen auf, und diese können zunächst in ihrer elementaren Form im Sportunterricht angesprochen und vielseitig variiert werden. Wird das *Laufen* z. B. zum

Körpererfahrung

Thema des Unterrichts, können Kinder Körpererfahrungen machen beim Bergauf- und Bergablaufen, beim Laufen auf Waldboden und auf Asphalt, indem sie auf Veränderungen in ihrem Körper achten, wenn sie schnell laufen oder einen Dauerlauf machen (schwitzen, Pulsschlag) und indem sie selbst herausfinden, wie man das Lauftempo einteilen muß, wenn man eine längere Strecke durchhalten will, ohne außer Atem zu kommen.

Auch das *Turnen* besitzt aufgrund der Vielfalt der hier einsetzbaren Geräte und der vielseitigen Erfahrungsmöglichkeiten für Kinder einen hohen Erlebniswert: Beim Schwingen, Springen, Rollen, Stützen, Drehen, Fliegen und Überschlagen oder bei akrobatischen Kunststükken werden *Körpererfahrungen* mit Sozialerfahrungen verbunden.

Im „Abenteuerturnen" kann das Balancieren über wacklige Balken und schmale Stege in Bedeutungszusammenhänge wie z. B. das risikoreiche Überwinden eines reißenden Flusses eingebettet, im Turnzirkus können Kunststücke erprobt und vorgeführt werden (vgl. Bruckmann/Dieckert/Hermann 1991).

So werden Sportarten und Bewegungsformen für Kinder in einen Sinnzusammenhang gestellt, der sowohl leistungsstärkeren als auch schwächeren und ängstlichen Kindern die Chance gibt, sich ihren Fähigkeiten entsprechende Ziele zu setzen.

Entdeckendes Lernen

Damit ist ein psychomotorisch orientierter Sportunterricht auch eine gute Basis für einen schülerzentrierten Unterricht, der dem entdeckenden Lernen viel Raum gibt und Schülern den Sinn sportlichen Handelns selbstbestimmt erfahren läßt.

Psychomotorische Angebote können aufgrund ihrer elementaren Bedeutung für das Bewegungshandeln die *Grundlage für späteres Sporttreiben* bilden.

7.3.2 Psychomotorik als spezielle Förderung von Kindern mit Lern- und Entwicklungsbeeinträchtigungen

Auf der Basis von Piagets Auffassung, daß sensomotorische Erfahrungen eine grundlegende Bedingung für das Lernen überhaupt darstellen, kann Psychomotorik insbesondere auch den Kindern helfen, die Schwierigkeiten in der Aneignung abstrakter Lerninhalte haben.

Nicht alle Kinder lernen im gleichen Tempo und auf dem gleichen Weg. Durch Differenzierung und andere Maßnahmen individualisierten Lernens können Defizite aufgearbeitet und Lernstörungen vorgebeugt werden.

Ursachen von Lernstörungen

So gibt es z. B. Kinder mit Lese- oder Rechtschreibschwächen, deren Schwierigkeiten nicht durch einen Nachhilfeunterricht abgebaut werden können. Die Wurzeln ihrer Probleme liegen tiefer, z. B. im Bereich des Spracherwerbs, im Bereich der auditiven Wahrnehmung oder der visuellen Wahrnehmung.

So können bei Beeinträchtigungen der auditiven Wahrnehmung Geräusche, Laute, Sprachmuster und Rhythmen nur ungenau aufgenommen, differenziert, lokalisiert, zugeordnet, behalten und nachgebildet werden. Eine verringerte Differenzierungs- und Merkfähigkeit wirft Probleme beim Sprechen und beim Sprachverständnis, beim Unterscheiden ähnlicher Laute und Buchstaben auf; damit sind Probleme in der Rechtschreibung meist vorprogrammiert (Brand 1990, 21).

Figur-Grundwahrnehmung

Ebenso verhält es sich bei *Störungen der Figur-Grund-Wahrnehmung:* das Kind kann einzelne Reize nicht aus dem gesamten Wahrnehmungsfeld herausgliedern, kann die „Figur“ (z. B. die Stimme der Lehrerin) nicht vor dem „Hintergrund“ (den Nebengeräuschen in der Klasse) erkennen. Daher reagiert es übermäßig auf alle Reize seiner Umgebung, es läßt sich leicht ablenken, wirkt unkonzentriert und unaufmerksam.

Außerdem kann es die für den Lernvorgang wichtigen Informationen nicht aufnehmen, da die „Figur“ keine größere Bedeutung besitzt als die „Hintergrundreize“. Dem Unterricht kann das Kind daher oft gar nicht folgen, es verwechselt beim Schreiben, Lesen, Rechnen ähnliche Buchstaben, Ziffern und Symbole (3 und E, p, d, b, q).

Psychomotorische Förderung dieser Kinder richtet sich nun nicht gezielt auf die jeweiligen Symptome ihrer Lern- oder Entwicklungsprobleme.

Wahrnehmung und Bewegung

Da Wahrnehmung und Bewegung in ihrem Zusammenspiel an allen Lernprozessen beteiligt sind, wird eher eine allgemeine Unterstützung des *Zusammenwirkens von Bewegung, Wahrnehmung, Denken, Erleben und Handeln* eines Kindes angestrebt. Dabei muß auch die Interaktion der Kinder untereinander und mit dem Pädagogen Beachtung finden.

So können auch beim Schreibenlernen großräumige Bewegungsübungen den Lernprozeß erleichtern, vor allem aber die Motivation der Kinder unterstützen.

Beispiel: Schreibenlernen

Anstatt *Schwungübungen* z. B. immer nur auf einem Blatt Papier auszuführen kann es viel spannender sein, die Schleifen einmal mit den Füßen oder einem Stock riesengroß in Sand oder mit Kreide auf den Asphalt des Schulhofes zu zeichnen.

- Lustig und kitzelig ist es, wenn ein großes Tau auf den Boden in Form eines Buchstabens ausgelegt ist und mit den Fußsohlen ertastet werden soll.
- Aufregend wird es, wenn bei geschlossenen Augen die Hände zu ertasten versuchen, welche Zahl der Partner mit einem Seil auf den Boden gelegt hat.
- Entspannend und wohltuend ist es, wenn der hinter einem sitzende Freund Buchstaben und Zahlen auf den eigenen Rücken schreibt und man selbst die Formen zu erkennen versucht.

Graphomotorische Übungen können auf diese Weise mit taktil-kinästhetischen Erfahrungen verbunden werden.

Allgemeine Prinzipien der Unterrichtsgestaltung im Sinne einer psychomotorischen Förderung sind:

- die Berücksichtigung möglichst vieler *Sinne* bei der Vermittlung der Lerninhalte;
- die Verwendung von *Arbeits- und Spielmaterialien*, die möglichst *vielfältige sensorische Erfahrungen* ermöglichen: Buchstaben, die erfaßt, „begriffen" werden können (aus Holz, aus Samt, Kunststoff oder Sandpapier geschnitten), die in Sand, Lehm, Schnee geschrieben/gemalt werden;
- die *Isolation einzelner Sinnesbereiche*, um auch die modalitätsspezifische Wahrnehmung zu unterstützen (mit geschlossenen Augen Zahlen oder Buchstaben ertasten, aus anderen heraussuchen, ein visuell vorgegebenes Symbol – Kreis o. ä. – mit einem Seil blind nachlegen);
- die *bewußte Verbindung mehrerer Sinnessysteme* ansprechen: einen Laut hören und den dazugehörigen Buchstaben aus einem Tastsack heraussuchen, von einem Mitschüler eine Zahl auf den Rükken „geschrieben" bekommen und die Zahl laut aussprechen.

- Weitere Beispiele sind in den folgenden Praxisideen zum fachübergreifenden Arbeiten mit Hilfe psychomotorischer Inhalte zusammengestellt.

Vor allem für unruhige, konzentrationsschwache Kinder ist ein Wechsel von Phasen der Aufmerksamkeit und der Entspannung wichtig.

Entspannung

So hat Krowatschek (1995) ein Konzentrationsprogramm entwickelt, das als „Kurzintervention" im Rahmen einer kurzen Übungsdauer dem Kind selbst Strategien an die Hand geben soll, seinen Arbeitsstil zu ändern. Hierdurch soll es seine Aufmerksamkeit besser steuern und strukturieren lernen. Die Leitfigur des Trainings ist eine Schildkröte, sie gilt als Metapher für Ruhe und Konzentration, aber auch als Modell für die Kinder.

7.3.3 Psychomotorik als grundlegendes, fachübergreifendes Arbeitsprinzip

Bewegung kann zum Medium der Erfahrungsgewinnung in allen Unterrichtsfächern werden. Als fachübergreifendes Lernprinzip rückt die körperlich-sinnliche Aneignung in den Vordergrund einer handlungsorientierten Unterrichtsmethode und macht auch abstrakte Lerninhalte „begreifbar", „erfaßbar" und damit auch nachvollziehbar.

Auch im Klassenunterricht sind viele Sachverhalte und Erkenntnisse für Kinder besser durchschaubar, wenn sie zu den Dingen hingehen, sie mit allen Sinnen wahrnehmen können, wenn an ihrer Erfahrungsgewinnung ihre ganze Person beteiligt ist. Das trifft z. B. auf viele *physikalischen Phänomene* wie z. B. Kraft, Schwung oder Gleichgewicht zu. So können von einem fachübergreifenden Verständnis von Bewegung Impulse ausgehen für eine veränderte Aneignung der schulischen Inhalte, für das kreative, aktive, entdeckende Umgehen mit den Dingen der Welt.

Erfahren physikalischer Gesetzmäßigkeiten

Was der Begriff *Gleichgewicht* bedeutet, lernen Kinder z. B. am besten in Situationen, in denen sie selber auf schmalen Unterstützungsflächen, auf einer Wippe oder auf instabilem Untergrund mit dem Gleichgewicht experimentieren. Im *Sachunterricht* kann dieses Erleben reflektiert und durch systematischere Experimente begleitet werden (z. B. Bau einer Wippe aus einem stabilen Rohr, über das ein

Brett gelegt wird: Wie muß die Belastung auf beiden Brettenden sein, damit ein „Wippen“ möglich ist?).

Aber auch das Lernen des Lesens und Schreibens, die Aneignung von Buchstaben und Zahlen kann Kinder bewegen. So kann Psychomotorik – insbesondere in der Grundschule – *zum fachübergreifenden Lernprinzip* werden.

Die folgenden Beispiele sollen verdeutlichen, wie psychomotorische Förderung einerseits lustvolles, spannendes Spielen beinhaltet, gleichzeitig aber auch intensive Wahrnehmungsprozesse ermöglicht, die im schulischen Anfangsunterricht das *Schreiben- und Lesenlernen sowie Rechnenlernen* unterstützen.

Material

Die Spiel- und Lernaufgaben zum Lesen und Rechnen werden hier mit Hilfe von Teppichfliesen arrangiert. Teppichfliesen sind im Fachhandel erwerbbar, sie können jedoch auch selbst hergestellt werden: Hierzu werden aus Teppichresten quadratische Fliesen (ca. 40 cm x 40 cm) geschnitten. Sie können als *Sitzunterlage* für jedes Kind bei Gesprächskreisen dienen, ebenso aber auch für Entspannungsübungen oder für *Bewegungsspiele* genutzt werden.

Wenn z. B. auf Teppichfliesen mit Klebeband Buchstaben geklebt werden, wird die Kombination von Buchstaben zu Wörtern zu einem bewegungsintensiven Hüpfspiel. Die Kinder können ihre Namen „springen“, Phantasiewörter herstellen, großräumig die Teppichfliesen zu Wörtern zusammenlegen. Mit jedem neuen Buchstaben kommen neue Teppichfliesen hinzu, und mit ihnen steigern sich sowohl die Lesemöglichkeiten als auch die Variationsmöglichkeiten der Bewegungsspiele.

Lese-Lern-Spiel-Aufgaben

- Auf die Fliesen werden aus Tesakreppstreifen Buchstaben geklebt.
- Welche Buchstaben werden häufig gebraucht? Diese Buchstaben müssen mehrfach vorhanden sein.
- Aus einer kleinen Auswahl an Buchstaben möglichst viele Wörtern kombinieren (EIN, NIE, EI, IN).
- Wie viele (kurze) Wörter kann man aus den vorhandenen Buchstaben legen?

Mit den Händen sehen

- Mit geschlossenen Augen versuchen, die Buchstaben mit den Fingerkuppen zu „lesen“.
- Partneraufgabe: Ein Kind nennt einen Buchstaben, der Partner stellt sich auf die entsprechende Fliese.
- Alle Buchstabenfliesen liegen auf dem Boden. Von einer Fliese zur anderen hüpfen und dabei laut den Buchstaben aussprechen, auf dem man gerade steht.
- Jedes Kind sucht sich eine Fliese mit dem Buchstaben, mit dem sein Name beginnt (oder der in seinem Namen vorkommt).
- „Wörter hüpfen:“ Beim Hüpfen Buchstaben wählen, die zusammen ein Wort ergeben. Ein Kind kann auch von Buchstaben zu Buchstaben springen, die anderen sollen es laut lesen.
- Mit den Buchstaben die Bezeichnung eines Tieres legen (ELEFANT), danach bewegen sich alle so wie dieses Tier.
- Ein Scrabble mit den Buchstabenfliesen legen. Einige Fliesen haben keine Beschriftung. Sie dienen als „Joker“.
- Einige Kinder legen mit dem Teppichfliesen ein Wort, die anderen schreiben das Wort an die Tafel.

„Erarbeitung" des Zahlbegriffs in der Mathematik

Werden auf die Teppichfliesen Zahlen (zunächst im Zahlenraum 1 bis 10) geklebt, lassen sich Spiele durchführen, die mit mathematischen Grundlagen, wie z. B. dem Aufbau des Zahlenstrahls oder der Bestimmung der Vorgänger- und Nachfolgezahl, vertraut machen und die für jede Rechenoperation notwendige räumliche Orientierung unterstützen.

Beispiele:

- Jedes Kind hat eine Fliese mit aufgeklebter Zahl:
  - durch den Raum gehen und ein anderes Kind mit gleicher Zahl suchen;
  - ein Kind mit kleinerer Zahl suchen;
  - ein Kind mit größerer Zahl suchen;
  - ein Kind mit der nächstkleineren (der nächstgrößeren) Zahl suchen;
  - die Teppichfliesen entsprechend den Zahlen von 1 bis 10 ordnen.
- Die Teppichfliesen liegen ungeordnet verteilt auf dem Boden:
  - über die Fliesen springen und dabei die Zahlen laut sprechen;
  - über jede Fliese, die betreten wird, entsprechend der aufgeklebten Zahl hin und herspringen;
  - nacheinander von einer Fliese zur anderen gehen, bei 1 beginnen, dann zur 2 etc.; damit die Abstände nicht zu groß sind, müssen die Fliesen dicht nebeneinander gelegt werden.

- Jeweils zwei Kinder suchen sich zwei Teppichfliesen (Zahlen 1–5) und verbinden sie mit einem Plus oder Minuszeichen (eventuell viele Bierdeckel mit + und – bekleben). Eine andere Zweiergruppe soll die zur Lösung der Aufgabe passende Fliese dahinterlegen.
- Ein Kind (oder die Lehrerin) zeigt eine Zahlenfliese, alle anderen sollen sich in Gruppen mit entsprechend vielen Teilnehmern zusammenstellen (wenn eine Gruppe nicht vollständig ist und keiner mehr übrigbleibt, darf diese Gruppe Ersatz dazuholen – eventuell Teppichfliesen ohne Zahlen oder andere Gegenstände).

Neben solchen Bewegungsaufgaben, bei denen in spielerischer Form Mengen- und Raumerfahrungen als *Voraussetzung für mathemati-*

sche Lernprozesse vermittelt werden, gibt es viele andere Gelegenheiten im Unterricht, in denen Bewegungshandlungen als Mittel der Erkenntnisgewinnung genutzt werden können (Zoller 1996, Seidl-Jerschabeck 1996, Keller/Fritz 1995).

Körperlich-sinnliche Erfahrungen sind dabei nicht als Garnierung des harten Stoffes zu verstehen, damit dieser besser verdaut wird. Sie müssen vielmehr als eine wesentliche Form der Weltaneignung von Kindern verstanden werden.

Kindgemäßheit, Selbsttätigkeit und Lebensnähe als Leitprinzipien der Psychomotorik und zugleich auch des gesamten Unterrichts in der Grundschule können dazu beitragen, ein neues Erziehungs- wie auch Sportverständnis zu entwickeln. Damit gelingt es vielleicht, auch in der Schule zwei wichtige Ziele von Erziehung gleichzeitig zu verwirklichen: Die Förderung der Entwicklung von Kindern und die Erfüllung ihrer Gegenwart.

Damit einher geht auch eine veränderte Sicht des Kindes: Sie beinhaltet das Vertrauen auf die Selbstbildungsfähigkeit, auf die Aktivität und Lernbereitschaft, die eigenverantwortliches Lernen möglich machen und die Erziehungsziele wie Selbständigkeit nicht als utopische Fernziele ansehen, sondern das selbständige Lernen bereits zur Methode des Unterrichts erheben.

Ein wesentliches Argument für eine Veränderung schulischer Inhalte und Aneignungsformen liegt in der Einsicht, daß Körper- und Sinneserfahrungen zu einem unersetzlichen Bestandteil kindlicher Lebenswirklichkeit gehören, heute jedoch mehr denn je im Lebensalltag vernachlässigt werden.

7.4 Neue Konzepte des Sportförderunterrichts

Traditioneller Sportförderunterricht

Sportförderunterricht, kompensatorischer Sport, Schulsonderturnen – dies alles sind Bezeichnungen für *Maßnahmen zur Förderung von Kindern mit Bewegungsbeeinträchtigungen und einer eingeschränkten psycho-physischen Belastbarkeit.* Der traditionelle Sportförderunterricht war in erster Linie ausgerichtet auf den Ausgleich körperlicher Leistungsschwächen. Die Probleme der sogenannten „sportschwachen Schüler" wurden reduziert auf die Bearbeitung von Haltungsauffälligkeiten, Organleistungsschwächen und Koordinationsstörungen. Dabei ging bereits die Empfehlung der Kultusministerkonferenz (1982) für die Durchführung von „Förderunterricht im Schulsport" weit über die in erster Linie körperlichen Indikatoren hinaus. Sportförderunterricht ist hiernach

> *„vorwiegend für Kinder und Jugendliche bestimmt, deren motorische Leistungsfähigkeit durch psycho-physische Schwächen eingeschränkt ist. Mit dieser Maßnahme wird der Tatsache Rechnung getragen, daß die motorische Entwicklung und die Förderung der körperlichen Leistungsfähigkeit in einem Wechselverhältnis mit der psychischen, geistigen und sozialen Entwicklung stehen."*

Kritik: Symptomorientierung

Aus der Kritik an der Symptomorientiertheit des Sportförderunterrichts (Schilling 1982, Kiphard 1982) erhob sich die Forderung nach einer ganzheitlicheren Sicht der kindlichen Persönlichkeit. Bewegung wird weniger aus biomechanischer Sicht betrachtet, sondern in ihrem Zusammenhang mit der Handlungsfähigkeit des Menschen gesehen.

1992 formulierte dann die Kultusministerkonferenz *„Empfehlungen zur Intensivierung des Sportförderunterrichts"*, in denen die psychomotorische Förderung zum ersten Mal offiziell erwähnt wird:

> *„Der Sportförderunterricht bietet besonders günstige Möglichkeiten der individuellen psychomotorischen – auch sportmotorischen – und psycho-sozialen Förderung ausgewählter Schülerinnen und Schüler mit erheblichen körperlichen Entwicklungsrückständen und motorischen Defiziten."*

Zusätzlich werden weitere *gesundheitsfördernde Angebote* empfohlen, da die Anzahl der bewegungsauffälligen Schülerinnen und Schüler, die häufig auch ein geringes Selbstwertgefühl haben, Außenseiterpositionen einnehmen und Verhaltensauffälligkeiten zeigen, ständig steigt.

Zimmer/Cicurs (1987) stellten erstmals eine Synthese zwischen den traditionellen Inhalten des Sportförderunterrichts und psychomotorischen Zielsetzungen und Inhalten vor, die zu einer konzeptionellen Neuorientierung des Sportförderunterrichts und darüber hinaus auch zu einer veränderten Konzeption der Fort- und Weiterbildungsmaßnahmen für Lehrerinnen und Übungsleiterinnen führte (Gaschler/Breithecker 1994).

Sinneserfahrungen, Körpererfahrungen, soziale Erfahrungen

An die Stelle von funktions- und symptomorientierten Übungen zum Ausgleich spezifischer Schwächen und Auffälligkeiten treten Bewegungsangebote, die insbesondere *sinnliche Erfahrungen, Körpererfahrungen* und *soziale Lernerfahrungen* einschließen. Das Kind soll „über Bewegung in all seinen Sinnen angesprochen werden, seinen Körper annehmen und mit ihm umgehen lernen, sich selbst als wichtiges Element einer Gruppe erfahren." (Zimmer/Cicurs 1987, 35)

Im Hinblick auf die methodische Vermittlung werden u. a. folgende Grundsätze formuliert:

Methoden der Vermittlung

- Die Motivation zur Teilnahme … sollte von der Attraktivität des Bewegungsangebotes ausgehen. Dies ist am ehesten zu erreichen durch erlebnisorientierte Bewegungssituationen, durch den Einsatz interessanter Materialien, durch Inhalte mit größtmöglichem Aufforderungscharakter und durch Berücksichtigung der Bedürfnisse und Interessen der Schüler.

- Die Schaffung einer freundlichen, vertrauensvollen Atmosphäre, in der sich die Kinder mit allen Schwächen angenommen und in ihren Wünschen ernstgenommen fühlen, wird gefordert.
- Die Bewegungsangebote sollen so strukturiert werden, daß die Selbsttätigkeit der Schüler und Schülerinnen gefördert und experimentierendes Lernen ermöglicht wird.
- Individuelle Stärken der Kinder sollen als Einstieg in die Fördermaßnahme genutzt werden, motorische Schwächen sollten dagegen vorerst ignoriert werden.
- Die für den Ablauf des Unterrichts notwendigen Grenzen (Ordnungsprinzipien: soziale und organisatorische Regeln) sollten besprochen und den Kindern einsichtig gemacht und dann auch möglichst konsequent eingehalten werden.
- Selbst geringe Erfolge bei der Bewältigung von Bewegungsaufgaben und kleinste Lernfortschritte sollten bekräftigt und dem Kind bewußt gemacht werden.

- Leistungsdruck und vor allem Leistungsvergleiche mit anderen sollten vermieden werden. Hierzu gehört auch der Verzicht auf Wettkampfformen, bei denen die Einzelleistung sichtbar und am Können der anderen gemessen wird. Statt dessen sollte der intraindividuelle Vergleich unterstützt werden; Bezugspunkt ist nicht, was ein Kind – gemessen an einem anderen – kann, sondern was es selbst dazugelernt hat (vgl. Zimmer/Cicurs 1987, 39 ff.).

Interessant an diesem Konzept ist insbesondere auch die Betrachtung traditioneller Inhalte des Sportförderunterrichts unter psychomotorischen Aspekten. So wird das Gleichgewicht als eine „mehrdimensionale sensorische und motorische Körpererfahrung" gesehen und in der Praxis erlebnisorientierte Spielideen als „Schule des Gleichgewichts" vorgestellt. Unterrichtsideen wie „Sägewerk", bei dem Baumstämme als Vorstellungsbild für unterschiedliche Grade der Körperspannung symbolisiert werden, tragen in spielerischer Form zur Verbesserung des Haltungsbewußtseins bei. Auch die vielfältigen Faktoren, die die Körperhaltung beeinflussen, werden verdeutlicht, die Beziehung von Haltung und Verhalten betont.

Körperwahrnehmung

So erhalten die Verbesserung der Ausdauerfähigkeit, die Schulung des Haltungsgefühls, die Koordination und das Gleichgewicht unter psychomotorischen Gesichtspunkten eine neue Erlebnisdimension. Die ursprünglich „biologisch-medizinischen Zielsetzungen" (Übungen gegen den Rundrücken, Flachrücken etc.) werden zwar zugunsten einer allgemeinen Bewegungs- und Haltungsförderung aufgegeben, die Effekte im Hinblick auf eine Sensibilisierung des Kindes im Umgang mit dem eigenen Körper jedoch gesteigert.

Durch freudvolle, interessante, auf die Bedürfnisse der Kinder abgestimmte Bewegungsangebote kann so der Sportförderunterricht viel eher dazu beitragen, die Beziehung zum eigenen Körper und das individuelle Wohlbefinden der Kinder zu verbessern, das soziale Miteinander zu unterstützen und damit langfristig die psycho-soziale, aber auch die physische Gesundheit zu stärken.

Personale Ressourcen

Sportförderunterricht in diesem Sinne könnte so auch die wichtige Aufgabe übernehmen, *personale Gesundheitsressourcen* aufzubauen; gerade für Kinder mit Bewegungsbeeinträchtigungen und Leistungsschwächen ist es besonders wichtig, daß sie in einem besonderen Schonraum Gelegenheit haben, Vertrauen in die eigenen Fähigkeiten zu entwickeln.

7.5 Elternvereine und Selbsthilfegruppen

Mit zunehmender Anerkennung der Psychomotorik hat sich auch der Anwendungsbereich immer weiter ausdifferenziert. So gibt es auch außerhalb öffentlicher Institutionen wie Kindergarten und Schule Bedarf nach psychomotorischer Förderung.

Vereinzelt sind sogar *Sportvereine* bereit, Psychomotorik in ihr Angebot aufzunehmen, hierfür bedarf es aber einer besonderen Sensibilität des Vereins für die Zielgruppe der bewegungsauffälligen Kinder, denn diese sind ja eher sportabstinent und tragen nicht ohne weiteres zu dem Image eines auf sportliche Leistungen und Wettkampf ausgerichteten Vereins bei. Neuere Tendenzen, mehr Angebote aus dem Gesundheitssport in die Vereine zu bringen, haben jedoch auch hier bereits ein Umdenken bei den Vereinsfunktionären und Sportfachverbänden bewirkt und in der Praxis auch zu vereinzelten Initiativen geführt (vgl. Koschel/Brinkmann 1997).

Häufig scheitern diese Vorhaben aber an dem Mangel an qualifizierten Übungsleitern.

Psychomotorik-Vereine

So haben sich in den letzten Jahren zunehmend Initiativen gebildet, die spezifische *Psychomotorik-Vereine* gründeten, werden oft durch Eltern betroffener Kinder ins Leben gerufen. Gemeinsam mit pädagogischen Fachleuten bauten sie ein Angebotssystem auf, das spezifische Fördermöglichkeiten für ihre Kinder enthielt und engagierten sich ehrenamtlich in der Vereinsarbeit. Da Eltern erfahrungsgemäß meist nur für eine begrenzte Zeit für die Vereinsarbeit zur Verfügung stehen und die hohe Fluktuation sich nicht immer nur positiv auf die Vereinsstruktur auswirkt, strebten die meisten Vereine im Laufe der Zeit eine zunehmende *Professionalisierung* an, verselbständigten sich, erweiterten das Angebot so, daß hauptamtliche Stellen eingerichtet werden konnten. So entstanden in den letzten zwei Jahrzehnten eine Reihe regional, aber auch überregional bekannter Initiativen, die zwar von ihrem rechtlichen Status her Vereinscharakter haben, die aber durchaus zu festen Institutionen innerhalb der

Psychomotorik geworden sind. In diesen Vereinen sind meist Motopäden oder Motologen tätig, Sportlehrer und andere Bewegungsfachkräfte mit einer Zusatzqualifikation Motopädagogik/Psychomotorik.

Von fast allen Vereinen wird die Förderpraxis begleitet durch einen regelmäßigen Austausch mit Kindergärten, Schulen, Frühförderstellen, Ärzten, Erziehungsberatungsstellen.

Zielgruppen

Häufig wenden sich die Vereine an bestimmte Zielgruppen: Bewegungsbeeinträchtigte Kinder, Kinder mit minimaler cerebraler Dysfunktion (MCD), oder Kinder mit Teilleistungsschwächen. Dies ist jedoch nur bei einer sehr kleinen Initiative realisierbar, denn mit zunehmendem Bekanntheitsgrad wird auch die Anzahl der Gruppen steigen und die Teilnehmer nicht nur aus einer ganz bestimmten Zielgruppe kommen können.

Die Psychomotorik-Vereine übernehmen meist unterschiedliche *Aufgaben:*

Aufgaben

- Ihre originäre Aufgabe sehen sie in der *Einrichtung von Fördergruppen* für Kinder unterschiedlicher Altersstufen;
- um überhaupt eine entsprechend große Angebotspalette erstellen zu können, ist *Öffentlichkeitsarbeit* notwendig; Psychomotorik muß auch auf regionaler Ebene bekannt werden; die präventiven und therapeutischen Wirkungen der Bewegungsförderung sollten auch Laien deutlich werden;
- dies erfordert eine gute *Zusammenarbeit* mit Kindergärten, Frühförderstellen und Schulen, Ärzten und Gesundheitsämtern; über sie ist es möglich, Eltern betroffener Kinder zu informieren und mit anderen pädagogischen Fachkräften ein Netzwerk zu erstellen;
- da nicht immer ersichtlich ist, für welche Kinder Psychomotorik eine geeignete Fördermaßnahme darstellt, ist eine *Beratung der Eltern* sinnvoll. Darüber hinaus sollten auch im Rahmen der bestehenden Fördergruppen Elternabende, Gespräche, Einzelberatungen durchgeführt werden;
- wenn sich ein Psychomotorik-Verein etabliert hat und gute fachliche Arbeit leistet, wird in den meisten Fällen auch bald der Wunsch an ihn herangetragen, Beratungen und eventuell sogar diagnostische Aufgaben in Kindergärten oder heilpädagogischen

Institutionen zu übernehmen. So können erfahrene, qualifizierte Pädagogen des Vereins auch *Fortbildungsangebote* für interessierte andere pädagogische Fachkräfte, für Mitarbeiterteams von Kindergärten oder im Rahmen einer schulinternen Lehrerfortbildung machen.

Zu den ersten Vereinen dieser Art gehört der „Verein für psychomotorische Entwicklungsförderung e.V." in Braunschweig, der zunächst den Namen „Verein für Spiel- und Bewegungsförderung 1981" trug. Die Gründung erfolgte in Zusammenarbeit von Fachleuten und engagierten Eltern.

> *„Interessierte Eltern gaben den Anstoß, doch etwas zu tun für die Kinder, die mit ihren scheinbar geringen Auffälligkeiten oder Schwierigkeiten durch das Raster der vorhandenen Fördermöglichkeiten fallen."* (Neumann/Prenner 1991)

In den folgenden Jahren entstanden weitere Initiativen dieser Art, so daß es in Deutschland, aber auch im benachbarten Ausland inzwischen eine Vielzahl von Elterninitiativen und Psychomotorik-Vereinen gibt. In Kapitel 9 sind die Anschriften aufgeführt, so daß bei Bedarf Informationen angefordert werden können.

8 Beispiele zur Praxis psychomotorischer Förderung

Die Beispiele zur Praxis psychomotorischer Förderung sind nach folgenden Schwerpunkten geordnet:

- **Einstiegsspiele (E)**
  Die hier vorgestellten Spielideen sind geeignet für den Beginn einer Psychomotorikstunde, ermöglichen viel freie Bewegung und die individuelle Auseinandersetzung mit einem Gerät oder bestimmtem Material. „Die Geräte kommen zum Kind“ ist die Devise. Das Kind erhält die Chance, sich zuerst einmal mit sich selbst und mit dem Material oder der Spielsituation auseinanderzusetzen, Gruppenregeln oder gemeinsame Aufgaben kommen später erst hinzu.
  Diese Spielideen sind kurzfristig einsetzbar, sie benötigen nicht viel Zeit, der Materialbedarf ist gering, sie lassen viel Freiraum.

- **Themenspezifische Spiel- und Bewegungsangebote (T)**
  Diese Praxisbeispiele beinhalten komplexere Spielhandlungen, Themen, die die Phantasie der Kinder ansprechen, die die Identifizierung mit Rollen oder das Einnehmen unterschiedlicher Positionen möglich machen und die in der Phantasie der Kinder weiter ausgebaut werden können. Der thematische Zusammenhang hat sich meist in der Praxis mit Kindern ergeben, d. h., daß er sich entsprechend den individuellen Voraussetzungen in der Gruppe verändern kann, wenn diese dem Spiel einen anderen Sinn gibt. Solche Spielhandlungen benötigen Zeit, auch der Gerätebedarf ist größer, da die Themen sich in der Auseinandersetzung mit dem Material, den Geräten und den daraus entstehenden Spielszenen ergeben. Komplexe Spielszenen entwickeln sich erst, wenn genügend Handlungsspielraum und ausreichend Zeit für die Ausgestaltung vorhanden sind.

- **Miteinander spielen (M)**
  Hier werden Spielideen beschrieben, die die sozialen Beziehungen der Kinder untereinander herausfordern und das Miteinander Spielen unterstützen sollen. Einfache Regeln, Aufgaben, bei denen man aufeinander angewiesen ist, wechselnde Rollen innerhalb des Spiels gehören ebenso dazu wie Spielgeräte, die nur in der Gruppe sinnvoll gehandhabt werden können. Wichtig ist, daß die Regeln verständlich, einsichtig und von Kindern unterschiedlicher Auffassungsfähigkeit gleichermaßen einsetzbar sind.

- **Zur Ruhe kommen (R)**
  Der Wechsel von Bewegung und Ruhe, von Anspannung und Entspannung gehört zu den wichtigen Erfahrungen im Rahmen der psychomotorischen Förderung. So können am Ende einer bewegungsintensiven Phase oder zum Abschluß einer Stunde Ruhe- und Entspannungsübungen aufgenommen werden, die den Kindern den Wechsel bewußt machen und sie die wohltuende Wirkung von Entspannungsübungen erfahren lassen. Die hier beschriebenen Beispiele sind sowohl für Ruhephasen nach bewegungsintensiven Spielen geeignet als auch für den Abschluß einer Psychomotorik-Stunde.

Bei der Beschreibung der praktischen Beispiele wird ein einheitliches Schema verwendet, das einen schnellen Überblick über die Spielidee, das benötigte Material, den Raumbedarf, die Eignung für bestimmte Altersstufen und die Anzahl der Spielteilnehmer geben und mögliche Spielvariationen verdeutlichen soll. Die „Spielhinweise“ sollen die Bedeutung der Spiel- und Bewegungsangebote unter psychomotorischen Gesichtspunkten hervorheben. Hier werden auch Überlegungen angestellt, worauf bei der Umsetzung in die Praxis geachtet werden muß, wenn von dem Bewegungsangebot und der Spielhandlung entwicklungsfördernde Anreize im Sinne der Psychomotorik ausgehen sollen.

In der Abschlußleiste werden die Schwerpunkte der psychomotorischen Förderung angegeben, die durch die Spielidee besonders angesprochen werden. Dabei werden sowohl die Inhalte psychomotorischer Förderung *(Körper-, Material- und Sozialerfahrung)* berücksichtigt wie auch motorische Kompetenzen (z. B. *Bewegungssteuerung, Ausdauer)* und sensomotorische Fähigkeiten (z. B. *visuelle Wahrnehmung, Gleichgewicht).* Hier kann es sich natürlich nur um eine grobe Zuordnung der Schwerpunkte handeln, viele Inhalte überschneiden sich, und so werden auch jeweils nur die Bereiche angegeben, die im Vordergrund stehen.

Die psychomotorischen Förderschwerpunkte „*Selbsteinschätzung*", „*Selbstwirksamkeit*" etc. werden nur in Ausnahmefällen erwähnt, weil sie bei allen Praxisangeboten berücksichtigt werden müssen und eher von der Art und Weise, wie die Praxis vermittelt wird, abhängen, als von den konkreten Spielinhalten.

Bei den Praxisbeispielen handelt es sich also nicht um Stundenbilder, sondern um Spielideen, aus denen eine Psychomotorik-Stunde aufgebaut werden kann. Aus jedem der vier Schwerpunkte, nach denen die Praxisbeispiele gruppiert werden, kann ein Beispiel ausgewählt werden, es kann aber auch eine Beschränkung auf nur einen Schwerpunkt (z. B. „Themen") erfolgen.
Üblicherweise wird jedoch folgende *Strukturierung* erfolgen:

- Einstiegsspiel,
- themenspezifisches Spiel- und Bewegungsangebot,
- Ruheübungen.

Die Beispiele zum „*Miteinander Spielen*" können an jede Stelle treten, sie können als Einstiegssituationen verwendet oder als thematisches Angebot ausgebaut werden und auch als Abschluß einer Stundeneinheit gelten. Wesentlich ist hierbei der soziale Bezug; dieser ist nicht in allen Gruppen ohne weiteres vorhanden, manchmal liegen ja gerade hier die besonderen Schwierigkeiten der Kinder, sie können sich nicht auf andere einstellen, Kontakt aufnehmen, in eine Gruppe einordnen. Hierzu benötigen sie Zeit und Hilfe; die Spielbeispiele können diesen Prozeß behutsam unterstützen.

Es versteht sich von selbst, daß alle Praxisvorschläge tatsächlich *Vorschläge* sind. In der konkreten Situation müssen sie von der Pädagogin auf die spezifischen Bedürfnisse ihrer Gruppe abgestimmt und gegebenenfalls verändert werden. Sie sollen jedoch Anregungen geben, wie psychomotorische Förderung phantasievoll, spielerisch und erlebnisorientiert gestaltet werden kann.

Psychomotorische Förderung kindzentriert zu gestalten heißt auch, daß es insbesondere die Ideen und Themen der *Kinder* sind, mit denen sie sich in der Praxis auseinandersetzen. Trotzdem sind *Impulsgebungen* von seiten der Erwachsenen notwendig. Durch die Geräteauswahl bereiten sie die Spielthemen vor, schaffen die Rahmenbedingungen, die Kinder dürfen dann aber nicht durch Festlegung der Ideen und zu starke Lenkung in eine bestimmte Richtung gesteuert werden. Wenn das Thema „Haifischjagen“ also kein Thema der Kinder ist, sondern das Wesen unter dem Schwungtuch in ihrer Phantasie eher die Assoziation eines Gespenstes hervorruft, dann wird sich die Spielidee auch schnell in eine andere Richtung entwikkeln. Veränderungen können sich also aus der konkreten Spielsituation ergeben, die besonderen Bedürfnisse einer Gruppe sollten aber auch bereits in der Planung berücksichtigt werden.

Die Spiel- und Bewegungsangebote dienen auch dazu, das Bewegungs- und Handlungsrepertoire der Kinder zu erweitern, ihnen eine neue Sicht ihrer Person und ihrer Fähigkeiten zu vermitteln und ihnen die Erfahrungen von Kompetenz und Selbstwirksamkeit zu geben. Um dies zu verwirklichen, sind nicht nur die Inhalte und Themen wichtig, sondern insbesondere die Beziehungsgestaltung zwischen Erwachsenen und Kindern. Auf sie wurde in Kapitel 6 ausführlich eingegangen; diese Rahmenbedingungen psychomotorischer Förderung gilt es bei den folgenden Praxisbeispielen unbedingt zu berücksichtigen.

8.1 Einstiegsspiele

Sternschnuppen E 1

An Luftballons wird ein Chiffontuch geknotet. Die Luftballons sehen damit aus wie Sternschnuppen: Wenn sie fliegen, schwebt das Tuch wie ein Schweif durch die Luft.

Zunächst kann jedes Kind mit seinem Ballon eigene Spielideen ausprobieren.

Impulse durch die Erzieherin erweitern die Spielideen (versuchen, den Ballon möglichst hoch zu werfen, ihn an die Wand oder Decke zu spielen).

Material/Geräte: Luftballons, Chiffontücher
Raum: Bewegungsraum/Gruppenraum
Anzahl d. Mitspieler: beliebig
Altersstufe: ab 3 Jahre

Spielhinweise: Das Material ist gut geeignet, um insbesondere zurückhaltenden Kindern den Einstieg in die Gruppe zu erleichtern. Auch wenn sie nicht selbst aktiv sind, freuen sie sich an den fliegenden Ballons der anderen Kinder. Das Material fordert dazu heraus, immer wieder neue „Flugwege" auszuprobieren.

Die Ballons sind auch zum Zusammenspiel geeignet: Jeweils zwei Kinder spielen sich einen Ballon zu. Die langsame Flugphase des Ballons, die durch das Tuch noch verstärkt wird, läßt auch schwächeren Kindern Zeit, sich auf das Objekt einzustellen.

Variation:
Anstelle der Chiffontücher können Seile an die Luftballons geknotet werden. Dadurch verändern sie ihre Eigenschaften, werden schwerer, aber „schweben" über den Boden.

Visuelle Wahrnehmung, Auge-Hand-Koordination, materiale Erfahrung

„Der rote Peter" (Fangspiel) E 2

Zwei Kinder haben jeweils ein rotes Tuch. Sie laufen den anderen Kindern hinterher und versuchen, diese mit dem Tuch zu berühren (nicht werfen!). Wer berührt wurde, muß das Tuch übernehmen und versuchen, wieder einen anderen einzufangen. Den Namen hat das Spiel von dem Kartenspiel „der schwarze Peter"; wie die Spielkarte muß es immer angenommen werden. Das Tuch darf auch ganz „unbemerkt" hinter dem Rücken hervorgezogen werden.

Material/Geräte: 2 bis 3 rote Tücher (Rhythmiktücher o. ä.)
Raum: Bewegungsraum/Gruppenraum
Anzahl d. Mitspieler: beliebig
Altersstufe: ab 4 Jahre

Spielhinweise: Je nach Gruppengröße können auch mehrere Tücher eingesetzt werden. Die Spielregel ist so einfach und einsichtig, daß jedes Kind sie sofort versteht und mitspielen kann. Da mehrere Tücher im Spiel sind, können auch schwächere Kinder sich sehr erfolgreich beteiligen; sie stehen nicht als Fänger allein im Mittelpunkt und können so das Tuch auch schnell wieder abgeben. Allerdings sollte der Raum nicht zu groß sein (eventuell in einer Halle den Raum eingrenzen).

Variationen:
Wenn kein Tuch zur Verfügung steht, kann man auch jeden beliebigen Gegenstand (Turnschuh, Mütze, Handschuh) zum „roten Peter" machen. So ist das Spiel in jeder Situation anwendbar (ohne große Vorbereitungen, ohne spezielles Material).

Reaktion, Ausdauer, Sozialerfahrung, Rollenwechsel

Pfützenspringen E 3

Zeitungsblätter (unterschiedlicher Größe) liegen ausgebreitet auf dem Boden. Sie stellen Pfützen nach einem großen Regenschauer dar. Die Kinder laufen um die Pfützen herum, springen darüber, springen manchmal auch mitten in eine Pfütze hinein. Jeder kann sich selber aussuchen, ob er über eine große oder eine kleine „Pfütze" springen will, ob er über die Längs- oder Querseite der Pfütze springt; ob er mit beiden Füßen gleichzeitig oder im großen Schritt darüberspringt.

Material/Geräte: viele Zeitungsblätter in unterschiedlicher Größe
Raum: Bewegungsraum/Gruppenraum
Anzahl d. Mitspieler: beliebig
Altersstufe: ab 3 Jahre

Spielhinweise: Die Spielsituationen eigenen sich gut für Beobachtungen: Wie schätzt sich das Kind ein, an welcher Seite überspringt es die Zeitung, wie führt es die Sprünge aus?

Variationen: Die Zeitungen können auch für viele andere Spielideen verwendet werden:

- das Blatt beim Laufen flattern lassen, dabei wie ein Dach über den Kopf halten;
- die Zeitung beim Laufen vor dem Körper halten, so schnell laufen, daß sie am Körper „klebt";
- auf zwei Blättern den Raum durchqueren, dabei auf einem Blatt stehen, das andere vor sich legen und daraufsteigen etc.;
- aus der Zeitung einen Ball formen und sich gegenseitig damit bewerfen.

Sprungkraft, Selbsteinschätzung, Ausdauer

Dracula wecken E 4

Ein Kind liegt auf einer Matte – an der Turnhallenwand oder in einer Ecke des Raumes. Es spielt einen Vampir, der schlaft und nicht gestört werden will. Die anderen Kinder schleichen sich leise an Dracula heran und versuchen, ihn zu berühren. Dies ist gefährlich und spannend zugleich: Wer es nämlich schafft, den schlafenden Dracula anzufassen, raubt ihm seine übernatürlichen Kräfte und wird selbst zum Vampir. Wenn Dracula aber vorher wach wird, kann er schnell aufstehen und ein Kind zu fangen versuchen. Gelingt ihm dies, hat er beim nächsten Durchgang einen Hilfsvampir, der beim Fangen mithelfen kann.

Material/Geräte: keine
Raum: Bewegungsraum/Gruppenraum
Anzahl d. Mitspieler: beliebig
Altersstufe: ab 5 Jahre

Spielhinweise: Für Dracula ist es nicht ganz einfach, abzuwarten, bis die anderen Kinder wirklich ganz nah an ihn herangekommen sind.
Die Rolle des Vampirs regt zu Rollenspielen an. Der Vampir wird sich mit schaurigem Geheule oder drohenden Gebärden auf die weglau-

fenden Kinder stürzen. Jedes Kind kann bei diesem Spiel selbst entscheiden, ob es sich die Rolle des Vampirs zutraut. Wenn es sich nicht dicht an den schlafenden Vampir heranwagt, kann es sicher sein, daß es sie nicht übernehmen muß. Allenfalls wird es dann einmal Hilfsvampir werden und sich dabei aber im Schutz des richtigen Vampirs bewegen.

Variation: Anstelle der Rolle von Dracula, die für jüngere Kinder eventuell zu angstbesetzt ist, kann auch eine ungefährlichere (aber trotzdem Spannung erzeugende) Gestalt gefunden werden (Drachen, Hexe).

Reaktion, Ausdauer, Körperausdruck, Rollenwechsel, Schnelligkeit

Inselspringen E 5

Viele Teppichfliesen werden im Raum ausgelegt. Es sind Inseln, auf denen jeweils nur ein Mensch leben kann – so klein ist die Insel!

Die Kinder dürfen die Inseln „besetzen“, aber auch andere Inseln besuchen. Da zwischen den Inseln Wasser ist, versuchen sie, von einer Insel zur anderen zu springen (ist der Abstand zu groß, kann man aber auch „schwimmen“). Manche Inselbewohner bevorzugen Inseln in der gleichen Farbe, springen also nur auf die blauen, roten Fliesen etc.

Material/Geräte: Viele quadratische Teppichfliesen (ca. 40 cm x 40 cm), mindestens dreimal so viele, wie Kinder in der Gruppe sind. Die Fliesen können aus Teppichbodenresten geschnitten werden, aus dem Teppichfachhandel kann man auch alte Musterbücher erhalten. Bei Psychomotorik-Geräteherstellern sind Teppichfliesen in den Grundfarben rot, blau, gelb, grün erhältlich.

Raum: Bewegungsraum/Gruppenraum

Anzahl d. Mitspieler: beliebig

Altersstufe: ab 3 Jahre

Spielhinweise: Die Spielidee „Insel“ führt meist zu weiteren komplexeren Spielaktivitäten. So kann es z. B. auch für die Kinder interessant sein, als „Schiffe“ oder „Walfische“ um alle Inseln herumzulaufen (-„fahren“ oder -„schwimmen“).

Variation:

Die Teppichfliesen können auch zu „Straßen“ hintereinandergelegt werden, die zum Springen und Hüpfen herausfordern.

Gleichgewicht, Sprungkraft, Raumorientierung, Selbsteinschätzung

Meisterkoch-Training E 6

Ein hölzerner Kochlöffel ist das Hauptwerkzeug eines Koches. Mit ihm werden Kürbisse (Luftballons) balanciert oder Äpfel (Softbälle) transportiert. Manchmal macht der Koch auch ein Fitneßtraining, indem er sich mit dem Luftballon auf den Boden zu setzen versucht, ohne ihn zu verlieren, oder indem er mit anderen Köchen Federball spielt und sogar hierfür seinen Kochlöffel benutzt. (Eine Schnur wird in ca. 180 cm Höhe im Raum gespannt. Auf jeder Seite stehen einige Kinder, die die Luftballons mit Hilfe der Kochlöffel hin- und herspielen.)

Material/Geräte: Kochlöffel aus Holz, Luftballons, Softbälle, eventuell Zauberschnur
Raum: Bewegungsraum/Gruppenraum
Anzahl d. Mitspieler: beliebig
Altersstufe: ab 4 Jahre

Spielhinweise: Die Ideen für die Verwendung von Holzlöffel und Luftballons kommen von den Kindern selbst, die Pädagogin kann mit der Idee „Koch“ aber die Phantasie anregen. Ballons und Softbälle unterscheiden sich insbesondere in der Handhabbarkeit: Die Ballons sind leichter, können geschlagen oder transportiert werden, während der Softball schwieriger zu balancieren ist.

Variation:
„Kochlöffelhockey“: Ein Wurfring aus Gummi oder eine Frisbeescheibe liegen auf dem Boden und werden mit Hilfe des Kochlöffels in ein „Tor“ (aufrechtstehender Karton, Öffnung nach vorne) befördert.

Auge-Hand-Koordination, visuelle Wahrnehmung, Reaktion, Raumorientierung

Zauberschlange E 7

Ein Springseil wird von der Spielleiterin an einem Ende gehalten und auf dem Boden geschlangelt. Es bewegt sich so schnell und unberechenbar wie eine Schlange („Das Seil ist eine verzauberte Schlange"). Wenn ein Kind es schafft, mit einem Fuß auf das Seil zu treten, gehört es ihm. Jetzt darf es selbst die Schlange führen – so lange, bis ein anderer wieder auf sie getreten hat.

Die Spielidee kann auch als Partneraufgabe durchgeführt werden. Ein Wechsel erfolgt, wenn die Schlange gefangen wurde.

Material/Geräte: Springseile
Raum: Bewegungsraum/Gruppenraum
Anzahl d. Mitspieler: 6–8
Altersstufe: ab 3 Jahre

Spielhinweise: Da die Kinder sehr fixiert auf das Seil sind, kann es zu Zusammenstößen kommen. Der Raum sollte deswegen nicht zu klein sein. Gut geeignet für kleinere Gruppen.
Die Pädagogin kann während des Seilschlängelns darauf hinweisen, daß diese Schlange „eine der schnellsten ist, so schnell, daß keiner sie kriegt, daß sie in ihrem Käfig jeden Tag trainiert hat, daß man sich ganz schön anstrengen muß, um sie zu erwischen …"

Variation:
Anstelle des Seiles kann auch ein dickes, farbiges Band o. ä. benutzt werden.

Reaktion, Raumorientierung, Ausdauer, Umstellungsfähigkeit

Flußdurchquerung E 8

Auf dem Boden liegen viele Bierdeckel (in unterschiedlichem Abstand). Sie stellen Steine in einem Fluß dar. Wer sich in dem Fluß befindet und keine nassen Füße haben will, kann von einem Stein zum anderen springen, gehen oder balancieren. Eventuell kann man auch einen „Reservestein" mitnehmen, den man dann auslegt, wenn der Abstand zum nächsten Stein zu groß ist.

Material/Geräte: viele Bierdeckel
Raum: Bewegungsraum/Gruppenraum
Anzahl d. Mitspieler: beliebig
Altersstufe: ab 3 Jahre

Spielhinweise:
Die Abstände der Bierdeckel sollten sehr unterschiedlich sein, damit die Kinder selbst abschätzen müssen, ob sie den Sprung zum nächsten schaffen.

Variationen:
- Die Bierdeckel können auch als Wurfscheiben („fliegende Untertassen") verwendet werden;
- die Bierdeckel auf dem Kopf, auf Armen und Händen balancieren;
- auf den Bierdeckeln stehen und durch den Raum „schlittern".

Gleichgewicht, Raumorientierung, Koordination, Sprungkraft

Balance-Akte E 9

Jedes Kind hat einen Pezziball und probiert Gleichgewichtskünste aus. Es versucht z. B., auf ihm zu sitzen, zu liegen oder in einer anderen Position auf ihm zu balancieren oder in der Bauchlage über den Ball zu rollen. Wenn alle Bälle hintereinandergelegt werden, entsteht ein langer „Bus" mit Sitzplätzen.

Material/Geräte: Pezzibälle (eventuell in verschiedenen Größen)
Raum: Bewegungsraum/Gruppenraum
Anzahl d. Mitspieler: beliebig
Altersstufe: ab 4 Jahre

Spielhinweise: Die Pezzibälle sollten so groß sein, daß ein Kind darauf sitzen kann und die Füße noch Kontakt zum Boden haben. Individuelle Spielideen finden die Kinder meist beim Ausprobieren selbst. Die Pädagogin kann hierbei sehr gut die Ideen der Kinder aufnehmen, mitmachen, selbst ausprobieren. Gemeinsame Aktivitäten in der Gruppe müssen aber meist von ihr angeregt werden.

Variationen:

- Die Bälle durch die Halle rollen, dabei nicht die Bälle der anderen berühren;
- den Ball im Wechsel mit der rechten und linken Hand zu prellen versuchen, dabei durch den Raum gehen;
- zwei Kinder (oder ein Erwachsener und ein Kind) prellen sich ihren Ball jeweils gegenseitig zu;
- einen auf dem Boden liegenden Pezziball mit kleineren Bällen (Gymnastikbälle, Tennisbälle) zu treffen und an die Wand zu treiben versuchen;
- zwei Bälle hintereinander legen und in der Baumschlange über sie hinwegrollen.

Gleichgewicht, Koordination, materiale Erfahrung

Putzmaschinen E 10

Teppichfliesen liegen mit der flauschigen Seite auf dem Boden. Die Kinder erfinden „Putzmaschinen“, z. B.:

- auf den Fliesen stehen und durch den Raum rutschen („Bohnermaschine“);
- auf den Fliesen knien und mit den Händen vom Boden abstoßen;
- mit beiden Füßen auf einer Fliese hocken, die Hände auf eine zweite andere setzen und so nach vorne rutschen („Großraum-Putzmaschine“);
- sich auf zwei hintereinander liegende Fliesen legen und mit den Füßen anschieben;
- ein Kind kniet, liegt oder sitzt auf der Fliese, das andere zieht es an den Händen.

Material/Geräte: Teppichfliesen (mindestens zwei für jedes Kind)
alternativ: flauschige Putzlappen
Raum: Bewegungsraum/Gruppenraum mit glattem Boden
Anzahl d. Mitspieler: beliebig
Altersstufe: ab 5 Jahre

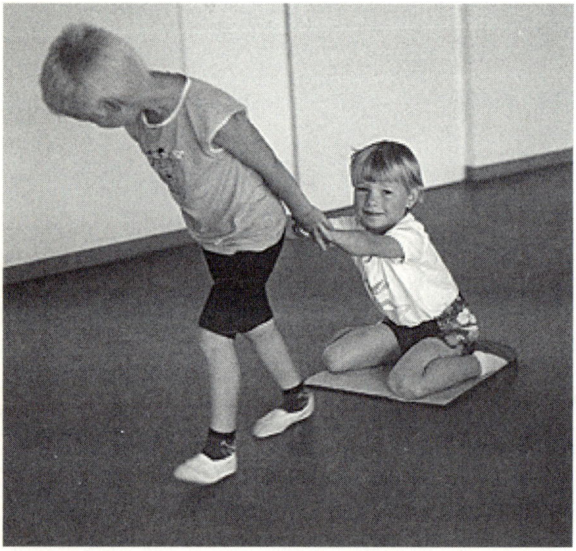

Spielhinweise:
Die Idee „putzen“ regt zur kreativen Verwendung der Teppichfliesen an. Hier kann jedes Kind eine eigene Spielidee finden, auch ein Partner ist hilfreich.

- Rollerfahren: Ein Fuß steht auf der Fliese, mit dem anderen erfolgt der Abstoß vom Boden;
- Schlittschuhlaufen: Mit jedem Fuß auf einer Fliese stehend vorwärts gleiten.

Gleichgewicht, Koordination, materiale Erfahrung

Zauberstab E 11

Mehrere Zeitungsblätter werden zu einem Stab gerollt. Jedes Kind hat einen Stab und einen Luftballon. Der Stab ist ein Zauberstab, die Kinder probieren aus, was er alles zaubern kann, z. B.
- den Luftballon auf der Spitze des senkrecht gehaltenen Stabes balancieren;
- den Ballon auf dem waagerecht gehaltenen Stab durch den Raum führen;
- den Ballon um den Stab herumwandern lassen;
- den am Boden liegenden Ballon mit dem Stab hochprellen;
- den Stab im Wechsel in die rechte und linke Hand nehmen und ausprobieren, ob er in jeder Hand die gleiche Zauberkraft hat (den Ballon z. B. mit dem Stab hochspielen).

Material/Geräte: Zeitungen, Luftballons
Raum: Bewegungsraum/Gruppenraum
Anzahl d. Mitspieler: beliebig
Altersstufe: ab 4 Jahre

Spielhinweise:
Die Vorstellung, die Zeitungsrolle sei ein Zauberstab, legt die Verwendungsmöglichkeiten ganz in die Verantwortung des einzelnen Kindes. Was sein Stab „zaubert“, ist Sache des „Zauberers“, es gibt kein richtig oder falsch, gut oder schlecht. Manche Idee wird vielleicht von einem anderen Kind übernommen, dann hat der Zauberstab etwas dazugelernt.

Variationen:
- sich zu zweit mit dem Stab den Ballon zuspielen;
- der Stab zaubert aus dem Ballon eine große Eiskugel: entsprechend

der Farbe wird die Sorte bestimmt (Zitroneneis, Erdbeereis ...), herumgehen und die Eiskugeln untereinander austauschen, dabei laut anpreisen, welche Sorte man hat;
- zu zweit versuchen, einen Ballon (eine „Eiskugel“) zu transportieren, dabei darf die Eiskugel nicht mit den Händen berührt werden;
- in einer Reihe stehend alle „Eiskugeln“ mit Hilfe der Stäbe weitergeben.

Auge-Hand-Koordination, feinmotorische Geschicklichkeit, materiale Erfahrung

8.2 Themenspezifische Spiel- und Bewegungsangebote

Baustelle T 1

Die Bausteine (Schaumstoffteile) werden mit Hilfe der Lastwagen (Rollbretter) transportiert und auf einer Baustelle zu Mauern, Türmen, Häusern, Garagen o.ä. zusammengestellt. Je nach Größe können auch Tore und Tunnel gebaut werden, durch die die Autos dann hindurchfahren.

Material/Geräte: viele Schaumstoffelemente (möglichst in unterschiedlichen Größen), Rollbretter

Raum: Bewegungsraum/Turnhalle

Anzahl d. Mitspieler: beliebig

Altersstufe: ab 2 Jahre

Spielhinweise: Diese Spielidee braucht kaum Anleitung, da die Kinder sofort eigene Ideen bei der Umsetzung haben werden. Konflikte kann es allerdings bei der Verteilung der Schaumstoffelemente geben: Bauen die Kinder gemeinsam oder allein für sich, wieviele Steine kann jeder haben, kann er sich welche von anderen leihen bzw. „kaufen"? Bei der Lösung dieser Fragen kann die Hilfe der Pädagogin notwendig sein. Aufschlußreich ist auch, was die Kinder bauen (ein Krankenhaus, ein Zimmer ganz für mich allein, einen Käfig ...).

Variationen: Die Schaumstoffelemente werden ergänzt durch anderes Material, das mit dem Rollbrettern transportiert werden kann: Sandsäckchen oder Seile oder Balancierhölzer, mit deren Hilfe dann auch Straßen für die LKWs gebaut werden können.

Materiale Erfahrungen, Raumorientierung, Steuerungsvermögen, Koordination

See-Wege (mit Fähre) T 2

Rundhölzer, Balancierbalken und Bretter werden hintereinandergelegt, so daß Wege, Brücken und Stege entstehen. Manchmal ist zwischen zwei Hölzern eine Lücke, so daß man einen größeren Schritt machen muß, um von einem Balken auf den anderen zu kommen. Zwischen ganz großen Lücken kann auch eine „Fähre“ verkehren: ein stabiler Karton, in den sich ein Kind hineinsetzen kann. Es wird von einem anderen Kind geschoben.

Material/Geräte: Mehrere Rundhölzer (Holzfachhandel oder Fachhandel für Bewegungsgeräte), gehobelte Dachlatten, Balancierbalken etc. (verschieden breit und verschieden lang), stabile Pappkartons (Bananenkisten)

Raum: Bewegungsraum/Gruppenraum

Anzahl d. Mitspieler: beliebig

Altersstufe: ab 3 Jahre

Spielhinweise: Die Spielidee „See“ läßt bei den Kindern den Wunsch entstehen, so vorsichtig zu balancieren, daß sie nicht ins „Wasser“ treten. Auch die „Fähre“ hat hier ihren Sinn, obwohl derjenige, der sie anschiebt, im Wasser stehen muß. Die Balancierwege sollten von den Kindern selbst gestaltet werden. So schätzen sie selber ein, wie groß die Abstände zwischen den einzelnen Hölzern sein können.

Variationen:

- Mit geschlossenen Augen (eventuell mit einem Helfer) über die Balancierwege gehen;
- die Balancierwege können auch in eine größere Bewegungslandschaft eingebunden werden. Zwischen den einzelnen Geräten stellen dann die Balancierhölzer die Verbindungswege dar.

Gleichgewicht, Selbsteinschätzung, materiale Erfahrung

Zeitungsmauer T 3

Ein großes Zeitungsblatt wird von zwei Personen (zwei Erwachsene oder ein Erwachsener und ein Kind) an den Ecken gefaßt und zwischen sich gehalten. Die Kinder fahren auf Rollbrettern durch diese „Mauer“. Bei genügend Geschwindigkeit reißt die Zeitung. Sie wird dann gegen ein neues Blatt getauscht, damit jeder Autofahrer eine intakte „Mauer“ hat. Im Raum können zusätzliche Hindernisse (Tunnel aus Matten und Kästen, Pylone) aufgebaut werden, damit kein Stau vor der Zeitungsmauer entsteht.

Material/Geräte: Rollbretter, viele große Zeitungsblätter; als Ergänzung: weitere im Raum aufgebaute Hindernisse

Raum: Bewegungsraum/Turnhalle

Anzahl d. Mitspieler: beliebig

Altersstufe: ab 5 Jahre

Spielhinweise: Obwohl es objektiv keine „schwere“ Aufgabe ist, erfordert sie doch Mut. Manche Kinder trauen sich nicht, das Zeitungsblatt zu durchfahren. Sie bremsen davor ab. Die Aufgabe trägt zum Erleben der eigenen Selbstwirksamkeit bei: Die Kinder sehen die Spuren ihres Tuns – das Zeitungsblatt ist durchgerissen.

Variationen:
- Mauern, die aus Schaumstoffelementen gebaut worden sind;
- gegen eine am Boden liegende Weichbodenmatte fahren (Crash-Fahrten).

Raumorientierung, Bewegungssteuerung, kinästhetische Wahrnehmung

Busfahrt T 4

Eine Bank steht auf zwei Rollbrettern. Sie stellt einen Bus dar, in dem die Fahrgäste (die Kinder) sitzen. Der Bus wird von der Pädagogin und einem Kind durch den Raum geschoben, hält an verschiedenen Haltestellen, um Fahrgäste ein- und aussteigen zu lassen. Er fährt Kurven, vorwärts und rückwärts. Auf der Bank kann man sitzen (Sitzplätze), knien oder stehen (Stehplätze).

Material/Geräte: eine Langbank, zwei Rollbretter

Raum: Turnhalle/Bewegungsraum

Anzahl d. Mitspieler: 2–8

Altersstufe: ab 5 Jahre

Spielhinweise: Die Aufgabe läßt Herausforderungen im Sinne der „paradoxen Intention" zu (vgl. Kapitel 6.6.2): Die Kinder sitzen auf der Bank – eine sichere Position, die für sie kein Risiko darstellt. Die Pädagogin kann ihnen „verbieten", sich hinzustellen: „Ihr fallt ja doch alle um, wenn ihr euch hinstellt, müßt ihr gleich wieder aus dem Bus rausspringen; spätestens an der Haltestelle fallt ihr um …"

Variationen:

- Mit geschlossenen Augen im Bus sitzen und angeben, an welcher Stelle des Raumes der Bus gerade hält;
- anstelle der Bank eine feste Matte auf vier Rollbretter legen.

Gleichgewicht, Selbsteinschätzung, materiale Erfahrung

Hängebrücke T 5

An den Holmen eines Parallelbarrens werden Springseile so befestigt (jeweils ein Ende um einen Holm knoten), daß die Mitte der Seile ca. 40 cm durchhängt. Statt der Springseile kann auch ein stabiles langes Tau verwendet werden. So entsteht eine „Hängebrücke": Wenn man über sie geht, muß man vorsichtig von einem Seil auf das andere treten. Hilfreich ist, daß man ein Geländer (Holm) hat, an dem man sich festhalten kann.

Material/Geräte: Barren mit parallel gestellten Holmen, mehrere stabile Seile oder ein langes Tau

Raum: Turnhalle

Anzahl d. Mitspieler: beliebig

Altersstufe: ab 6 Jahre

Spielhinweise: Die hängenden Seile erfordern Anpassungsfähigkeit und ein Ausbalancieren des Gleichgewichts. Das Geländer kann man benutzen, freihändig zu balancieren ist aber noch spannender. Hier kann also jeder sein eigenes Anspruchsniveau finden. Die Spielidee kann in eine größere Bewegungslandschaft eingebunden werden. Oft wird diese Station mit einer spannenden Phantasiegeschichte verbunden: Wir überqueren einen Fluß, in dem Krokodile leben …

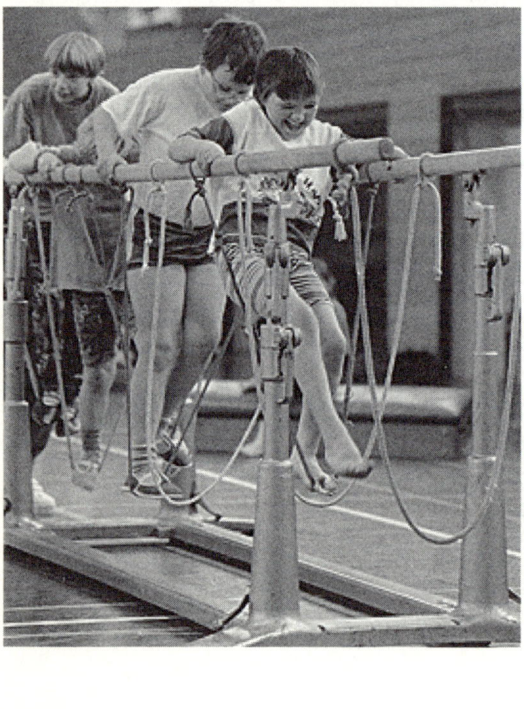

Variation:
Auf die herunterhängenden Seile kann eine lange schmale Matte gelegt werden. Die „Brücke" wackelt jetzt beim Betreten zwar noch, sie hat jedoch keine Lücken. So ist die Hängebrücke auch für jüngere Kinder benutzbar.

Gleichgewicht, visuelle Wahrnehmung, kinästhetische Wahrnehmung

Intercity-Express T 6

Mehrere Kästen unterschiedlicher Höhe stehen nebeneinander. Sie stellen einen Bahnhof dar, auf dem die Fahrgäste auf den Zug warten. Der Zug besteht aus einer Weichbodenmatte, unter der mehrere Rollbretter liegen. Sie wird von dem Gruppenleiter – eventuell mit der Unterstützung durch einige Kinder – dicht am „Bahnhof" vorbeigeschoben, der Zug hält kurz und die Fahrgäste springen hinein (auf die Matte).

Material/Geräte: 2–3 Kästen in unterschiedlichen Höhen (3 oder 4 Teile), Weichbodenmatte, ca. 6–9 Rollbretter

Raum: Turnhalle/Bewegungsraum

Anzahl d. Mitspieler: 2–8

Altersstufe: ab 5 Jahre

Spielhinweise: Das Herabspringen auf die Matte erfordert Mut, insbesondere dann, wenn zwischen Matte und Kästen eine Lücke bleibt. Die unterschiedlich hohen Kästen ermöglichen den Kindern, ihr eigenes Anspruchsniveau zu finden.

Variationen:

- Jeder darf einen Zug bestellen: Soll er halten, soll er langsam vorbeifahren, so daß das Kind auf den fahrenden Zug aufspringen muß (darf)?;
- es gibt verschieden schnelle Züge: Bummelzug, Stadt-Express, Intercity-Express. Jedes Kind darf sich einen Zug wünschen; er kommt dann in der entsprechenden Geschwindigkeit angefahren;
- einige Fahrgäste wagen es auch, vom „Zug“ auf den „Bahnhof“ zu springen oder zu steigen;
- der „Intercity“ hat einen Schlafwagen. In ihm liegen die Fahrgäste, schließen die Augen und werden sanft transportiert. Vorsichtig hält der Zug – spüren es die Fahrgäste?

Gleichgewicht, Koordination, Reaktion, visuelle Wahrnehmung

Riesenrutsche T 7

An der Sprossenwand (oder der Gitterleiter) werden zwei Bänke eingehängt (möglichst hoch). Auf die Bänke werden glatte Matten gelegt (z. B. Judomatten). So entsteht eine große Rutsche, auf der auch mehrere Kinder gleichzeitig hinunterrutschen können.

Der Aufstieg erfolgt über die Sprossenwand oder über die Rutsche (auf einer Seite hochsteigen, auf der anderen runterrutschen – Einbahnstraße!).

Material/Geräte: 2 Bänke, mehrere feste Matten (z. B. Judomatten) mit einer glatten Oberfläche

Raum: Turnhalle/Bewegungsraum

Anzahl d. Mitspieler: 8–10

Altersstufe: ab 3 Jahre

Spielhinweise: Für ängstliche Kinder ist das Gedränge auf der Matte (bei mehreren Kindern) oft zu groß. Sie brauchen einen geschützten Rahmen, in dem sie die schräge Bahn hochsteigen und herunterrutschen können. Daher kann es sinnvoll sein, für sie zunächst einmal eine „kleine" Rutschbahn neben der großen aufzubauen (schräg eingehängte Bank) oder die Bahn einmal für sie allein freizuhalten.

Variation:
Die Bänke können auch an der Reckstange eingehängt werden. Hier ist allerdings der Aufstieg umständlicher, hinter der Reckstange wird eine Kastentreppe aufgebaut.

Kinästhetische Wahrnehmung, Koordination, Körpererfahrung

Wippe T 8

Auf eine stabile Unterlage (dickes Rundholz, Kunststoffröhre o. ä.) wird in Querrichtung eine Bank gelegt (Sitzfläche nach unten). So entsteht eine große Wippe, auf der mehrere Kinder gleichzeitig sitzen, knien oder stehen können. Wenn die Unterlage (wie auf dem Bild) hoch ist, muß darauf geachtet werden, daß die Mitte der Bank nicht verrutscht. Hier sollte ein Erwachsener die Gleichgewichtsexperimente der Kinder begleiten.

Material/Geräte: Rundholz oder Kunststoffröhre (z. B. aus dem Teppichbodenfachhandel), 1 Bank

Raum: Turnhalle/Bewegungsraum

Anzahl d. Mitspieler: 2–8

Altersstufe: ab 5 Jahre

Spielhinweise: Auf der Wippe kann man unterschiedliche Positionen einnehmen; für ängstliche Kinder wird es eine Erleichterung sein, daß sie sich immer an dem Unterteil der Bank festhalten können. In der Mitte bewegt sich die Bank fast gar nicht, an den Enden spürt man die Auf- und Abbewegung der Bank viel mehr – auch hier kann ein Kind selbst einschätzen, welche Position es einnehmen möchte.

Variation: An Stelle der Bank kann auch ein einfaches langes Brett verwendet werden; das Brett wird über stabile Papprollen gelegt, oder kann auf einem Rundholz aufliegen. Mit diesen mobileren, leichten Geräten können die Kinder selbständig Wippen bauen.

Materiale Erfahrung, Gleichgewicht, Koordination

Wassergraben T 9

Mehrere Matten werden so nebeneinander gelegt, daß sie an einer Seite zusammenstoßen, an der anderen Seite mindestens einen Meter Abstand haben (V-förmig). Die Kinder springen von einer Matte zur anderen und versuchen, nicht in den „Wassergraben" zu treten. Jeder kann auswählen, an welcher Stelle er den Graben überquert. Die Abstände der Matten können entsprechend den Voraussetzungen der Kinder verändert werden.

In dem Wassergraben lebt ein Ungeheuer, deswegen ist es höchst gefährlich, im Graben zu landen.

Material/Geräte: mehrere Matten (vorzugsweise Weichbodenmatten), eventuell auch Matratzen

Raum: Bewegungsraum

Anzahl d. Mitspieler: 6–8

Altersstufe: ab 3 Jahre

Spielhinweise: Das Anspruchsniveau kann von den Kindern selbst festgelegt werden. Dabei entscheiden sie bei jedem Sprung aufs neue, an welcher Stelle sie den Graben überspringen. An der schmalsten Stelle ist dies auch mit einem Schritt möglich, so daß jedes Kind erfolgreich sein kann.

Variationen:
Der Graben kann auch mit Zuhilfenahme der Hände übersprungen werden (z. B. Frosch-Hüpfen oder Hasensprünge).

Sprungkraft, Selbsteinschätzung, Gleichgewicht

Geister-Karussell T 10

Eine drehbare Scheibe liegt auf dem Boden. Über ihr ist an der Decke ein Reifen befestigt, an den viele Chiffontücher geknotet wurden. Der Reifen hängt so tief, daß die Tücher fast bis zur Scheibe reichen. Wenn ein Kind sich auf der Scheibe dreht, wird es von den Tüchern berührt. Der nach außen abgeschirmte Platz unter den Tüchern wird in der Phantasie der Kinder zu einem angenehmen Rückzugsort, z. B. zu einem Geisterkarussell oder zu einer bunt beleuchteten Höhle.

Ein Kind kann auch den Karussellbesitzer spielen: Er bekommt das „Eintrittsgeld", muß aber auch das Karussell dauernd in Bewegung halten.

Material/Geräte:
drehbare Scheibe oder Karussell, 1 Reifen, der mit einem Seil an der Decke befestigt wird, viele bunte Chiffontücher
Raum: Bewegungsraum/Gruppenraum
Anzahl d. Mitspieler: beliebig
Altersstufe: ab 3 Jahre

Spielhinweise:
Da das Geisterkarussell oft über längere Zeit von den selben Kindern „belegt" wird, ist es sinnvoll, diese Spielsituation in Verbindung mit anderen Bewegungsstationen aufzubauen. Manchmal wird die Drehscheibe auch einfach als Rückzugsort genutzt.

Gleichgewicht, visuelle und taktile Wahrnehmung, Körpererfahrung

Affenkäfig T 11

Zwei Sprossenwände werden ausgeklappt, an den Sprossen werden dicke Taue befestigt, die eine Verbindung zwischen den beiden Sprossenwänden herstellen. Auf den tiefen Seilen kann man balancieren, an den höheren kann man hängen oder sich beim Balancieren festhalten. An den äußeren Seiten der Sprossenwände können Bänke eingehängt werden.

Dieser Geräteaufbau animiert die Kinder zu darstellenden Spielen. So sind sie z. B. Affen, die klettern, rutschen oder an den Seilen Kunststücke ausprobieren.

Material/Geräte: 2 Sprossenwände, 2 lange Taue, 2 Bänke
Raum: Turnhalle/Bewegungsraum
Anzahl d. Mitspieler: 8–10
Altersstufe: ab 4 Jahre

Spielhinweise: Das Spielen im Affenkäfig wird schnell zum Rollenspiel: Es gibt mutige Affen, die sogar über die Käfigwände klettern, es gibt aber auch „Baby-Affen“, die am liebsten am Boden kriechen oder auf der Schaukel sitzen. Jedes Kind kann in die Rolle schlüpfen, die seiner Entwicklungsstufe angemessen ist. Es kann aber auch Verhaltensweisen erproben, die es sich im Alltag nicht zutraut (vgl. Kapitel 4).

Der Affenkäfig kann beliebig erweitert werden. So können z. B. an die dicken Taue Seile geknotet werden, die als „Affenschaukeln“ dienen. Ein Schwungtuch über den Sprossenwänden verschafft dem Affenkäfig eine ganz besondere Atmosphäre.

Koordination, Geschicklichkeit, Gleichgewicht, materiale Erfahrung

8.3 Miteinander spielen

Haifischjagen M 1

Ein Schwungtuch liegt ausgebreitet auf dem Boden, die Kinder sitzen um das Tuch herum. Ein Kind – der Haifisch – befindet sich unter dem Tuch. Ein anderes Kind ist der Jäger und kniet auf dem Tuch. Der Jäger soll versuchen, den Haifisch auf allen Vieren zu fangen. Die um das Tuch herumsitzenden Kinder machen mit dem Tuch große Wellen, so daß der Haifisch verscheucht wird. Wenn der Jäger den Haifisch gefangen hat, wird er selbst zum Haifisch, und ein anderes Kind wird Jäger.

Material/Geräte: Großes Schwungtuch
Raum: Bewegungsraum/Gruppenraum
Anzahl d. Mitspieler: beliebig
Altersstufe: ab 5 Jahre

Spielhinweise: Nicht immer ist klar, ob der Haifisch oder der Jäger die beliebtere Rolle darstellt. Unter das Tuch zu gehen, ist für einige Kinder ein großer Reiz, für andere eine Überwindung. In der Rolle des Haifisches gelingt es ihnen besser, etwaige Angst zu bewältigen.

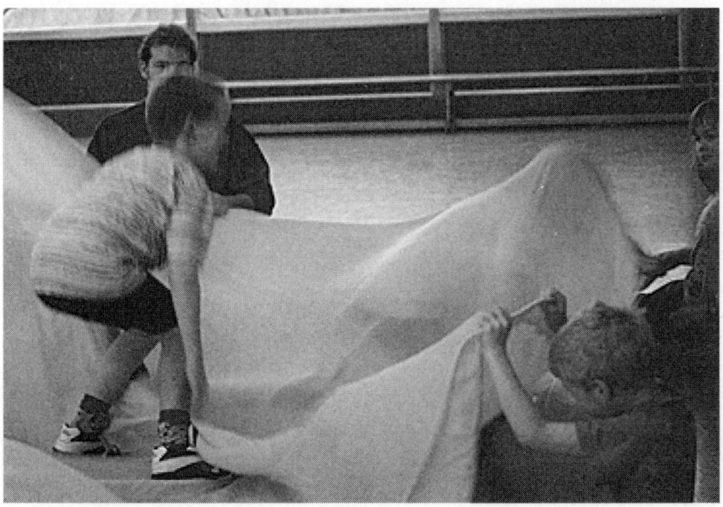

Variation:
Es gibt zwei Haifische und zwei Jäger, so daß mehrere Kinder gleichzeitig die aktiven Rollen in dem Spiel einnehmen können (und außerdem unter dem Tuch nicht alleine sind).

Regeln einhalten,
Sozialverhalten,
Rollenwechsel

Blindenhundführer M 2

Partneraufgabe: Ein Kind spielt einen Blinden (Augen schließen oder mit einem Tuch, Stirnband o. ä. verbinden), der von seinem Hund durch die Stadt geführt wird. Das führende Kind nimmt den Partner an der Hand und führt es behutsam um alle Gegenstände, die als Hindernisse im Raum aufgebaut sind, herum. Der „Hund“ kann nicht sprechen, er muß alle Signale über die Hand geben. Anschließend wechseln die Rollen.

Material/Geräte: Tuch oder Stirnband zum Verschließen der Augen, Geräte, die im Raum als Hindernisse aufgebaut sind

Raum: Bewegungsraum/Gruppenraum

Anzahl d. Mitspieler: beliebig

Altersstufe: ab 3 Jahre

Spielhinweise: Durch die Rolle des Blindenhundes wird sich das führende Kind seiner Verantwortung für den „blinden“ Partner bewußt. Es weiß, daß ein Blinder sich immer auf seinen Hund verlassen kann, daß dieser aufpaßt, damit seinem „Herrn“ nichts passiert. In diesen Rollen ist das Einfühlen in den jeweils anderen Partner leichter; vor dem Rollenwechsel sollte unter Umständen besprochen werden, wie die Signale des führenden Kindes bei dem Partner angekommen sind und ob sie eindeutig waren.

Variation:
Beide Partner halten zwischen sich einen Reifen (die „Hundeleine“); alle Richtungsänderungen und Bewegungsangaben werden nun über den Reifen, der von beiden Partnern nur mit den Fingerspitzen berührt wird, vermittelt.

Sozialerfahrung, taktile und kinästhetische Wahrnehmung, auditive Wahrnehmung

Pferdegespanne M 3

Die Spielidee kann zu zweit oder in einer kleinen Gruppe ausgeführt werden. Die „Pferde" haben ein Seil als Leine um die Schultern gelegt, ein Kutscher hält die Leinen in der Hand und lenkt sein Pferdegespann durch den Raum. Der Kutscher kann die Pferde zum Stehen bringen, indem er an der Leine zieht, er kann aber auch den Pferden den „Befehl" zum Traben oder zum Galoppieren geben.
Musik kann das Hüpfen und Galoppieren der Pferde unterstützen.

Material/Geräte: mehrere Springseile
Raum: Bewegungsraum/Gruppenraum
Anzahl d. Mitspieler: beliebig
Altersstufe: ab 3 Jahre

Spielhinweise: Das Hüpfen, Laufen und Gehen als Paar oder in einer kleinen Gruppe erfordert von den Kindern viel Anpassungsvermögen, das bei den Kindern in einer Psychomotorik-Gruppe nicht von vornherein vorhanden ist. Die Spielidee „Pferde – Kutscher" ermöglicht aber auch den nicht anpassungsfähigen (-willigen) Kindern eine Teilnahme. Vielleicht sind sie noch nicht gezähmt und können als wilde Pferde auch alleine mitspielen.

Sozialerfahrung, taktile und kinästhetische Wahrnehmung, Bewegungsrhythmus

Wellenspringen

M 4

Die Hälfte der Gruppe steht um ein auf dem Boden ausgebreitetes Schwungtuch und bewegt es so auf und ab, daß Wellen entstehen. Die andere Hälfte der Gruppe befindet sich auf dem Tuch. Die Kinder springen in die Luftblasen oder über die Wellen. Die Wellen werden immer stärker (Sturm, Orkan ...), so daß sie fast höher als die Kinder sind; sie flauen wieder ab, so daß sich die Kinder auch auf das Schwungtuch legen und ausruhen können.

Material/Geräte: großes Schwungtuch, ca. 3 x 3 oder 4 x 4 m
Raum: Bewegungsraum/Gruppenraum
Anzahl d. Mitspieler: 8–12
Altersstufe: ab 3 Jahre

Spielhinweise: Ängstliche Kinder werden sich eventuell zuerst einmal auf das Tuch setzen; die Wellenbewegungen des Tuches geben ihnen das Gefühl, daß sie auch selbst in Bewegung sind.

Variation: Anstelle eines Schwungtuches kann auch ein Fallschirm oder (bei einer kleineren Gruppe) ein großes Bettlaken benutzt werden.

Gleichgewicht, Koordination, Reaktion

Transportband

M 5

Ein großes Schwungtuch wird von der Gruppenleiterin und der Hälfte der Gruppe gezogen, die andere Hälfte liegt oder sitzt auf dem Tuch. Einige Kinder wagen es, sich hinzustellen. Vor allem wenn das Tuch um eine Kurve gezogen wird, ist es für sie schwer, stehenzubleiben. Nach einer Runde werden die Rollen gewechselt.

Als Abschluß: Schaffen es die Kinder (alle zusammen), die Gruppenleiterin zu ziehen?

Material/Geräte: großes Schwungtuch, ca. 3 x 3 oder 4 x 4 m
Raum: Bewegungsraum/Gruppenraum
Anzahl d. Mitspieler: 8–12
Altersstufe: ab 4 Jahre

Spielhinweise: Das Tuch zu ziehen, bedarf der Anpassung der Kinder aneinander (z. B. sich auf eine Richtung einigen), auf dem Tuch zu stehen, stellt Anforderungen an das Gleichgewicht und erfordert Mut. Manche Kinder wollen es auch einfach nur genießen, auf dem sich bewegenden Tuch zu liegen.

Variation: Ziehspiele in kleineren Gruppen kann man auch mit einer (leichten) Matte ausprobieren. Um das Ziehen zu erleichtern, kann unter die Matte oder unter das Tuch ein Rollbrett gelegt werden; wer sich ziehen lassen will, muß dann aber genau auf dem Rollbrett liegen.

Gleichgewicht, Reaktion, Rollenübernahme, Anpassungsfähigkeit

Hamburger M 6

Ein „Hamburger“ – mit mehreren Schichten – wird hergestellt: Eine Matte (vorzugsweise Weichbodenmatte) stellt die Unterseite eines Brötchens dar, darauf legen sich einige Kinder – die erste Schicht des Hamburgers (Käse). Darauf kommt eine Matte als zweite Schicht (Salatblatt), die nächste Gruppe Kinder ist das Hackfleisch, und oben drauf muß natürlich noch eine Matte – das Brötchen. Die Kinder sollen selbst den Belag des Hamburgers und die Anzahl der Schichten bestimmen. Insbesondere die unten liegenden Kinder dürfen sagen, ob sie noch eine Schicht aushalten können.

Material/Geräte: mehrere Matten, Matratzen oder Weichbodenmatten
Raum: Bewegungsraum/Gruppenraum
Anzahl d. Mitspieler: 8–12
Altersstufe: ab 3 Jahre

Spielhinweise: Die Kinder sollen selbst wählen dürfen, welche Schicht des Hamburgers sie einnehmen. Einige liegen gerne auf der untersten Schicht und genießen den Druck auf ihrem Körper, der durch die Matte und die anderen Kinder erzeugt wird. Andere wollen sich gar nicht an dem Spiel beteiligen. Sie können dann als Verkäufer mitmachen, der aufpassen muß, daß auch kein Salatblatt oder keine Käsescheibe am Rand des Hamburgers herausfällt.

Tiefenwahrnehmung, Sozialerfahrung

8.4 Zur Ruhe kommen

Waschanlage – Polierstation R 1

Am Ende eines Tunnels (der aus Matten und kleinen Kästen gebaut ist) befindet sich die „Polierstation" einer Autowaschanlage. Die Autofahrer können hier ihr Auto polieren lassen. Sie werden mit einem Schlauch (Heulrohr) zuerst einmal abgewaschen und dann blank poliert (Tennisbälle auf dem Rücken rollen). Jeder Autofahrer darf auswählen, ob er das „Sparprogramm", das „Normalprogramm" oder das „Superprogramm" möchte. Entsprechend lang und intensiv fällt die Autopolitur aus.

Material/Geräte: Rollbretter, Tennisbälle, Heulrohre, eventuell Matten und Kästen für den Bau eines Tunnels

Raum: Bewegungsraum/ Gruppenraum

Anzahl d. Mitspieler: beliebig

Altersstufe: ab 3 Jahre

Spielhinweise: Jeder Autofahrer entscheidet selbst, ob sein Auto in die Waschanlage fährt. Er kann auch erst einmal ein Kurzprogramm wählen, um auszuprobieren, ob das Polieren ihm gefällt. Das Polieren der Autos ist eine Ruhephase während des meist sehr bewegungsintensiven Rollbrettfahrens. Es läßt die Kinder die wohltuende Wirkung einer Massage spüren; diese wird in ein für Kinder verständliches und akzeptables Thema eingebunden.

Körpererfahrung, Entspannung, taktile und kinästhetische Wahrnehmung

Wetterkarte R 2

Partneraufgabe: Ein Partner liegt in Bauchlage auf einer Decke oder einer Matte, der andere kniet neben ihm und stellt auf seinem Rükken die Wetterkarte dar. Die Pädagogin berichtet, wie das Wetter am nächsten Tag aussehen wird:

- Am Morgen wird es leicht regnen (mit den Fingerkuppen leicht klopfen),
- dann scheint aber bald die Sonne (mit den Händen über den Rücken streichen),
- gegen Mittag gibt es einen Regenschauer (Handflächen trommeln),
- es wird kälter, Hagelkörner trommeln auf den Boden (Fingerkuppen trommeln),

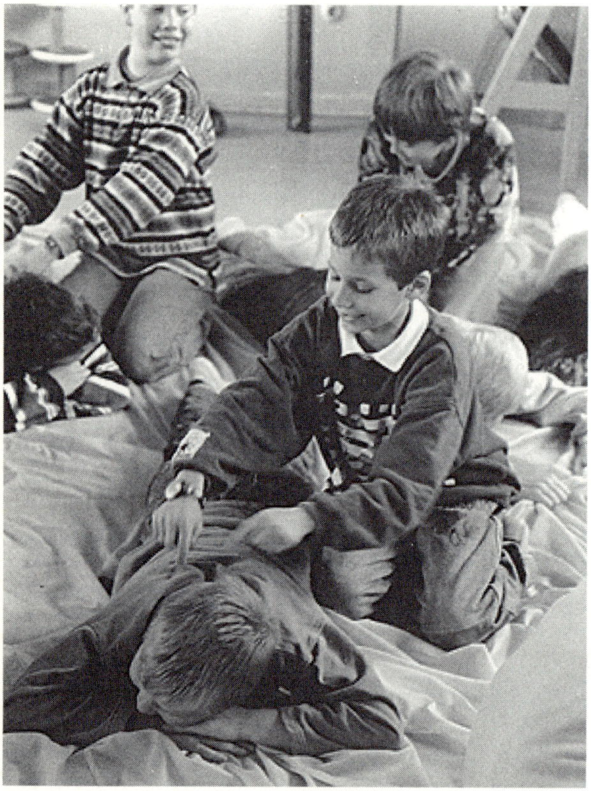

- und dann kommt ein Gewitter – es fängt an zu donnern (mit den Fäusten klopfen),
- jetzt blitzt es sogar (mit einzelnen Fingern auf den Rücken pieksen),
- schon ist das Unwetter vorbei; und es scheint wieder die Sonne (Rücken ausstreichen),
- am Abend fängt es leicht an zu schneien (sanftes Tupfen mit den Fingerkuppen),
- und in der Nacht scheint der Mond, alles ist still (Hände ruhig auf den Rücken legen).

Material/Geräte: Decke oder Matte
Raum: Bewegungs-/Gruppenraum
Anzahl d. Mitspieler: beliebig
Altersstufe: ab 2 (passiv) bzw. 5 Jahre (aktiv)

Spielhinweise: Kinder, die sich nicht massieren lassen wollen, können beim Massieren der anderen helfen. So geraten sie nicht in eine Außenseiterrolle, sondern erfahren, daß sie selbst in der Lage sind, zum Wohlfühlen der anderen beizutragen.

Variation: Jedes Kind darf sein Wunschwetter nennen: Was soll es morgen geben? Das entsprechende Wetter wird ihm dann auf dem Rücken präsentiert.

Körpererfahrung, Tiefenwahrnehmung, Entspannung, soziale Erfahrung

Fliegender Teppich R 3

Eine Turnmatte wird mit den Schlaufen an einem Paar Ringe befestigt (Springseile werden zum Verbinden der Schlaufen und der Ringe verwendet). So entsteht eine Schaukel oder ein „fliegender Teppich“, in dem auch 2 oder 3 (kleine) Kinder Platz haben (die Schlaufen vorher auf Festigkeit überprüfen). In dem „fliegenden Teppich“ kann man sanft schaukeln und von oben auf die anderen herabschauen.

Material/Geräte: 1 Paar Schaukelringe, 1 Matte mit stabilen Schlaufen, mehrere Springseile
Raum: Turnhalle/Bewegungsraum
Anzahl d. Mitspieler: 2–3
Altersstufe: ab 2 Jahre

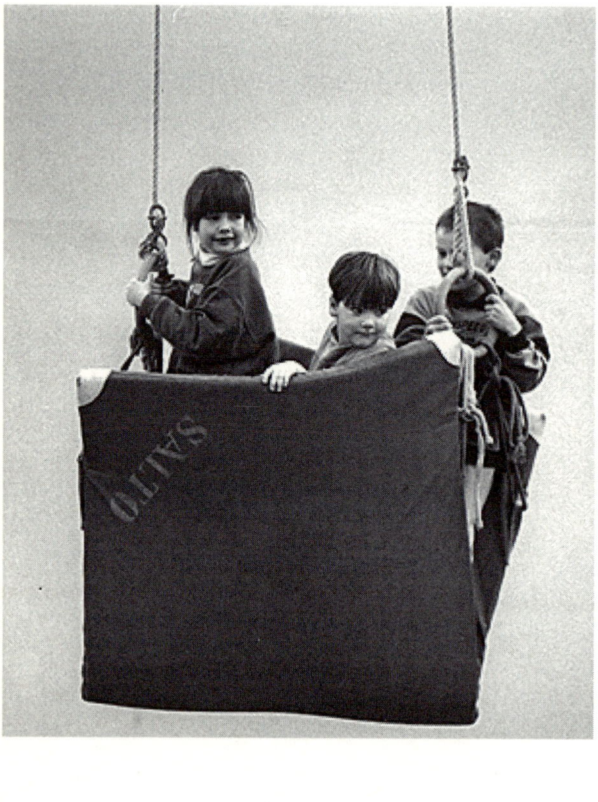

Spielhinweise:
Der fliegende Teppich ist ein Ort der Ruhe und Entspannung, er sollte nicht zum wilden Drehen und Schwingen benutzt werden, da die Aufhängevorrichtung der Ringe diesen Beanspruchungen nicht immer gewachsen ist.

Variationen:
Wenn 2 Ringepaare nebeneinander zur Verfügung stehen, kann die Matte an jeweils einer Schlaufe mit einem Ring verbunden werden. So fällt die Matte nicht in sich zusammen, man kann sie auch liegend nutzen.

Materiale Erfahrung, Gleichgewicht, Entspannung

Riesenmikado

R 4

Wie beim kleinen Mikadospiel werden die Hölzer auf den Boden gestellt, mit beiden Händen wird die obere Hälfte des Spiels gegen die untere Hälfte gedreht und dann fallengelassen. Jedes Kind nimmt sich – vorsichtig – einen Stab, ohne daß die anderen Stäbe sich dabei bewegen sollen.

Material/Geräte: großes Mikadospiel, erhältlich im Spielwarenhandel oder selbst herzustellen (dünne Rundhölzer – aus dem Baumarkt, Länge ca. 1,50 m, die mit Abtönfarben bemalt werden)

Raum: Bewegungsraum/Gruppenraum

Anzahl d. Mitspieler: 6–8/2–3

Altersstufe: ab 5 Jahre

Spielhinweise:

Das Spiel ist weniger gut geeignet für besonders unruhige Kinder.

Die eher zurückhaltenden, ruhigen Kinder, die bei grobmotorischen Anforderungen weniger erfolgreich sind, können jedoch hier ihre Stärken zeigen.

Variation:

Die Mikadohölzer können auch für Balancierspiele benutzt werden.

Konzentration, Geschicklichkeit, Feinmotorik, visuelle Wahrnehmung

Heizdecke R 5

Ein Kind liegt auf einer Matte und wird von den anderen Kindern mit Bierdeckeln zugedeckt. („Es ist ganz kalt und Sebastian hat nichts zum Zudecken …“) Diese legen die Bierdeckel ganz vorsichtig auf das Kind; es hat die Augen geschlossen und soll möglichst gar nichts von dem Auflegen der Bierdeckel spüren. Auch Hände und Füße sollen nicht mehr zu sehen sein. Abschließend darf das zugedeckte Kind entscheiden, ob es langsam wieder aufgedeckt werden will oder ob es durch kräftiges Schütteln alle Bierdeckel von sich wirft.

Material/Geräte: Matte oder Decke, viele Bierdeckel
Raum: Bewegungsraum/Gruppenraum
Anzahl d. Mitspieler: in Partnerform beliebig, sonst 3–5
Altersstufe: ab 2 Jahre

Spielhinweise: Die Gruppen dürfen für dieses Spiel nicht zu groß sein, da jeder einmal zugedeckt werden möchte. Eventuell kann die Aufgabe auch in Partnerform durchgeführt werden.

Variation: Anstelle der Bierdeckel werden ganz vorsichtig Sandsäckchen auf den Körper des Partners gelegt.

Körpererfahrung, taktile und kinästhetische Wahrnehmung, Entspannung

9 Professionalisierung und Ausbreitung der Psychomotorik

Aus dem Aktionskreis Psychomotorik e.V., dem ersten eingetragenen Verein zu „Entfaltung und Förderung der kindlichen Psychomotorik als Grundlage einer harmonischen Persönlichkeits- und Sozialentwicklung …“ (Auszug aus der Satzung) sind in den letzten beiden Jahrzehnten eine Reihe von Initiativen entstanden, die wesentlich zur Verbreitung der Idee der Psychomotorik beitrugen, aber auch eine Professionalisierung in Form von Ausbildungs- und Studiengängen (Motopädagogik, Motologie) zur Folge hatten.

9.1 Anschriften von Psychomotorikvereinen und Selbsthilfegruppen

Im folgenden werden die Anschriften von Fördervereinen und Initiativen, die sich die psychomotorische Förderung von Kindern zum Ziel gesetzt haben, aufgeführt.

Diese Liste erhebt keinen Anspruch auf Vollständigkeit, sondern basiert auf den Angaben, die die Vereine selbst gemacht haben. Sie wird allerdings laufend aktualisiert, so daß Anschriftenänderungen, Neugründungen etc. jährlich aufgenommen werden können.

Die Anschriften sind nach Postleitzahlen geordnet, so daß Interessierte schneller die Angebote in ihrer Region herausfinden können.

01307 Dresden	Zappelphilipp e.V. Verein zur bewegungspäd. Förderung hyperaktiver Kinder Dürerstr. 88	Tel./Fax (03 51) 39 60
02977 Hoyerswerda	Psychomotorikverein „Zappelhase“ e.V. Im Haus der ambulanten häuslichen Frühförderung und Beratungsstelle Straße des Friedens 13	Tel. (0 35 71) 91 38 82 Fax (0 35 71) 91 38 89
12701 Berlin	Elterninitiative MCD e.V. c/o SEKIS Albrecht-Achilles-Str. 65	Tel. Di u. Do 9–14 Uhr: (0 30) 8 91 60 85 sonst Anrufbeantw.: (0 30) 6 13 47 50
22547 Hamburg	GÖV 38 e.V. Bewegungskindergarten des S.V. Lurup, Haus der Jugend Bövestland, Vereinigung Lurup e.V. Böverstland 38	
25436 Heidgraben	„Arbeitskreis für Kinder mit Wahrnehmungsstörungen“ e.V. Lindenweg 13	Tel. (0 41 22) 22 98
28325 Bremen	Eltern-Kind-Bewegungsspaß Osterholzer Heerstr. 212	Tel. (04 21) 40 17 80 oder (04 21) 42 62 12
28777 Bremen	EPSYMO Elternverein Psychomotorischer Entwicklungsförderung e.V. Hechelstr. 13	Tel. (04 21) 6 09 98 40 Fax (04 21) 6 09 98 40
32049 Herford	Bewegen, Spielen und Lernen e.V. Psychomotorische Förderstelle Berger Heide 9	Tel. (0 52 21) 8 26 66
33615 Bielefeld	Bewegen, Spielen und Lernen e.V. Psychomotorische Förderstelle Gustav-Adolf-Str. 17	Tel. (05 21) 6 05 33 Fax (05 21) 6 06 64

34121 Kassel	Bewegen-Spielen-Lernen Verein für psychomotorische Entwicklungshilfe e.V. Frankfurter Str. 92	Tel. (05 61) 2 62 65 Fax (05 61) 2 88 94 50
35032 Marburg	Verein zur Bewegungsförderung Psychomotorik e.V. Barfüßerstr. 1	Tel. (0 64 21) 28 39 35
37073 Göttingen	Integrativer Sportverein Göttingen e.V. Nikolausberger Weg 73	Tel. (05 51) 7 70 93 63 Fax (05 51) 7 70 93 64
38100 Braunschweig	Verein für Psychomotorische Entwicklungsförderung e.V. Mototherapie & begleitende Beratung Domplatz 4	Tel. (05 31) 40 02 55 Fax (05 31) 40 02 26
40472 Düsseldorf	Verein f. Gesundheitssport u. Sporttherapie Düsseldorf/Ratingen Amalienstr. 9	Tel. (02 11) 9 04 32 70
40213 Düsseldorf	VGS Düsseldorf/Ratingen e.V. Kasernenstr. 61	Tel. (02 11) 8 22 55 23 Fax (02 11) 8 22 56 00
41542 Dormagen	Elterninitiative zur Förderung der Kinder mit MCD und HKS Ackerstraße 2	Tel. (0 21 33) 2 71 74 Fax (0 21 33) 2 71 75
44137 Dortmund	Zentrum für Psychomotorik Humboldtstr. 45	Tel. (02 31) 14 36 15 16 Fax (02 31) 16 46 37
46325 Borken	Verein zur Bewegungsförderung von Kindern (Psychomotorik) im Kreis Borken e.V. Ahauserstr. 14	Tel. (0 28 61) 9 80 58-32 Fax (0 28 61) 9 80 58-99
47800 Krefeld	Krefelder Gemeinschaftshilfe. Christliche Elterninitiative für Kinder mit psychoorganischen Funktionsstörungen (MCD) e.V. Stippergath 23	Tel. (0 21 51) 59 60 49

48149 Münster	Verein für Mototherapie und Psychomotorische Entwicklungsförderung e.V. Schulstr. 24	Tel. (02 51) 29 56 40
49434 Neuenkirchen/Vörden	Verein zur Förderung von bewegungsauffälligen Kindern und Jugendlichen e.V. Im Winkel 12	Tel. (0 54 93) 14 56
50933 Köln	Verein zur Förderung von Kindern und Jugendlichen mit Teilleistungsstörungen (MCD/HKS) e.V. Wendelinstr. 64	Tel. (02 21) 49 11-4 00 Fax (02 21) 49 11-4 64
51674 Wiehl	Förderverein MCD – Elterninitiative Oberberg e.V. Hindelangstr. 5	Tel. (0 22 62) 9 71 98
53113 Bonn	Förderverein Psychomotorik e.V. Wernher-von-Braun-Str. 3	Tel. (02 28) 21 61 81 Fax (02 28) 21 61 20
55021 Mainz	MCD-Förderkreis für bewegungsauffällige Kinder Psychomotorik e.V. Postfach 31 25	Tel. (0 61 31) 67 95 49
56077 Koblenz-Arzheim	JUVEMUS Vereinigung zur Förderung von Kindern und Erwachsenen mit Teilleistungsschwächen e.V. – Koblenz/Rheinland Pfalz Emserstr. 6	Tel. (02 61) 9 73 01 78 Fax (02 61) 9 73 01 77
59069 Hamm	Verein zur Förderung entwicklungsgestörter Kinder e.V. Ursulastr. 21	Tel. (0 23 81) 5 70 50
59071 Hamm	Ambulanz der Fachabteilung Psychomotorik im westf. Institut für Jugendpsychiatrie, Psychotherapie und Heilpädagogik Heithofer Allee 64	Tel. (0 23 81) 89 32 38

60437 Frankfurt	Verein zur Förderung wahrnehmungsgestörter Kinder e.V. Kinderzentrum für Wahrnehmungsstörungen Ben-Gurion-Ring 161	Tel. (0 69) 95 43 18-0
63065 Offenbach	Verein zur Förderung von Kindern (Psychomotorik) e.V. c/o Paritätischer Wohlfahrtsverband Frankfurter Str. 48 Hölderlinstr. 26	Tel. (0 69) 82 49 05 oder (0 69) 85 29 34
63225 Langen	„Pädagogische Praxis" Spiel- und Bewegungskarussell e.V. Langen Sandweg 10	Tel. (0 61 03) 92 91 72
63454 Hanau	Elternselbsthilfegruppe MCD Am Weihergraben 17	Tel. (0 61 81) 25 64 10
63654 Büdingen	EFEK e.V. Am Dohlberg 3	Tel. (0 60 42) 95 04 92
65197 Wiesbaden	MCD – Sportförderkreis – Psychomotorik Wiesbaden e.V. Willy-Brandt-Allee 8	Tel. (06 11) 84 19 07
65232 Taunusstein-Wehen	Balance und Bewegung Regina Schaab Beratungsstelle für Kinder/psychomotorische Förderung Alter Orler Weg 2	Tel. (0 61 28) 8 42 91
65428 Rüsselsheim	Verein für psychomotorische Entwicklungsförderung e.V. Karlsbaderstr. 38a	Tel. (0 61 42) 4 19 52
67269 Grünstadt	Arbeitskreis überaktives Kind e.V. Selbsthilfegruppe Grünstadt Westlicher Graben 29	Tel. (0 63 59) 91 97 29

76149 Karlsruhe	Verein zur Bewegungsförderung Psychomotorik e.V. Kentuckyallee 102	
76829 Landau	Verein zur Bewegungsförderung Psychomotorik e.V. Schlettstadter Str. 44a	Tel. (0 63 41) 93 00 26 oder (0 72 72) 7 56 09
82194 Gröbenzell	Verein zur Bewegungsförderung Psychomotorik e.V. Salzstr. 1a	Tel. (0 81 42) 59 75 80 Fax (0 81 42) 59 75 82 Büro: di 10–13/fr 13–17 Uhr
82166 Gräfelfing	Verein zur Förderung der Kinder mit MCD e.V. Friedemann-Bach-Str. 1	Tel. (0 89) 8 54 31 41 Fax (0 89) 85 21 66
88214 Ravensburg	Verein zur Förderung von Kindern und Jugendlichen mit Teilleistungsschwächen (MCD, HKS) e.V. Birkenstr. 4	Tel. (07 51) 6 25 96 oder (07 51) 4 23 61 Fax (07 51) 6 72 01
90541 Nürnberg	„sterntaler“ e.V. zur Förderung begabter Kinder und Jugendlicher mit sensomotorischen Störungen Abenberger Str. 12.	Tel. vormittags (09 11) 6 42 74 86 Tel. (09 51) 50 97 37 Fax (09 51) 97 38
91291 Forchheim	Bundesverband zur Förderung Hyperaktiver Kinder e.V. Postfach 6091291	Tel./Fax (0 91 91) 3 48 74
96049 Bamberg	Verein zur Bewegungsförderung – Psychomotorik Bamberg e.V. Maienbrunnen 30 a	Tel. (09 51) 6 64 71
97082 Würzburg	Familiensportclub Würzburg e.V. Institut für Sportwissenschaft Judenbühlweg 11	Tel. (09 31) 7 10 51

97084 Würzburg-Heuchelhof	Verein für Körper- und Mehrfachbehinderte e.V. Würzburg-Heuchelhof Bernerstr. 10	Tel. (09 31) 66 75-3 50 Fax (09 31) 66 13 55-3 51

Österreich:

A-1180 Wien	Aktionskreis Motopädagogik Österreich (AKM-Ö) Geymüllergasse 4–6/5	Tel./Fax 00 43/1/4 78 86 28

9.2 Aus-, Fort- und Weiterbildungsmöglichkeiten im Bereich der Psychomotorik

Der Erfolg der Psychomotorik in der Praxis, die große Akzeptanz, die sie inzwischen sowohl in pädagogischen als auch in heilpädagogischen und klinischen Institutionen genießt, hat zu einer zunehmenden Professionalisierung geführt. So gibt es heute Diplom-Studiengänge der Motologie, Ausbildungsgänge zum Motopäden/zur Motopädin und vor allem eine große Zahl an Fortbildungsmöglichkeiten. Interessierte Fachleute können sich hier in Tagesveranstaltungen, Wochenendseminaren oder Wochenkursen mit der Psychomotorik vertraut machen oder sogar eine Zusatzqualifikation erwerben.

Das **Studium der Motologie** ist als Aufbaustudiengang an folgenden Hochschulen möglich:

Institut für Sportwissenschaft und Motologie
Universität Marburg
Barfüßerstr 1
35032 Marburg

Pädagogische Hochschule Erfurt
Institut für Sport- und Bewegungswissenschaften
Abteilung Motologie
Postfach 307
99006 Erfurt

Die **Ausbildung zum Motopäden/zur Motopädin** ist auf Fachschulebene möglich. Die erste Fachschule für Motopädie wurde 1977 in Dortmund unter dem Namen „Fachschule für Bewegungstherapie (Psychomotorik)" gegründet. Es handelte sich um eine einjährige Fachschulausbildung, die als Zusatzausbildung für Gymnastik- und Sportlehrer konzipiert war. Unter bestimmten Voraussetzungen wurden auch Erzieher, Heilpädagogen, Lehrer etc. aufgenommen.

Heute ist die Voraussetzung, die Bezeichnung „Staatlich geprüfter Motopäde"/„Staatlich geprüfte Motopädin" zu führen, ein abgeschlossener, pädagogischer Beruf mit einer Ausbildungszeit von mindestens drei Jahren, eine einjährige Berufstätigkeit in diesem Beruf und ein Jahr Fachschulausbildung nach dem vom Kultusminister des Landes Nordrhein-Westfalen genehmigten Ausbildungskonzept.

Im Jahr 1996 wurde die Genehmigung erteilt, die Ausbildung in Motopädie zweijährig berufsbegleitend anzubieten als „eigenständige Fachschule in Teilzeitform".

In der Zwischenzeit sind weitere Ausbildungsmöglichkeiten zum Motopäden bzw. zu Motopädin hinzugekommen. Zum Teil wurden sie als berufsbegleitende Ausbildungen konzipiert, zum Teil (insbesondere in den neuen Bundesländern) handelt es sich aber auch um grundständige dreijährige Ausbildungsgänge mit der Voraussetzung des Realschulabschlusses.

Anschriften von Fachschulen, die eine Ausbildung zur Motopädin/zum Motopäden anbieten:

Nordrhein-Westfalen
Fachschule für Motopädie
Victor-Toyka-Straße 6
44139 Dortmund

Gewerbliche, hauswirtschaftliche und sozialpädagogische Schulen
Fachschule für Motopädie
Bensberger Straße 134–146
51469 Bergisch-Gladbach

Thüringen
Staatlich genehmigte private Fachschule für Heilpädagogik und Familienpflege
Höhere Berufsfachschule für Motopädie
Neuer Friedberg 1
98527 Suhl

Staatliche Medizinische Fachschule
Höhere Berufsfachschule für Motopädie
Dr. Robert Koch Straße 40
99734 Nordhausen

Bildungs- und Technologiezentrum zu Eisenberg
Höhere Berufsfachschule für Motopädie
Klosterlausnitzer Straße 19
07607 Eisenberg

Deutsches Erwachsenen Bildungswerk e.V.
Höhere Berufsfachschule für Motopädie
Reichenbacher Straße 75 a
07973 Greiz

Sachsen
Universität Leipzig
Private Berufsbildungsakademie
Nikolai-Rumjanzew-Straße 100
04207 Leipzig

Sachsen-Anhalt
Bildungszentrum Dessau GmbH
Fachschule für Motopädie
Weststraße 5
06847 Dessau

Berufsakademie für Wirtschaft, Technik,
Hotelfach- und Heilhilfsberufe
Fachschule für Motopädie
Bernburger Straße 5
06108 Halle a.d. Saale

IWK Halle
Fachschule für Motopädie
Platanenstr. 9
06114 Halle

IWK Aschersleben
Fachschule für Motopädie
Mauerstraße 13
38889 Blankenburg

Medizinische Berufsakademie GmbH
Fachschule für Motopädie
Obhäuser Weg 9
06268 Querfurt

I F B E medizinisches
Bildungszentrum GmbH
Fachschule für Motopädie
Boettcherstraße 50
39218 Schoenebeck

Hessen
Schule und Rhön-Akademie
Schwarzerden
Fachschule für Motopädie
36129 Gersfeld-Bodenhof

Fachschule für Motopädie
Hainstrasse 7
36251 Bad Hersfeld

Weiterbildungsstudiengänge
Weiterbildungsstudiengang Psychomotorik/Bewegungspädagogik
für Pädagogische Fachkräfte
Fachhochschule Braunschweig/Wolfenbüttel
Ludwig Winter Str. 2
38120 Braunschweig
(einjähriger, berufsbegleitender Weiterbildungsstudiengang)

Fortbildungsmöglichkeiten
Neben diesen Aus- und Weiterbildungsmöglichkeiten gibt es viele Institutionen, in denen Fortbildungsangebote zur Psychomotorik wahrgenommen werden können. Am längsten besteht die „Akademie für Motopädagogik und Mototherapie" (AKM) im Aktionskreis Psychomotorik, die pro Jahr über 60 Kurse zum Erwerb einer Zusatzqualifikation Motopädagogik anbietet. Ein Fortbildungsprogramm kann bei der Geschäftsstelle angefordert werden:

Akademie für Motopädagogik und Mototherapie
Kleiner Schratweg 32
32657 Lemgo
Tel. 0 52 61/97 09 71
Fax 0 52 61/97 09 72

Der Aktionskreis Psychomotorik e.V. bietet auch einen Literatur-, Medien- und Beratungsservice an.
Literatur, Medien und Beratungsservice
Kleiner Schratweg 32
32657 Lemgo
Tel. 0 52 61/97 09 97
Fax 0 53 61/97 09 70

Angebote von Fortbildungsmöglichkeiten auf dem Gebiet der Psychomotorik gibt es auch durch die Fortbildungsinstitute, die aus den Psychomotorikvereinen und -initiativen (siehe Kapitel 9.1) entstanden sind:

Fortbildungsinstitut für Psychomotorik – FIPS
Gustav-Adolf-Str. 17
33605 Bielefeld
Tel. 05 21/6 04 84

Rheinische Akademie – Erwachsenenbildung
im Förderverein Psychomotorik
Wernher von Braun Str. 3
53113 Bonn
Tel. 02 28/21 61 81
Fax 02 28/21 61 20

Institut für Bewegungsbildung und
Psychomotorik
Gröbenhüter Str. 9
82194 Gröbenzell
Tel. 0 81 42/57 06 60
Fax 0 81 42/57 06 61

10 Literatur

Antonowski, A.: Gesundheitsforschung versus Krankheitsforschung. In: Franke, A./Broda, M. (Hrsg.): Psychosomatische Gesundheit. Tübingen 1993, S. 3–14

AWO Landesverband Thüringen e.V.: Gelebte Psychomotorik im Kindergarten. Schorndorf 1997

Ayres, A. J.: Bausteine der kindlichen Entwicklung. Berlin 1984

Ayres, A. J.: Lernstörungen. Berlin 1979

Axline, V. M.: Kinder-Spieltherapie. München 1980

Balgo, R.: Bewegung und Wahrnehmung als System. Systemisch-konstruktivistische Positionen in der Psychomotorik. Schorndorf 1998

Balgo, R.: Wir sehen mit unseren Armen und Beinen. In: Praxis der Psychomotorik 24 (1999)1, S. 4–13

Bandura, A: Self-effacy: Toward an unifying theory of behavioral change. In: Psychological Review, 84 (1984), S. 192–215

Bandura, A.: Self-efficacy mechanism in psychobiological functioning. In: R. Schwarzer (Hrsg): Self-efficacy: Thought and Controll of Action. New York, 1992, S. 355–394

Baumann, N./Hundeloh, H. /Bockhorst, R.: Bewegungsangebote sicher gestalten. Dortmund 1998

Beudels, W./Lensing-Conrady, R./Beins, H.: Das ist für mich ein Kinderspiel. Handbuch zur psychomotorischen Praxis. Dortmund 1994

Beudels, W./Kleinz, N./ Delker, K.(Hrsg.): Außer Rand und Band. WenigKostenvielSpaßGeschichten mit Alltagsmaterialien. Dortmund 1997

Bös, W./Brehm,W. (Hrsg.): Gesundheitssport. Schorndorf 1998

Brack, K. B. (Hrsg.): Frühdiagnostik und Frühtherapie. München 1993[2]

Brand, I.: Lernen braucht alle Sinne. In: Grundschule 22 (1990) 4, S. 20–22

Brodtmann, D.: Kinder-Bewegung-Gesundheit. was sind die wirklichen Risikofaktoren? In: Zimmer, R. (Hrsg.) a.a.O., 1997, S. 32–41

Bruckmann, M. / Dieckert, J. / Hermann, K.: Geräteturnen für alle. Celle 1991

Büchsenschütz, J./Regel, G. (Hrsg.): Mut machen zur gemeinsamen Erziehung. Hamburg 1992

Bundesvereinigung Lebenshilfe für geistig Behinderte: Denkschrift zur Frühförderung. Marburg 1985[6]

Cardenas, B.: Diagnostik mit Pfiffigunde. Dortmund 1992

Eberwein, H.: Förderdiagnostik als ganzheitlicher Ansatz sonderpädagogischen Handelns. In: Lüpke, H. v./Voss, R. (Hrsg.): Entwicklung im Netzwerk. Pfaffenweiler: Centaurus 1997, S. 142–151

Eggert, D.: Theorie und Praxis der psychomotorischen Förderung. Dortmund 1994

Eggert, D.: Von den Stärken ausgehen. Dortmund 1997

Eggert, D./Ratschinski, G.: DMB-Diagnostisches Inventar motorischer Basiskompetenzen. Dortmund 1993

Epstein, S.: Entwurf einer integrativen Persönlichkeitstheorie. In: Filipp, S. (Hrsg.) a.a.O., S. 15–45

Filipp, S. (Hrsg.): Selbstkonzept-Forschung. Stuttgart 1984

Fischer, K.: Das Psychomotorische Paradigma in der Frühförderung. In: Irmischer, T./Fischer, K. (Red.) a.a.O. 1991, S. 79–91

Fischer, K.: Psychomotorik und Frühförderung. In: Zimmer, R./Cicurs, H. (Red.) a.a.O. 1992. S. 220–224

Fischer, K.: Entwicklungstheoretische Perspektiven der Motologie des Kindesalters. Schorndorf 1996

Frankl, V.: Ärztliche Seelsorge. Grundlagen der Logotherapie und Existenzanalyse. Frankfurt 1997[4]

Gaschler, P.: Der Sportförderunterricht – eine Maßnahme der ganzheitlichen Förderung der Persönlichkeitsentwicklung und der Gesundheitserziehung. In: Haltung und Bewegung 14 (1994), 3, S. 3–34

Gaschler, P./Breithecker, D.: Sportförderunterricht in der Lehrerweiterbildung. In: Haltung und Bewegung 14 (1994), 4, S. 3–47

Göppel, R.: Ursprünge der seelischen Gesundheit. Würzburg 1997

Hammer, R.: Das Ungeheuer von Loch Ness – Fallbeschreibung eines aggressiven Kindes. In: Motorik 15 (1992), S. 241–248

Hausser, K.: Identitätspsychologie. Berlin 1995

Hausser, K.: Identitätsentwicklung – vom Phasenuniversalismus zur Erfahrungsverarbeitung. In: Keupp, H./Höfer, R. (Hrsg.): Identitätsarbeit heute. Frankfurt 1997, S. 120–134

Heckhausen, H.: Motivation und Handeln. Berlin 1980

Herm, S.: Psychomotorische Spiele für Kleinstkinder in Krippen. Berlin, 1993

Hessisches Sozialministerium (Hrsg.): Bewegung und Spiel im Kindergarten. Wiesbaden 1983

Hölter, G.: Als Pädagoge von Therapien lernen. In: Sportpädagogik 11 (1987), 4, S. 16–28

Hölter, G.: Bewegung und Therapie – interdisziplinär betrachtet. Dortmund 1998

Hünnekens, H./Kiphard, E. J.: Bewegung heilt. Gütersloh 1960 (1985[7])

Huppertz, N.: Brauchen wir einen neuen Kindergarten? In: Kindergarten heute 22 (1992) 3, S. 26–32

Hurrelmann, K.: Sozialisation und Gesundheit. Somatische, psychische und soziale Risikofaktoren im Lebenslauf. Weinheim 1988

Hurrelmann, K.: Familienstreß, Schulstreß, Freizeitstreß. Gesundheitsförderung für Kinder und Jugendliche. Weinheim 1990

Irmischer, T./Fischer, K. (Red.): Psychomotorik in der Entwicklung. Schorndorf 1989

Jerusalem, M./Schwarzer, R.: Selbstwirksamkeit Wirk. In: Schwarzer, R. (Hrsg.) a.a.O.

Jopt, U. J.: Selbstkonzept und Ursachenerklärung in der Schule. Bochum 1978

Kautter, H./Klein, G./Laupheimer, W./Wiegand, H. S.: Das Kind als Akteur seiner Entwicklung. Heidelberg 1988

Keller, R./Fritz, A.: Auf leisen Sohlen durch den Unterricht. Schorndorf 1995

Kesper, G./Hottinger, C.: Mototherapie bei sensorischen Integrationsstörungen. München 1992

Kiphard, E. J.: Motopädagogik. Dortmund 1980

Kiphard, E. J.:Sportförderunterricht/Schulsonderturnen unter psychomotorischen Aspekten. In: Motorik 5 (1982), S. 17–24

Kiphard, E. J.. Mototherapie. Band I und II. Dortmund 1983

Kiphard, E. J.: Psychomotorik in Praxis und Theorie. Gütersloh 1989

Kiphard, E. J.: Psychomotorik als „Meisterlehre“. In: Motorik 21 (1998), 3, S. 87–91

Klaes, R./Walthes, R.: Über Sinn und Unsinn von Bewegungsstörungen. In: Prohl, R. Seewald, J. (Hrsg.): Bewegung verstehen Schorndorf 1995, S. 237–262

Köckenberger, H.: Bewegtes Lernen. Dortmund 1997

König, K.: Heilpädagogische Diagnostik. Arlesheim 1977

Koschel, D./Brinkmann, U.: Spiel, Spaß. Sport für Kinder. Aachen 1997

Krowatschek, D.: Konzentriert geht's wie geschmiert! In: Praxis der Psychomotorik. 20 (1995), 4, S. 219–226

Kurz, D./Tietjens, M.: Kinder und Jugendliche. In: Bös, W./Brehm, W. (Hrsg.): a.a.O. 1998, S. 95–107

Liegle, L.: Curriculumkonzepte für die Kindergartenarbeit. In: Mörsberger, H. u. a. (Hrsg.): Der Kindergarten. Freiburg 1988[3]

Lohaus, A.: Gesundheitsförderung und Krankheitsprävention im Kindes- und Jugendalter. Göttingen 1993

Lüpke, H. von: Das Spiel mit der Identität als lebenslanger Entwicklungsprozeß. In: Voss, R. (Hrsg.): Entwicklung im Netzwerk. Pfaffenweiler (1994), S. 82–92

Lütgeharm, R.: Was tun? Bewegung als Therapie für bewegungs- und verhaltensauffällige Kinder. München 1997

MAGS (Ministerium für Arbeit, Gesundheit und Soziales NRW): Bewegungserziehung im Kindergarten. Rahmenkonzeption zur Integration von Spiel und Bewegung im Kindergartenalltag. Düsseldorf 1992

Mertens, K.: Körperwahrnehmung und Körpergeschick. Dortmund 1986

Mrazek, J.: Einstellungen zum eigenen Körper-Grundlagen und Befunde. In: Bielefeld, J. (Hrsg.): Körpererfahrung. Göttingen 1986, S. 223–251

Neubauer, W. F.: Selbstkonzept und Identität im Kindes- und Jugendalter. München 1976

Neuber, N.: Bewegungstheater als Konzept kreativer Bewegungserziehung – Theoretische Grundlegungen und erste theoretische Befunde. Diss. Deutsche Sporthochschule Köln 1998

Neumann, D./Prenner, D.: Psychomotorische Förderung im Verein. In: Irmischer, T./Fischer, K. (Red.) a.a.O., S. 165–179

Olbrich, I.: Auditive Wahrnehmung und Sprache. Dortmund 1989

Passolt, M. (Hrsg.): Hyperaktive Kinder: Psychomotorische Therapie. München 1993

Passolt, M. (Hrsg.): Mototherapeutische Arbeit mit hyperaktiven Kindern. München 1996

Philippi-Eisenburger, M.: Bewegungsarbeit mit älteren und alten Menschen. Schorndorf 1990

Regel, G./Wieland, A. J. (Hrsg.): Psychomotorik im Kindergarten, Rissen 1984

Rogers, C. R.: Die klientbezogene Gesprächstherapie. München 1973

Rüssel, A.: Psychomotorik. Empirie und Theorie der Alltags-, Sport- und Arbeitsbewegung. Darmstadt 1976

Sader, M.: Psychologie der Persönlichkeit. München 1980

Schäfer, G.: Spiel, Phantasie und Selbstbezug. In: Kreuzer, K. J. (Hrsg.): Handbuch der Spielpädagogik. Band 1. Düsseldorf 1983, S. 337–355

Schäfer, I.: Von der psychomotorischen Idee zu den Gründungsjahren des Aktionskreises Psychomotorik. In: Motorik 21 (1998), 3, S. 82–86

Schilling, F.: Motorische Entwicklung als Adaptationsprozess. In: Müller, H. J./Decker, R./Schilling, F. (Red.): Motorik im Vorschulalter. Schorndorf 1975, S. 23–26

Schilling, F.: Grundlagen der Motopädagogik. In: Clauss, A. (Hrsg.): Förderung entwicklungsgefährdeter und behinderter Heranwachsender. Erlangen 1981, S. 184–194

Schilling, F.: Schulsonderturnen, Sportförderunterricht und Sportunterricht. In: Motorik 5 (1982), S. 3–9

Schilling, F.: Ansätze zu einer Konzeption der Mototherapie. In: Motorik 9 (1986), S. 59–67

Schlack, H. G.: Neue Konzepte in der Frühbehandlung und Frühförderung. In: Leyendecker, C./Horstmann, T. (Hrsg.): Frühförderung und Frühbehandlung. Heidelberg 1997, S. 15–22

Schmidtchen, S.: Kinderpsychotherapie. Stuttgart 1989

Schmidtchen, S.: Klientenzentrierte Spiel- und Familientherapie. Weinheim 1991

Schwarzer, R.: Skalen zur Befindlichkeit und Persönlichkeit. Forschungsbericht 5 Institut für Psychologie, FU 1986

Schwarzer, R.: Angst, Streß und Handlungsregulation. Stuttgart 1993

Seewald, J.: Von der Psychomotorik zu Motologie. Über den Prozeß der Verwissenschaftlichung einer „Meisterlehre". In: Motorik 14 (1991) 1, S. 3–16

Seewald, J.: Vorläufiges zu einer „Verstehenden Motologie". In: Motorik 15 (1992), S. 204–221

Seewald, J.: Der „Verstehende Ansatz" und seine Stellung in der Theorielandschaft der Psychomotorik. In: Praxis der Psychomotorik 22 (1997) 1, S. 4–15

Seewald, J.: Bewegungsmodelle und ihre Menschenbilder in verschiedenen Ansätzen der Psychomotorik. In: Motorik 21 (1998) 4, S. 151–158

Seidl-Jerschabeck, G.: Fächerübergreifender Unterricht am Beispiel Bewegungserziehung/Deutsch. In: Sportpädagogik 20 (1996), 5, S. 58–61

Seligman, M.: Erlernte Hilflosigkeit. München 1979

Stern, D.: Die Lebenserfahrung des Säuglings. Stuttgart 1994

Stelter, R.: Du bist wie dein Sport. Schorndorf 1996

Tamboer, J.: Sich-Bewegen – ein Dialog zwischen Mensch und Welt. In: Sportpädagogik 3 (1979), S. 14–19

Treess, H./Treess, U./Möller, M.: Soziale Kommunikation und Integration. Dortmund 1990

Ungerer-Röhrich, U.: Kindergarten/Grundschule. In: Bös, K./Brehm, W. (Hrsg.) a.a.O., S. 321–330

Völker, U. (Hrsg.): Humanistische Psychologie. Weinheim 1980

Volkamer, M.: Leibesübungen als psychotherapeutisches Mittel bei verhaltensgestörten Kindern. In: Eggert, D./Kiphard, E. J. (Hrsg.): Die Bedeutung der Motorik für die Entwicklung normaler und behinderter Kinder. Schorndorf 1972, S. 41–53

Volkamer, M.: Von der Last mit der Lust am Schulsport. Schorndorf 1987

Volkamer, M./Zimmer, R.: Kindzentrierte Mototherapie. In: Motorik 9 (1986), S. 49–58

Volkamer, M./Zimmer, R.: Vom Mut, trotzdem Lehrer zu sein. Schorndorf 1994

Weiner, B.: Theorien der Motivation. Stuttgart 1976

Weizsäcker, V. von: Der Gestaltkreis. Theorie der Einheit von Wahrnehmen und Bewegen. Stuttgart 1986

Werner, E. E.: Protective factors and individual resience. In: Meisel, S./ Shonkoff, J. (Eds.): Handbook of early Intervention. Cambridge 1990, S. 97–116

Werner, E. E./Smith, R. S.: Overcoming the odds: How risk children from birth to adulthood. Ithaca-London 1992

Zimmer, R.: Kreative Bewegungsspiele. Psychomotorische Förderung im Kindergarten Freiburg 1998[10]

Zimmer, R.: Spielformen des Tanzens. Dortmund 1991

Zimmer, R.: Handbuch der Bewegungserziehung. Freiburg 1993

Zimmer, R.: Psychomotorische Therapie – Eine kindzentrierte Methode der Förderung entwicklungs- und verhaltensauffälliger Kinder. In: Alfermann, D./Scheid, V. (Hrsg.): Psychologische Aspekte von Sport und Bewegung in Prävention und Rehabilitation. Köln 1994, S. 16–26

Zimmer, R: Handbuch der Sinneswahrnehmung. Freiburg 1995

Zimmer, R.: Schafft die Stühle ab! Bewegungsspiele für Kinder. Freiburg 1995

Zimmer, R.: Motorik und Persönlichkeitsentwicklung bei Kindern. Schorndorf 1996

Zimmer, R. (Hrsg.): Bewegte Kindheit. Schorndorf 1997

Zimmer, R.: Sinneswerkstatt. Projekte zum ganzheitlichen Leben und Lernen. Freiburg 1997

Zimmer, R. (Hrsg.): Handbuch für Kinder- und Jugendarbeit im Sport. Aachen 1998

Zimmer, R./Cicurs, H.: Psychomotorik. Schorndorf 1995

Zimmer, R./Cicurs, H. (Red.): Kinder brauchen Bewegung – Brauchen Kinder Sport? Aachen 1997[3]

Zimmer, R. /Volkamer, M.: MOT 4–6. Motoriktest für vier- bis sechsjährige Kinder. Weinheim 1987

Zinnecker, J.: Straßensozialisation. In: Zeitschrift für Pädagogik 1979, S. 727–746

Zinnecker, J./Silbereisen, R. K.: Kindheit in Deutschland. München 1996

Zoller, I.: Mathematik und Bewegung im Anfangsunterricht. In: Sportpädagogik 20 (1996), 5, S. 54–57